Leyendo entre líneas
Una historia crítica de la contracepción

Gonzalo Herranz

Pilar León-Sanz

José María Pardo

Jokin de Irala

Agradecimientos

Los autores, que no han recibido ayuda económica alguna para realizar esta obra, desean agradecer el apoyo que les ha prestado la Universidad de Navarra. Ésta les ha alentado en su tarea y les ha permitido constituir el Grupo de Estudio sobre la Historia de la Contracepción, de modo que pudieran mantener con libertad e independencia sus trabajos de investigación.

Quieren también los autores reconocer la ayuda prestada por quienes trabajan en la Biblioteca de la Universidad de Navarra en la búsqueda y obtención de buena parte del necesario material bibliográfico. Este libro no hubiera podido ser realizado sin su colaboración.

Los borradores preparados por Gonzalo Herranz fueron llevados, a lo largo de cuatro años, a las reuniones periódicas de un Grupo de Estudio sobre la historia de la contracepción, en las que se hicieron numerosas sugerencias, para mejorar y completar los sucesivos capítulos.

Durante el primer año, Pedro Gil Sotres, profesor de Historia de la Medicina, formó parte del Grupo. Los autores quieren agradecerle sus valiosas sugerencias y aportaciones.

No podemos omitir nuestra gratitud a la Fundación Jérôme Lejeune (Madrid) y al grupo de investigación Population Research Institute (Front Royal, Virginia, USA), por haber tomado la iniciativa en la divulgación por Internet de informativos resúmenes de los capítulos de este libro.

Contenido

Introducción

Es inevitable preguntarse si es necesaria una historia más de la contracepción. Son ya muy numerosas las obras que tratan de ella: unas pocas la cuentan entera, desde la antigüedad hasta nuestros días; otras se limitan a estudiar la época moderna, o lo sucedido en un país, o lo logrado por alguno de sus protagonistas principales. Al leerlas, se tiene la impresión de que, por encima de su variedad de enfoques y perspectivas, dejan casi todas ellas transparentar una actitud entusiasta, de adhesión sin condiciones a la contracepción. Cuando hacen la biografía de las grandes figuras (Stopes, Sanger y McCormick, o Dickinson, Pincus y Rock), lo hacen, con frecuencia, en clave hagiográfica.

En su gran mayoría, esos relatos parten de la idea de que la contracepción es uno de los más grandes logros de la humanidad, que nos ha salvado de la amenaza de la superpoblación, ha liberado a la mujer de la pesada carga de los hijos imprevistos, y supuestamente ha colmado de placer el ejercicio de la sexualidad, dentro y fuera del matrimonio. En esas historias la contracepción suele ser presentada, en tonos épicos, como el gran triunfo de la investigación científica, victoriosa en la batalla contra la "poderosa moral conservadora". No hemos de olvidar que muchas de las narrativas de la contracepción fueron encargadas y financiadas por la Planned Parenthood Federation of America u organizaciones afines.

Hay también una extensa literatura "anti-contracepción" centrada en cuestiones de filosofía moral, bioética y teología, en la que abundan escritos polémicos, ricos en retórica negativa e invectivas. Pero no encontramos entre ellos una visión alternativa de la historia de la contracepción apoyada en fuentes primarias y en una evaluación crítica de la bibliografía.

La suma total de ambos enfoques antagónicos es patente: muchos episodios significativos de la historia de la contracepción permanecen en la penumbra o han sido descritos sesgadamente. Ha llegado el momento de sacarlos a la luz, para ir construyendo una historia más equilibrada de la contracepción. El propósito de este libro es traer a la luz algunos de esos episodios.

Los autores reconocen las deficiencias de la presente obra, pero piensan que esas limitaciones podrán servir de estímulo para los lectores y, en especial, para los que deseen seguir investigando la historia de la contracepción. El presente libro es, en primer lugar, una historia incompleta, que se circunscribe de intento a presentar y analizar en detalle unos pocos personajes o eventos, poco conocidos algunos, apenas indagados otros, pero que desempeñaron todos ellos un papel más o menos determinante en la historia y en la evolución de la contracepción. En segundo lugar, algunos de sus capítulos representan una primera exploración de asuntos nuevos, un inicio que deberá ser completado en el futuro, en especial si se hacen accesibles a los investigadores muchas fuentes primarias aún no rastreadas o todavía no abiertas al público.

Los autores son conscientes de que el libro no está libre de sesgos, un riesgo que corren quienes estudian cuestiones fuertemente controvertidas, y la contracepción ha sido, es y seguirá siendo, una cuestión disputada. Ha sido preocupación constante de los autores desmitificar la historia "oficial" mediante la presentación de datos omitidos y la rectificación basada en pruebas de errores y conclusiones infundadas. Han procurado hacerlo huyendo de la retórica negativa y del sarcasmo, y concediendo protagonismo a los hechos documentados. Corresponde al lector formar su juicio a la vista de los datos y razones que el libro expone.

Otra limitación obvia del libro es su carácter predominantemente local, pues fuera del capítulo dedicado a la Comisión papal para el estudio de los problemas de la familia, la población y la natalidad, toma en consideración casi en exclusiva hechos acontecidos en los Estados Unidos de América. Eso no significa que no haya una interesante historia de la contracepción en Europa y otras partes del mundo. Pero, hay que reconocerlo, fue en Norteamérica donde la contracepción moderna encontró las mejores condiciones para su desarrollo e implantación.

No siempre han conseguido los autores esclarecer las posiciones, muchas veces ambiguas y cambiantes, de algunos protagonistas acerca de la ética y la moralidad de la contracepción y de la relación entre contracepción y aborto. En la transición de la moralidad nítida de los pioneros (aceptación de la contracepción, radical rechazo del aborto) y la acomodaticia ortodoxia secularista hoy dominante (indiferentismo hacia la contracepción, aceptación de la inhibición de la ovulación como mecanismo único o dominante de contracepción hormonal, aceptación pragmática del aborto), se interpuso una época compleja, emocionalmente cargada, en la que la opinión subjetiva y la corrección política prevalecían sobre la exigencia científica de depurar los datos o de identificar el modo de acción de los agentes contraceptivos. Como escribió un editorialista del British Medical Journal, "a menudo los artículos [sobre contraceptivos] escritos en los años 50s y 60s expresaban más bien las actitudes de los autores acerca de la moralidad sexual, que una interpretación de las pruebas científicas y de los datos disponibles..." (BMJ 1974;2:517-518).

El primer capítulo cuenta con cierto detalle el origen de tres términos contracepción, control de los nacimientos y prevencepción, que sirvieron durante muchos decenios para designar la prevención de la concepción. También se analizan las circunstancias históricas en que sus creadores (Edward Bond Foote, Margaret Sanger y William J. Robinson) los acuñaron.

¿Tiene interés, en 2020, tratar de tal asunto? La respuesta que parece obligada es afirmativa. Para empezar, porque conviene clarificar la historia, bastante confusa, de cómo nacieron esas palabras, lo que nos permitirá constatar, una vez más, cuán contaminada de datos inexactos y afirmaciones gratuitas anda la bibliografía biomédica. A pesar de ser eventos relativamente recientes, los autores han tenido que remover mucha información espuria para fijar el momento y lugar en que fueron introducidos en la literatura médica. Además, ahondar en esa historia nos llevará, en el capítulo 2, a descubrir cuán diferentes era la mentalidad y los propósitos de esto pioneros del control de la concepción. Por último, y quizás sea esta la razón más relevante, porque esos términos se pusieron en circulación con un propósito principal: señalar, como rasgo básico de la contracepción de primera hora, su total incompatibilidad con el aborto. No hubo continuidad posible entre la contracepción de los pioneros y el aborto. Tanto biológica como éticamente fueron tenidas por acciones inconciliables, antagónicas.

Hasta bien avanzado el siglo XX, y a pesar de existir diferencias sensibles de unos países a otros, se puede afirmar que, en general, la medicina institucional (tanto las corporaciones nacionales, como las asociaciones de especialistas) adoptó una actitud negativa o abiertamente condenatoria frente a la contracepción. De ahí el interés de revisar en el capítulo 3 un episodio clave: la resolución adoptada por la AMA en 1937 que supuso una ruptura con la tradición mantenida por la Asociación a lo largo de decenios. Antes de 1937, la AMA había condenado el uso médico de los contraceptivos por muchas razones: carencia de base científica, escasa o nula eficacia, efectos nocivos indeseados, restricciones legales a su uso (aunque paradójicamente la venta de estos productos alcanzaba cifras millonarias).

Como veremos, la Cámara de Delegados de la AMA adoptó en Atlantic City, sin debate y por unanimidad, una Resolución que establecía que la contracepción era una práctica médica, y que tanto los médicos como los estudiantes de medicina deberían adquirir conocimientos suficientes sobre el control de la concepción. Supuso, más que una gran novedad, un verdadero hito histórico, por lo que merece la pena una consideración crítica de la Resolución de 1937, a la luz de lo que había sucedido en los años precedentes y de lo que sucedió en los que siguieron el alcance de aquella resolución.

El capítulo 4 es continuación del anterior: trata del papel desempeñado por los médicos católicos en el cambio de actitud de la AMA. Son dos los aspectos importantes que vamos considerar. El primer aspecto se refiere a la participación que tuvieron algunos médicos católicos, como miembros del Comité para el Estudio de las Prácticas Contraceptivas que emitió, la Resolución institucional de 1937. Antes de ser aprobada, ¿trataron de oponerse a ella? Y, tras la aprobación de la contracepción como práctica médica, ¿cómo reaccionaron? Se trata de una cuestión relevante puesto que dos de los miembros, John Rock y

George Kosmak, se contaban entre los más destacados ginecólogos del momento y eran tenidos por católicos bien notorios. Otros, habían estudiado en universidades católicas, y enseñaban o habían enseñado en algunas de ellas. El segundo aspecto relata las reacciones que manifestaron las asociaciones de médicos católicos ante la adopción del Informe por parte de la AMA. Al tratar de ambos aspectos, se ha de tener presente que el Papa Pío XI había promulgado, siete años antes, la encíclica Casti connubii, en la que, como es bien sabido, el Pontífice había confirmado con mucha energía la condena de la contracepción artificial, y que contaba con la adhesión general de los fieles católicos.

Una de las contribuciones más originales del libro se contiene en el Capitulo 5. Hace referencia al Instituto Americano de Derecho (American Law Institute, ALI), una entidad privada, fundada en 1923, formada por juristas (jueces, profesores universitarios, abogados) de alto nivel académico y profesional, que dedica su atención a estudiar y proponer mejoras de la normativa jurídica norteamericana, para perfeccionar su contenido y modo de aplicación. El ALI goza de un gran prestigio y sus publicaciones son muy apreciadas. Interesa considerar la actividad de esta institución por un hecho, apenas perceptible cuando se produjo, pero que tuvo extraordinaria importancia por sus efectos jurídicos y sociales. Se trata de la presentación del artículo sobre Aborto y Delitos Relacionados, como parte del Código Penal Modelo (MPC), uno de los proyectos de más envergadura del ALI. En el borrador de 1959, que permanecería inalterado a lo largo de los años, en el Artículo 230.3, que trataba sobre los diferentes tipos de aborto, se afirmó que destruir el embrión preimplantado no constituía delito de aborto, sino mera contracepción.

El MPC fue recibido por la mayoría de los juristas como un avance muy significativo. En pocos años, y pese a esas críticas, la Sección 230.3 ejerció un efecto resonante en la legislación sobre aborto. Fue incluida, a veces casi literalmente, en el Código Penal de varios estados norteamericanos. Inspiró, además, la legislación sobre el aborto en muchas naciones; y, con el paso de los años, llegó a influir, directa o indirectamente, sobre la práctica y la regulación legal de la contracepción y el aborto en el mundo.

El concepto de la contracepción como impedimento de la fecundación se agrietó gravemente cuando, una vez introducidos los contraceptivos modernos (dispositivos intrauterinos y preparados hormonales orales), surgió la sospecha de que parte de su eficacia podría deberse a un efecto antinidatorio y a la consiguiente pérdida de embriones. Los promotores (ideológicos o industriales) de la contracepción se dieron cuenta muy tempranamente de que la confirmación de esa sospecha podría conllevar graves problemas en los países o ambientes en los que, por razones culturales o religiosas, se profesara un respeto profundo al embrión humano ya desde la fecundación o concepción. Siguieron con ese propósito una estrategia doble: de un lado, optaron por mantener en la oscuridad el efecto abortifaciente, para lo que fue suficiente abstenerse de investigar el mecanismo de acción de esos contraceptivos; de otro lado, decidieron trivializar el problema mediante un cambio de la terminología, proponiendo, y más tarde imponiendo, nuevos significados para los términos 'concepción' y gestación' (y, por consiguiente, 'aborto').

Esta última estrategia es la que se aborda en el capítulo 6, donde se estudian algunos aspectos de la manipulación del lenguaje usado en materia de contracepción. Las nuevas definiciones fueron introducidas en el campo de la medicina por el Comité de Terminología del American College of Obstetricians and Gynecologists (ACOG) por medio de su Terminology Bulletin (1965). Esa publicación fue completada años más tarde por el libro Obstetric-Gynecologic Terminology, editado por Hughes bajo el padrinazgo del ACOG.

A lo largo del capítulo se analizan las razones por las que, a pesar de las evidentes deficiencias (carencia de justificación científica, conflicto de intereses morales y falta de lógica), la nueva definición de concepción triunfó en todo el mundo y fue admitida por la práctica totalidad de las asociaciones de obstetras y ginecológicos y por muchas asociaciones médicas nacionales y mundiales.

Se trata de una historia de profundos efectos éticos y sociales, que han relatado diferentes autores desde perspectivas muy diversas. Merece la pena, sin embargo, completarla con detalles hasta ahora inéditos.

Nadie que se haya interesado por los aspectos éticos de la contracepción, puede ignorar el importante papel que en ellos desempeñó la Comisión Pontificia para el Estudio de los Problemas de la Población, la Familia y la Natalidad. La llamada Comisión Papal es tenida por muchos en gran estima, tanto por sus propuestas sobre la contracepción, como, sobre todo, por haber sido desdeñada por Pablo VI en su encíclica *Humanae vitae*. Pasados más de 50 años del fin de sus trabajos, sigue pendiente una evaluación ecuánime sobre su actuación y sus conclusiones. El Capítulo 7 trata de ofrecer algunos materiales para esa tarea. No es éste asunto fácil de tratar, en primer lugar porque todavía no es accesible la documentación que la Comisión usó o produjo. En segundo lugar, domina la visión sesgada de la historia de la Comisión difundida por los libros de Kaiser y McClory. En tercer lugar, se trata de una materia enormemente sensible.

La temática del capítulo se limita a analizar la actuación, dentro de la Comisión, de su Sección médico-biológica. Para ello se revisa el origen –sobre el que hay diversas versiones–, la composición y las cinco Sesiones que mantuvieron entre su creación el 27 de abril de 1963 y su disolución el 27 de junio de 1966.

En conjunto, el trabajo de la CP fue muy diversificado como corresponde al carácter multidisciplinar de sus miembros. En la fase final de la CP, fueron los teólogos los que tuvieron el máximo protagonismo: ellos ofrecieron la última palabra a los Cardenales y Obispos.

Enfocamos, sobre todo, el modo en que la CP, y en concreto sus miembros médicos, trataron los aspectos biológicos de la contracepción, que habrían de servir de punto de partida para los debates y conclusiones de los otros grupos y de la entera CP. Estaba formada por quince miembros, a quienes se había pedido una información puesta al día sobre la fisiología de la reproducción humana y la biología y usos de los contraceptivos, de la píldora y los DIUs en especial. Como veremos, no fue ese, sin embargo, el tema principal de sus deliberaciones.

Todos los relatos sobre la historia de la CP remarcan el papel que su sección médico-biológica desempeñó como fuente imprescindible de información y como protagonista necesario en los debates. Los miembros de la CP participaban de la idea de que no sería posible ofrecer una solución correcta al problema doctrinal sin apoyarla en una biología sólida. El propio Pablo VI así lo había afirmado a la misma CP, ya que sentía gran aprecio por la ciencia, esperaba mucho de ella.

El problema más espinoso que hubo de tratar la Sección fue la posibilidad, denunciada en la bibliografía, de que los nuevos contraceptivos pudieran actuar como abortifacientes. Sin embargo, como veremos, a pesar de la adhesión unánime al respeto de la vida humana, la Sección prefirió marginar el asunto, invocando la falta de acuerdo entre los investigadores, y se aferró a la idea de que la píldora actuaba como agente anovulador, libre de todo efecto abortivo. Observaremos de modo particular las opiniones de Hellegers por ser el único profesor de obstetricia y ginecología de la CP.

Publicada la encíclica *Humanae vitae* se reprochó con gran crudeza al Papa su desprecio por la ciencia. Con la perspectiva que da el paso del tiempo, y tras la revisión presentada en el capítulo parece necesario preguntarse si no fue la Sección médico-biológica la que verdaderamente maltrató la ciencia, pues prefirió ocultar al Papa información científica significativa que eran objeto de sus dudas.

En muchas historias encontramos 'protagonistas en la sombra', personajes que no figuran entre los 'grandes', pero que tuvieron intervenciones tan significativas, que no se les haría justicia con una mera cita marginal. A ellos se dedica el capítulo octavo. De los muchos candidatos posibles en la historia de la contracepción, hemos seleccionado cuatro: Alan Parkes, Edward Hughes, Thomas Hayes y Raymond Holden. Una muestra pequeña, pero suficiente y variada, para ofrecer una idea del papel desempeñado por estos actores secundarios.

Sir Alan S. Parkes fue una destacada figura de la Biología de la Reproducción del siglo XX. Al final de su vida se convirtió en un activo, sincero y dogmático promotor de la contracepción humana. Analizamos especialmente el símil el símil del huevo de gallina que utilizó repetidamente hasta 1965 en publicaciones y conferencias dictadas con la finalidad de justificar la idea de que la concepción se extiende de la fecundación al término de la implantación y que, por tanto, los agentes anti-implantatorios, por actuar durante la concepción, habrían de ser tenidos por contraceptivos.

Por su parte, Edward C. Hughes, Profesor de Obstetricia y Ginecología en la Universidad de Syracuse, fue miembro muy activo del ACOG, del que llegó a ser Presidente, y entra en este capítulo por haber sido Director de su Comité de Terminología. Propuso una nueva nomenclatura que legitimó la práctica de la contracepción, para lo preparó un Boletín de Terminología Nº 1 y editó un extenso léxico bajo el título de *Obstetric-gynecologic Terminology*. La *Terminology* ha sido invocada por médicos, bioéticos y parlamentarios como autoridad irrefutable que sostiene que la concepción es la implantación, no la fecundación; y que la gestación comienza con la anidación completada, no con la unión de los gametos.

Thomas Hayes, biofísico e investigador en la Universidad de California en Berkeley, entra en nuestra historia por haber introducido un concepto nuevo, el de 'acto reproductivo', en sustitución del de 'acto sexual'. Como veremos, para Hayes el 'acto reproductivo' sería el conjunto de actos de relación sexual mantenidos durante un ciclo ovulatorio, sólo así se puede considerar la posibilidad de que sea fértil y, sólo así, en su conjunto, debería tenerse como objeto de la evaluación moral de la conducta sexual. Observaremos que la teoría de Hayes, presentada a la Comisión Pontificia tuvo un fuerte impacto en los informes finales de la Comisión.

Como hemos comentado en el capítulo tercero, tras la Resolución de la AMA de 1937 se abrió un extraño período en el que, por un lado, los médicos actuaban libremente en materia de contracepción; y, por otro, los organismos directivos de la AMA entraron en sopor durante casi treinta años. Tal situación cambió con la creación en 1964 de un Comité de Reproducción Humana, presidido por el Dr. Raymond Holden, obstetra de varios hospitales de Washington DC y docente en la Universidad de Georgetown.

Revisaremos cómo Holden se propuso cumplir las tareas pendientes: dotar a los miembros de la AMA de un manual puesto al día y completo sobre control reproductivo; y preparar un programa docente para guiar a las escuelas de Medicina en la enseñanza de los diferentes aspectos de la reproducción humana. El interés de su caso aumenta cuando consideremos que Holden era, y se profesaba, católico. El análisis de este personaje nos enfrentará a las razones que le sirvieron de argumentación a favor de la contracepción y cómo se justificaba la práctica contraceptiva, aun conociendo la doctrina del Magisterio católico sobre la cuestión, y que los nuevos contraceptivos orales ejercían un efecto abortifaciente.

El capítulo 9 se propone revisar algunos aspectos éticos de los ensayos clínicos realizados por los investigadores que desarrollaron la contracepción hormonal. Obviamente, la conducta de esos investigadores no puede ser juzgada a la luz de la normativa ética y legal vigente en el segundo decenio del siglo XXI, sino a la que se tenía por válida a mediados del siglo XX; una normativa que, aunque mucho más rudimentaria que la actual, establecía ya notables exigencias.

Para desarrollar el capítulo releemos los trabajos publicados por Pincus, Rock y sus colaboradores sobre sus primeros ensayos de campo sobre la eficacia y seguridad de la píldora. Como los autores apenas aluden a los aspectos éticos de los experimentos en los trabajos que publicaron en revistas científicas, ha sido necesario recurrir a fuentes externas para obtener información sobre los aspectos éticos de esos ensayos, que necesariamente son tardíos y con frecuencia sesgados y contradictorios. Además, a una distancia de casi setenta años, se presenta la dificultad añadida de evaluar unas conductas que se guiaban por criterios que hoy nos parecen rudimentarios.

En la exposición prestamos atención a un importante y conocido precedente: el caso de la famosa "caza de embriones" llevada a cabo por Hertig y Rock entre los años 1938 y 1954, que dio por resultado la excepcional colección de embriones humanos de 2 a 17 días, conservada en la Carnegie Institution, y que ha servido por más de tres cuartos de siglo de guía universalmente aceptada del desarrollo temporal y morfológico del embrión humano inicial.

También tenemos en cuenta las presiones con que las promotoras del estudio –Katherine McCormick y, en menor medida Margaret Sanger– apremiaron a los investigadores a obtener resultados inmediatos y positivos, de modo que permitieran la introducción de la píldora en la sociedad. A pesar de que nunca fueron publicados en revistas científicas, resulta interesante prestar atención a ensayos clínicos menores que tanto Rock como Pincus desarrollaron sobre el estudio de los efectos del noretinodrel sobre el ciclo menstrual (llevado a cabo en las estudiantes de medicina de Puerto Rico); y el realizado en el Worcester State Hospital sobre el efecto de las nuevas progestinas en pacientes psiquiátricos de uno y otro sexo. Pasando posteriormente al terreno más sólido de los ensayos clínicos publicados. Son conocidos los estudios programados por Pincus y Rock en Rio Piedras, Humacao y Haití. Finalmente, se presta atención al tristemente famoso episodio del estudio contraceptivo de San Antonio (Texas) dirigido por Joseph Goldzieher.

Vaya por delante que en el resultado de la investigación sobresalen dos rasgos negativos, a los que hemos llamado "mentalidad de dominio" y "mentalidad zoológica", que emergen con frecuencia en la relación investigador-sujeto en aquellos ensayos. Ejemplo paradigmático de la segunda fue equiparación de la mujer a un cobaya humano, a través de la expresión de Katharine McCormick "una jaula de mujeres ovulantes".

Pero observaremos que esa mentalidad fue ejercida por los investigadores no sólo ante las mujeres que participaron en ensayos posteriores, sino también en sus relaciones con la FDA para obtener la autorización de la puesta en mercado de los nuevos contraceptivos hormonales. Así lo revelan dos episodios, de cada uno de los cuales existen versiones contradictorias y que analizaremos en el capítulo.

No se ha de olvidar que la experimentación de la píldora se realizó en el tiempo que Rothman llamó 'edad dorada de la investigación', un tiempo de optimismo y de confianza en el poder de la investigación científica para resolver cualquier problema, en el que todo era aceptable con tal de que cumpliera el deseo de todos de extender la ciencia mediante la experimentación.

Nota final

Los borradores preparados por el autor principal (Gonzalo Herranz) fueron llevados, a lo largo de cuatro años, a las reuniones periódicas del grupo de estudio, formado por Pilar León-Sanz, José María Pardo y Jokin de Irala, donde fueron estudiados, comentados y donde surgieron sugerencias, correcciones y referencias bibliográficas, frecuentemente sustanciales.

Capítulo 1. Orígenes de la contracepción moderna: tres designaciones para tres actitudes

En este capítulo se considerará con cierto detalle el origen de tres términos (contracepción, prevencepción y control de los nacimientos) con que se designó durante muchos decenios la prevención de la concepción[1].

¿Tiene interés, en 2017, tratar de tal asunto? En principio, la respuesta que parece obligada es afirmativa y por varias razones. Para empezar, porque conviene clarificar

---

[1] Antes de seguir adelante, una advertencia sobre el uso en este libro del término contracepción. En la reciente 23ª edición (2014) del Diccionario de la lengua española, de la Real Academia Española, admite la palabra 'anticoncepción', pero no incluye 'contracepción'. Por su parte, el Diccionario de Terminología Médica, de la Real Academia de Medicina, en su primera edición de 2011, lo registra como equivalente a anticoncepción, pero desaconseja su uso, al considerarlo capaz de suscitar rechazo por su condición de anglicismo innecesario y de término incorrectamente formado. Se optará, sin embargo, en este libro por usar 'contracepción' y 'contraceptivo', pues esas parecen ser, al menos en España, las formas preferidas por los profesionales: las sociedades (nacional o autonómicas) en que se agrupan se llaman de contracepción (no de anticoncepción). Sería, por otra parte, impropio emplear 'anticoncepción', cuando se va a estudiar el origen del término 'contracepción'.

la historia, bastante confusa, de cómo nacieron esas palabras, lo que nos permitirá constatar, una vez más, cuán contaminada de datos falsos y afirmaciones gratuitas anda la bibliografía biomédica. Además, porque ahondar en esa historia nos llevará a conocer que detrás de esos tres términos, podremos descubrir cuán diferentes era la mentalidad y los propósitos de los pioneros del control de la concepción. Por último, y quizás sea esta la razón más relevante, porque esos términos se pusieron en circulación con un propósito principal: señalar, como rasgo básico de la contracepción de primera hora, su total incompatibilidad con el aborto. De este último punto se tratará en el capítulo siguiente.

1.1. El origen del término "contracéptico" (E.B. Foote Jr., 1886)

En principio, el origen de la palabra 'contracepción' no parece demasiado problemático. Desde 1972, el Oxford English Dictionary[2] nos dice que el vocablo fue usado por vez primera en 1886 por E. B. Foote, en una publicación titulada *El Remedio Radical en Ciencia Social*[3], de cuya página 89 el citado Diccionario transcribe el texto siguiente: *Cuando se hace necesario decidir entre el aborto legal y la contracepción ilegal, prefieren quebrantar la ley hecha por*

---

[2] Burchfield RW, ed. A Supplement to the Oxford English Dictionary, Vol I·A-G. Oxford: At the Clarendon Press; 1972: 622. La misma atribución aparece literalmente en la segunda edición del Diccionario, de 1989, preparada por J.A. Simpson y E.S.C. Weiner (Vol. III: 834).

[3] La referencia completa de esa obra es: Foote EB. The Radical Remedy in Social Science or Borning Better Babies Through Regulating Reproduction by Controlling Conception. An Earnest Essay on Pressing Problems. New York: Murray Hill Publishing Company; 1886. Para acceder a la versión virtual del libro, ir a: https://archive.org/details/02531230R.nlm.nih.gov.

los hombres que condena el uso de los contracépticos, a quebrantar la ley natural que prohíbe el aborto. Pero, al examinar esa atribución más de cerca, se ve que, además de incorrecta, es ambigua.

Es incorrecta porque el fragmento citado en el Dictionary no corresponde a la primera vez que, en *El Remedio Radical,* E.B. Foote emplea el término *contracepción*: lo hace bastante antes, en la página 66, al titular el Capítulo V: *¿Por qué no adoptar la contracepción como medio para el fin de regular la reproducción y frenar la descendencia imprudente?*[4]. Entre una y otra página, el autor usa el vocablo contracepción una veintena de veces[5].

Además, la atribución a E.B. Foote es ambigua, pues se dio la curiosa circunstancia de que E.B. Foote es el nombre de dos autores, padre e hijo, que, a lo largo de muchos años, compartieron ideas y aventuras editoriales. Era, pues, fácil confundir uno con otro, pues ambos, además, se llamaban Edward, aunque sus nombres completos eran distintos: el del padre era Edward Bliss Foote, y Edward Bond Foote el del hijo6. Para evitar equívocos, se les

---

[4] Chapter V. Why not Adopt Contraception as the Means to the End of Regulating Reproduction and Checking Reckless Propagation? Ibid., p. 66.

[5] En realidad, el neologismo primario introducido por Foote no es contracepción, sino contracépticos (contraceptics). En la página 52 de Radical Remedy, Foote presenta la nueva palabra de modo inequívoco: "[...] a falta de una palabra simple apropiada, los llamaré contracépticos –un término de nuevo cuño que literalmente significa contra el comienzo, o algo que se opone o impide el comienzo de la concepción".

[6] No escasea la información sobre los Foote, más abundante la referida al padre (Edward Bliss Foote, 1829-1906) que la que trata del hijo (Edward Bond Foote, 1854-1912). Breves biografías o semblanzas se pueden ver en: Sears HD. The Sex Radicals. Free Love in High Victorian America. Lawrence: The Regent Press of Kansas; 1977: 183-203; Wood JR. The Struggle for Free Speech in the United States; Edward Bliss Foote, Edward Bond Foote, and Anti-Comstock Operations.

designará en adelante Foote Sr y Foote Jr. El que acuñó el término contracepción fue justamente este último, Foote Jr.

Pero no es ese el parecer de algunas autoridades en la materia. Himes, que es tenido como el más completo historiador de la contracepción anterior a los años 1930, no alude en su enciclopédica *Historia Médica de la Contracepción* (1936) al origen del término[7], cosa sorprendente, dado el título de su libro y el hecho de haber publicado, en 1932, un artículo sobre el origen del término contracepción[8]. En ese artículo afirma, erróneamente, que fue Foote Sr, autor de obras de divulgación médica[9] y pionero del control de la natalidad, el que primero usó la palabra contracepción. Alega como prueba una referencia bibliográfica errónea: la página 1144 del libro de *Plain Home Talk, publicado en* 1881. Ninguna de las numerosas

---

New York: Routledge; 2008: 11-38. También Himes (ver nota siguiente) en pp. 276-281.

[7] Himes NE. Medical History of Contraception. La primera edición del libro (1936), con prefacio de RL Dickinson, fue publicada por Williams & Wilkins Co, Baltimore. En 1970, el libro, con un Nuevo Prefacio de Christopher Tietze, en 1970, fue editado por Schocken Books Inc., New York.

[8] Himes NE. Note on the Origin of the Terms Contraception, Birth Control, Neo-Malthusianism, Etc. Med J & Rec 1932;135:495-496.

[9] La producción bibliográfica de Foote Sr es extraordinariamente abundante y compleja, lo mismo que sus iniciativas mercantiles (Gordon L. The Moral Property of Women. A History of Birth Control Politics in America. Urbana, Ill: University of Illinois Press; 2007: 112-113). En 1872 creó en Nueva York una empresa editorial (la Murray Hill Publishing Company) para publicar y difundir sus numerosos títulos (más de 60, según Brodie JF. Contraception and Abortion in 19th Century America. Ithaca: Cornell University Press; 1994:240). Refundía con mucha frecuencia sus libros de medicina popular: así, su libro inicial, *Medical Common Sense* (1858) fue absorbido más tarde en *Plain Home Talk* (1870) y éste, a su vez, en *Home Cyclopedia of Popular Medical, Social and Sexual Science* (1901). Una relación comentada de las obras de Foote Sr aparece en: Hoolihan C. An Annotated Catalogue of the Edward C. Atwater Collection of American Popular Medicine and Health Reform, Volume III. Rochester NY: University of Rochester Press; 2001:254-258.

ediciones de ese título alcanzó las mil páginas; además, un escrupuloso examen de las ediciones de 1870, 1880, 1892, 1896 y 1899, no descubre que Footer Sr usara ese término[10].

Parece obvio que Himes no podía haberse referido a la inexistente página 1144 de la edición de 1881, sino a la página 1144 de un libro de Foote Sr, publicado mucho más tarde, en 1902, titulado *Enciclopedia del Hogar* (*Home Cyclopedia*), en la que el autor reúne, de un lado, su *Nuevo Libro sobre Salud y Enfermedad* (*New Book on Health and Disease*), como parte médica, y, de otro, su *Nueva Charla Hogareña sobre el amor, el matrimonio y la paternidad* (*New Plain Home Talk on Love, Marriage, and Parentage*), como parte social. Es ahí justamente, en la página 1144, donde Foote Sr usa el término contracepción, pero no para apropiarse de la creación de la palabra, sino para atribuírsela a su hijo, Foote Jr.

Merece la pena transcribir el relato revelador y sencillo de Foote Sr para, al menos, rescatarlo del olvido, pues, a pesar de su valor testimonial, no parece haber sido citado por quienes han estudiado la historia de la contracepción. Helo aquí:

"¡Qué se ha de entender por contracépticos? Dado que el término es usado a uno y otro lado del Atlántico, consulté un diccionario estándar (Funk & Wagnalis, 1895) esperando confiadamente hallarlo allí, pero allí no estaba; con los diccionarios médicos no tuve mejor suerte. Al preguntarle al Dr. E. B. Foote, Jr., dónde él había encontrado esa palabra, pues la usa en su trabajo titulado "El Remedio Radical en

---

[10] Ediciones en: https://archive.org/details/63570690R.nlm.nih.gov.

Ciencia Social", me contestó que ¡él la había acuñado! El origen de la palabra ofrecido por su creador es muy sencillo: simplemente decir contra en lugar de con en la palabra concepción. Contraconcepción debería ser la forma completa y evidente, pero sería demasiado prolija. Siendo contracépticos una palabra usada de hecho hoy, tanto en este país como fuera de él, lo que aquí se dice sobre su verdadero origen y definición parece completamente necesario"[11].

Hoy, más de cien años después, eso sigue siendo igualmente necesario, en buena parte por la ignorancia y confusión acerca del nacimiento del término 'contracepción', en parte por los errores cometidos por Himes[12] y otros autores[13].

---

[11] Foote EB. Home Cyclopedia of Popular Medical, Social, and Sexual Science. New York: Murray Hill Publishing Company; 1902: 1143-1144. Este libro, de 1250 páginas, es llamado por Foote Sr su Obra Completa. Consta de una sección médica (Partes I y II, de más de 800 páginas) que es una actualización de su New Book on Health and Disease (Nuevo Libro sobre la Salud y la Enfermedad); y de una sección social (Partes III y IV, unas 400 páginas) que es una puesta al día de New Plain Home Talk on Love, Marriage, and Parentage (Nueva charla hogareña sobre el amor, el matrimonio y la paternidad).

[12] Por ejemplo, Himes afirma que también Foote Jr había usado 'contracepción' en 1910, cuando escribió: "En toda circunstancia, la contracepción es preferible al aborto, y debería en la medida de lo posible ocupar su lugar [...]. Y cuando se constata que una mujer casada no puede gestar, de modo seguro, un hijo, la contracepción es mejor que el aborto [...]. Cuando, por la mala salud del marido o de la esposa, o por otra razón, es imprudente, en la opinión de ellos, tener un nuevo hijo, está justificada la contracepción". Foote EB. A Summary of My Views on the Prevention of Conception. Med Pharm Crit Guide 1910;12:408: Cit por Himes (nota 8, supra: 495).

Para completar el catálogo de errores de Himes en su artículo de 1932, se ha de añadir que en él atribuye a Foote Jr la autoría de famoso folleto *Palabras en Perla* (*Words in Pearl*), por el que, en 1876, Foote Sr fue juzgado y condenado[12]. Se ha decir, en disculpa de Himes, que no le fue posible obtener ningún ejemplar de ni de ese folleto ni tampoco de *Radical Remedy*.

[13] Hay errores de cronología. Está claro que la palabra contracepción

1.2. El origen del término "control de nacimientos" (M. Sanger, 1914)

Es muy interesante la historia del origen de la expresión 'control de nacimientos' ('CN'). Está, además, abundantemente documentada, quizás en exceso, lo cual no es de extrañar, dado el importante papel que desempeñó en el movimiento del CN. Margaret Sanger, la presunta creadora del término, relató esa historia en varias ocasiones. Esas narrativas presentan variantes, incluso contradicciones, que despiertan inmediatamente el interés y la alerta crítica.

En el tratamiento del tema, se seguirá el siguiente orden: primero, se transcribirán los textos en que Sanger relata la creación del término; después, se tratará de esclarecer, en la medida de lo posible, las confusas circunstancias en que nació la nueva expresión; y, finalmente, se referirán algunos datos de la bibliografía que

---

aparece en el siglo XIX, concretamente en 1886. Sin embargo, Curran afirma que nació en el siglo XX. Curran CE. Contraception. In: Clarke PB, Linzey A, eds. Dictionary of Ethics, Theology and Society. Abingdon; Routledge; 1996: 175. Quizás Curran tomó prestada la idea a Royle: "Los términos 'contracepción' y "control de nacimientos" son del siglo XX". Royle E. Radicals, Secularists, and Republicans: Popular Free Thought in Britain, 1866-1915. Manchester: Manchester University Press; 1980: 261.

Hay también errores de atribución surgidos de la traducción. En la versión al inglés de la historia de la contracepción de Jütte (2003), se dice que "El término 'contracepción', hoy familiar, ni siquiera tiene 100 años. Lo encontramos por vez primera en un libro del conocido investigador de la sexología, Max Marcuse (1877-1963)". Jütte R. Contraception: a history. Cambridge; Polity Press; 2008:2 Pero aquí, el término originario no es 'Kontrazeption', muy poco usado en alemán, sino 'Empfängnisverhütung'. Jütte R. Lust ohne Last: Geschichte der Empfängsnisverhütung von der Antike bis zur Gegenwart. München: Verlag C.H. Beck; 2003: 2.

sugieren que el término CN fue sugerido por otros individuos.

1.2.1. Los relatos de Sanger sobre el origen de 'Control de los nacimientos'

Margaret Sanger incluyó, en dos de sus libros, sendos relatos de cómo surgió el término 'CN': uno está en *My Fight for Birth Control* (*Mi lucha por el control de nacimientos*), publicado en 1931; el otro, en *An Autobiography* (*Una autobiografía*), aparecido en 1938. Hay, además, un tercer relato, marginal en apariencia, pero sumamente expresivo, en *The Pivot of Civilization*, (*El Pivote de la Civilización*), editado en 1922, y que, por eso, tiene, el valor añadido de ser, de los tres testimonios ofrecidos por Sanger, el más cercano en el tiempo al acontecimiento de 1914.

En *The Pivot*, Sanger nos cuenta:

"Tal era la situación en 1914, cuando regresé a América [...]. El crecimiento asombroso de ese movimiento arranca del momento en que en mi casa un pequeño grupo organizó la Liga del Control de Nacimientos. Desde entonces nos han criticado por haber elegido el término 'control de nacimientos' para expresar la idea de una contracepción moderna y científica [...]. Ningún otro expresa mejor la idea de un control intencionado, responsable y autodirigido de la potencia reproductiva. [...]. Control es guía, dirección, previsión. Implica inteligencia, deliberación y responsabilidad [...]. El término "control de nacimientos" tiene la inmensa ventaja práctica de comprimir en dos palabras breves la respuesta a la petición muda de millones de hombres y mujeres de todos los países"[14].

Aquí, quien da nombre al pujante movimiento es 'un pequeño grupo' que se reunió en la casa de Sanger en algún momento de 1914.

Años más tarde, Sanger reivindica para sí la creación de la nueva expresión. En *My Fight for Birth Control,* su primera autobiografía, Sanger rememora, con mucha viveza, que

"lo que necesitábamos antes que nada era encontrar un nombre para la contracepción que pudiera llevar al público el significado social y personal de esa idea. Unos pocos amigos y seguidores [...] nos reunimos una noche en mi apartamento para elegir el nombre más adecuado. Debatimos sucesivamente maltusianismo, generación consciente, paternidad voluntaria, maternidad voluntaria, preventcepción {sic}, nueva maternidad, generación constructiva, etc., etc. Todos esos nombres fueron desechados por no satisfacer lo exigido. Nos acercamos un poco cuando se sugirieron control de la familia, control de la raza y control de la tasa de nacimientos.

Finalmente, de pronto, se me ocurrió: ¡Control de nacimientos!

Todos nos dimos cuenta de inmediato que habíamos encontrado el nombre perfecto para la causa. No hubo más discusión. Habíamos alcanzado nuestro propósito. El grupo se disolvió para no reunirse más.

Fue la primera vez en que se usaron juntas esas palabras. Han dado la vuelta al mundo como un mensaje mágico que anuncia la llegada de un nuevo amanecer..."[15].

---

14 Sanger M. The Pivot of Civilization. New York: Brentano's Publishers; 1922: 11-13.
15 Sanger M. My Fight for Birth Control. New York: Farrar & Rinehart Inc.;

Por último, en su Autobiografía, Sanger parece haber renunciado a la apropiación indebida de 1931, y devuelve a un colaborador anónimo la autoría de la expresión 'CN'. Nos cuenta Sanger:

"El nuevo movimiento estaba arrancando, pero la criatura no tenía nombre [...]. Una noche en que varios compañeros estábamos reunidos debatimos sucesivamente paternidad voluntaria, maternidad voluntaria [...]. Los términos ya en uso –neomaltusianismo, limitación de la familia y generación consciente– nos parecían almidonados y carentes de atractivo para la gente.

La palabra control era buena, pero no me gustaba en cuanto limitación –era demasiado limitante. No estaba yo a favor del sistema francés de un hijo o dos hijos, no me entusiasmaban los neomaltusianos ingleses preocupados casi exclusivamente de poner límites por razones económicas. Mi idea era más grande y más libre. Quería que en ella figurara la familia, pero control de la familia no sonaba bien. Probamos con control de la población, control de la raza, y control de la tasa de nacimientos. Entonces alguien sugirió: "elimina la tasa". Control de nacimientos era la respuesta, sabíamos que la teníamos ya. El trabajo de aquel día estaba terminado: cada uno cogió su sombrero y se fue a casa. La criatura tenía ya nombre"[16].

Como es bien patente, consideraba que la expresión 'CN' era un factor de decisiva importancia para la expansión del movimiento que quería promover. Son justamente esas dos breves palabras la respuesta *"a la petición muda de*

1931: 83.

[16] Sanger M. An Autobiography. New York: W.W. Norton & Co; 1938: 107-108.

millones de hombres y mujeres", dos palabras que *"han dado la vuelta al mundo como mensaje mágico que anuncia la llegada de un nuevo amanecer"*[17].

1.2.2. Las confusas circunstancias del nacimiento de la expresión 'Control de los nacimientos'

¿Revelan los relatos de Sanger la realidad histórica en que nació la expresión 'CN'? ¿Ocurrió, como cuenta en *The Pivot*, con ocasión de crear formalmente lo que se llamaría Liga del CN? O, simplemente, como apunta *My Fight*, ¿se trató de una reunión de amigos convocada para encontrar un nombre nuevo que hiciera socialmente más aceptable la contracepción? O, como señala *My Autobiography*, ¿se trataba de dar título al recién nacido movimiento?

Las variantes de la narración de lo ocurrido en el apartamento de Sanger aquella noche, lo mismo que las expresiones jubilosas o triunfalistas con que concluye sus relatos hacen sospechar que se trata de recuerdos fuertemente idealizados. Merece la pena examinar con detalle algunas circunstancias de ese episodio que algunos historiadores de la contracepción se han encargado de magnificar.

Conviene señalar que el clima en que se celebró la reunión no fue ciertamente optimista. Gray ha podido constatar que Margaret Sanger pasaba en aquellos días por graves dificultades. El Servicio Postal de los Estados Unidos

---

[17] Tampoco han sido parcos en elogios algunos seguidores de Sanger. De la expresión 'CN' se ha dicho que: "esas sencillas y afirmativas palabras son quizás la expresión más controvertida [...] desde que, en 1859, Darwin introdujo selección natural". Katz E, Hajo CM, Engelman PC, eds. The Selected Papers of Margaret Sanger. Vol. 1, The Woman Rebel, 1900-1928. Urbana: University of Illinois Press; 2003: 70.

había decidido declarar ilegal la circulación y reparto de los primeros números *The Woman Rebel*, una publicación editada por Sanger[18]. Esta consideró que, si daba a conocer a los periodistas lo que estaba ocurriendo presentándolo como un atentado a la libertad de expresión, recibiría de ellos un masivo apoyo. Pero tal apoyo no se produjo. Por el contrario, la respuesta de la prensa, en general bastante tibia, incluyó algunas críticas muy duras: algunos periódicos llegaron a considerar *The Woman Rebel* y su mensaje como algo despreciable o risible[19]. Fue, en esas dramáticas circunstancias, cuando Sanger convoca a su grupo para buscar un modo nuevo de presentar su mensaje.

No parece haber dudas acerca de que la reunión tuvo lugar en el piso que había alquilado Sanger en Nueva York. Pero, ¿qué sabemos de la fecha del evento y, por tanto, de cuándo se acuñó la expresión 'CN'?

Nadie levantó acta de la referida sesión. De los relatos de Sanger, sólo el que aparece en *The Pivot* ofrece un mínimo de cronología: la reunión tuvo lugar en 1914. Katz

---

[18] The Woman Rebel fue un folleto mensual, editado por Sanger, que iba dirigido principalmente a las mujeres trabajadoras, del que se publicaron siete números entre marzo y septiembre-octubre de 1914. Su marcado carácter libertario, y su agresividad ideológica en política general, familia y sexualidad, provocaron la incautación por parte de la Oficina Postal de la mayor parte de los números publicados.

[19] Refiere Gray que, ante la gravedad de la situación, Sanger, desesperada y deprimida envió a un gran número de periódicos una nota informativa junto con una muestra de los números de *The Woman Rebel* secuestrados por la Oficina Postal, preguntándoles si no había sido injusta la supresión de algunos de ellos. Esperaba de ese modo, dado el tradicional apoyo de los periodistas a la libertad de prensa, movilizar nuevos aliados para su causa. El resultado fue justamente el contrario. Gray detalla las reacciones negativas de algunos periodistas y concluye que la operación de Sanger, en vez de ganarle la imagen de una salvadora, la había valido la de una vulgar gruñona". Gray, op. cit. en nota 5: pp. 71-72.

señala que probablemente la cosa ocurrió en mayo o junio de ese mismo año[20]. A falta de información sólida en los recuerdos de Sanger, es inevitable ir a la prueba más sólida de la bibliografía contemporánea y preguntarse cuándo y dónde aparece la primera mención escrita de 'CN'.

Kennedy nos ofrece una primera aproximación al indicar sin más que el término 'CN' aparece publicado por vez primera en el número de junio de 1914 de The Woman Rebel[21]. Más precisa es la referencia de Engelman[22,] al señalar que, en ese número, 'CN' aparece por primera vez en un artículo de Sanger titulado "Suppression", en el que se lee: "Si a The Woman Rebel se le permitiera publicar con impunidad las verdades elementales y básicas sobre la libertad personal y cómo obtenerla, el movimiento del CN se convertiría en un movimiento de enorme potencia en la emancipación de la clase trabajadora"[23]. La observación de Engelman no es del todo exacta: las líneas que él cita figuran en uno de los últimos párrafos del artículo; pero fue en el primero donde la autora lo había introducido por primera vez. En efecto, el artículo empieza así: "Suprimir es un acto de debilidad. Suprimir una idea es admitir que le tienes miedo, que es para ti una amenaza. Los persistentes esfuerzos de la Oficina de Correos para suprimir esta

------

[20] "En mayo o junio habían acuñado el término CN como alternativa a las expresiones más pasivas comúnmente usadas para designar la contracepción". Katz E, Hajo CM, Engelman PC, eds. Op. cit. supra, en nota 17: 68.

[21] "The Woman Rebel discutió y abogó en favor de la contracepción –el número de junio la llama por primera vez 'CN', un término inventado por Margaret Sanger y algunos amigos". Kennedy DM. Birth Control in America: The Career of Margaret Sanger. New Haven, Co: Yale University Press; 1970: 23.

[22] Engelman PC. A History of the Birth Control Movement in America. Santa Barbara, CA: Praeger; 2011: p. 23.

[23] Sanger M. Suppression, The Woman Rebel 1914;1:25.

publicación enfatizan su temor ante la propaganda a favor del CN"[24]. A falta de futuros, e improbables, hallazgos, se ha de concluir que en el periodo precedente está la primera mención escrita del término 'CN'.

No faltan, sin embargo, en la bibliografía sobre este particular afirmaciones erróneas. Por ejemplo, Himes, en su Nota ya citada[25], afirma vagamente que, a su parecer, "el término CN fue usado por primera vez por Margaret Sanger, en abril de 1914, en un artículo de *The Woman Rebel*, una publicación radical que por entonces ella editaba". Pero una lectura minuciosa de ese número no permite encontrar tal expresión en ninguno de sus artículos. A su vez, Stillman sitúa gratuitamente en 1912 la creación del término[26].

1.3. Origen del término "prevencepción" (W.J. Robinson, 1918)

El tercer vocablo que hemos de estudiar es prevencepción (y sus derivados prevencéptico y prevenceptivo). Esas palabras nuevas desempeñaron por unos años un papel relativamente notable en el activismo en favor de la contracepción, pero cayeron prácticamente en el olvido tras la muerte de su creador, William J. Robinson.

Este acuñó prevencepción para reunir en una sola palabra la expresión clásica "prevención de la concepción", que él y muchos otros venían usando desde tiempo atrás como sinónimo de contracepción. No parece haber en la

---

₂₄ Ibid.

²⁵ Himes, Note on the Origin, cit supra, nota 8.

²⁶ CN: Stillman JB. Birth Control Movement. In: Ross JA, ed. Encyclopedia of Population, Vol. I. New York: The Free Press; 1982, 58-64, p. 61.

bibliografía referencias que señalen con precisión el momento en que nace el nuevo término. Una revisión atenta de las publicaciones de Robinson, autorizan a afirmar que 'prevencepción' ve la luz en 1918, pues el autor no empleó esa palabra en sus escritos anteriores a esa fecha, pues hasta entones usa indistintamente 'prevención de la concepción', 'contracepción', y 'control de nacimientos'[27].

Es en el número de junio de 1918 de *The Medical Critic and Guide*, una de las revistas que Robinson editaba, donde el autor introduce 'prevencepción' por primera vez. Lo hizo en un artículo editorial titulado 'Prevencepción contra Aborto'[28], en el que enigmáticamente afirmaba: "Innumerables veces hemos mostrado que hay una diferencia radical entre prevencepción y aborto. Una diferencia que no es de grado, sino de especie"[29].

Sorprende, sin embargo, la circunstancia de que Robinson en el citado artículo no diera a sus lectores la noticia de que está introduciendo un vocablo nuevo y original. Cierto que no tardó en hacerlo, pues, lo afirmó un

---

[27] No aparece, por ejemplo, en sus libros publicados en 1917: *Woman. Her Sex and Love Life*. New York: Critic and Guide Co.; 1917; *Eugenics, Marriage and Birth Control [Practical Eugenics]*. New York: The Critic and Guide Co.; 1917; Fewer and Better Babies, or The Limitation of Offspring, 11th and 12th ed. New York: Critic and Guide Co.; 1917.

[28] En 1918, en la página de portada de la revista queda reflejada la índole de la publicación. "Crítica y Guía Médicas. Incluye la Gaceta Dietética e Higiénica, y Nuevos Medicamentos del Médico. Una Revista de Individualidad. Ningún Programa fuera del de la Verdad, la Sinceridad y la Rectitud. Todos los Lectores gozan de igualdad de oportunidades ante el Editor para expresar su opinión. Todos los fraudes y engaños serán intrépidamente denunciados".

[29] Editorial. Prevenception versus Abortion. Med Critic Guide 1918;21:206-207. En el mismo número de la revista, incluye dos breves editoriales (editorialettes) en las que usa 'prevenceptivos': Robinson JW (editor). Do we Possess an Absolutely Reliable Prevenceptive? Med Critic Guide 1918;21:207; y Reliability of Prevenceptives Tested on Animals, Ibid., 207-208.

mes después en una nota a pie de página que, en su condición de Editor, introdujo en un artículo de Goldman publicado en la misma revista[30]. Glosando el término 'contraceptivo', Robinson apostilla que "El Editor ha introducido recientemente, y prefiere, los términos "Prevenceptivo" y "Prevencepción"31. En la segunda mitad de 1918, Robinson emplea con frecuencia los nuevos términos en los artículos editoriales, cartas y notas que publica en su revista[32]. Incluso, uno de sus lectores usa ambos vocablos en una carta al Editor[33].

No se preocupó Robinson en ese primer momento de definir su neologismo, pues consideraba que para todos era patente que se trataba tanto de una obvia contracción de 'prevención de la concepción', como de un mero sinónimo de contracepción, término que le disgustaba. Tampoco explicó entonces las ventajas o necesidad de la nueva expresión. Lo hizo al cabo de más de 10 años, cuando reveló que lo había acuñado para erradicar el engañoso vocablo CN[34]. En 1931, en las páginas de la Birth Control Review,

---

[30] Goldman C. Voluntary Checks to Population. Med Critic Guide 1918;21:248-256, en 249.

[31] Ibid., nota a pie de la página 249.

[32] Vid., por ejemplo, Med Critic Guide 1918;21:207, 347, 408, 410 y 460.

[33] Gray H. A Few Letters to the Editor. Ibid: 401-402, en 402.

[34] "Una palabra acerca del término BC. 'BC' es un engaño. Es traducción del alemán *Geburt-Regelung* {sic}, y se ha convertido en un añadido permanente a nuestro lenguaje, y nada podrá erradicarlo o sustituirlo. Pero es un término desafortunado, el peor que podría haberse acuñado. Es, a causa de él, que en la mente popular prevencepción o prevención de la concepción se confunde frecuentemente con el aborto. La gente sabe que mediante el aborto se puede controlar el número de hijos [...]. De ahí que, cuando oyen BC lo tomen como sinónimo de aborto. Además, el término es intrínsecamente falaz porque no es el *nacimiento* de la descendencia lo que prevenimos, sino su *concepción*. [...]. De modo que, siempre que tengamos ocasión, usemos los términos prevencepción y prevencentivo. Aunque no seamos capaces de eliminar el engañoso término BC de

vuelve a repetir: "CN es un término engañoso, [...] el peor de cuantos podían haberse acuñado"[35].

Sanger debió sentirse herida por el desprecio de Robinson a su predilecta expresión CN. Y, a su modo, se tomó una venganza. En 1931, Sanger en "My Fight for birth control"[36], al referir el nacimiento del término "birth control" incluyó preventception {sic}, en la lista de expresiones que había que seleccionar: "Malthusianismo, generación consciente, paternidad voluntaria, maternidad voluntaria, prevencepción, nueva maternidad, generación constructiva, etc. Todos esos nombres fueron rechazados por no satisfacer los requisitos". Pero, cuando más tarde cuenta esa misma historia en su Autobiography, prevencepción ya no aparece: Robinson había sido marginado[37].

---

nuestro lenguaje, limitemos al menos su uso". Robinson WJ. Practical Prevenception or The Technique of Birth Control. Giving the Latest Methods of Prevention of Conception, Discussing their Effect, Favorable or Unfavorable, on the Sex Act; Their Indications and Contraindications, Pointing Out the Reasons for Failures and How to Avoid Them. Hoboken, NJ: American Biological Society; 1929:6-7.

[35] Robinson WJ. Do Doctors Know About Prevenception? Birth Control Rev 1931;15:11.

[36] Sanger, M., My Fight for birth control". New York: Farrar & Rinehart Inc. on Murray Hill; 1931.

[37] Sanger, Autobiography: 108.

Capítulo 2. La contracepción pionera y su incompatibilidad con el aborto

En este capítulo se mostrará cómo, en la mente de los iniciadores de la contracepción, ésta no sólo es cosa distinta del aborto, sino que es, por definición, incompatible con él. No hay continuidad posible entre la contracepción de los pioneros y el aborto. Tanto biológica como éticamente eran tenidas por acciones inconciliables, antagónicas.

Curiosamente, el reconocimiento de tal separación se hace patente ya en el momento mismo de la creación y puesta en uso de los tres términos: contracepción, control de nacimientos y prevencepción. Parece como si el motivo que llevó a Foote Jr, Sanger y Robinson a crear y difundir sus términos no fuera el deseo de mayor precisión léxica, o la ambición de alcanzar fama y reconocimiento. El motivo que les movió fue hacer bien patente la discontinuidad entre contracepción y aborto.

El tema es de gran interés y actualidad. Desde hace unos decenios, la idea que domina en bioética y en medicina es que entre contracepción y aborto hay una continuidad sin fisuras. Son, tal como muestran los estudios sobre el mecanismo de acción de ciertos tipos de contraceptivos hormonales y de los dispositivos intrauterinos, entidades superpuestas. Muchos contraceptivos interrumpen la vida del embrión joven: son abortifacientes. El término 'contragestión' (o contragestación) se ha creado para resaltar esa continuidad.

A lo largo del libro presentaremos diferentes episodios en que se desarrolló la transición de la incompatibilidad de los orígenes a la identidad de la opinión hoy dominante. En otras palabras, cómo fue viniéndose abajo el muro, tan cuidadosamente erigido por los pioneros, que separaba contracepción y aborto.

2.1.   E.B. Foote Jr.: contracépticos y aborto

El contexto legal en que Foote Jr acuñó el término 'contracepción' tenía bastante de paradójico: lo que quiso designar con 'contracepción' era entonces, en casi todas partes, en especial en los Estados Unidos, una actividad ilegal. Era practicada por algunos no-médicos, que corrían el riesgo de sufrir penas muy rigurosas. A los médicos les estaba gravemente dificultada: podían aconsejarla en casos justificados, pero no les era fácil proporcionar los medios para ponerla en práctica. Además, era tenida como una actividad marginal e impropia de la profesión. Lo paradójico era que esos mismos médicos gozaban de una notable discreción para practicar abortos siempre que ofrecieran una indicación terapéutica para justificar su conducta. Foote Jr estaba muy profundamente convencido de la necesidad de invertir la situación, que calificaba de ofensiva para la ética y la justicia[38]. En 1886, percibiendo que su muerte

---

[38] Lo hizo por razones meramente racionales: era incrédulo, librepensador,

estaba próxima (intuición que resultó fallida)[39], quiso recoger en un pequeño libro su mensaje a favor del control de la concepción y en condena del aborto[40], pues se sentía moralmente obligado a difundir en la sociedad la información disponible sobre el que, en su opinión, era el remedio radical para los males que afectaban a los individuos, las familias y la sociedad. A diferencia de otros promotores del control de la concepción, consideró esencial que esa información estuviera basada en los datos de la ciencia. Sólo así, la contracepción podría convertirse en el procedimiento único para erradicar la grave lacra social y moral del aborto.

Para Foote Jr, la base científica de la contracepción era innegociable. No carece de simbolismo el hecho de que, cuando él habló de contracépticos por primera vez, lo hizo tras lamentar la ignorancia que en tiempos de Malthus reinaba sobre la fisiología de la concepción[41], mientras que

---

fuertemente anti-católico (Ver 2006 Blakley). Dejó la práctica de la medicina (aunque no el negocio de su padre) para dedicarse a causas libertarias, tales como las acciones para derogar las leyes Comstock y el apoyo personal y financiero a la Liga para la Libertad de Expresión (Free Speech League).

[39] Harman cuenta las circunstancias en que Foote Jr escribió *Radical Remedy*: "El sentía que le quedaban unos pocos meses de vida y que este libro era el legado más importante que podía dejar, de modo que dedicó las energías que le quedaban a esa tarea. Le sorprendió seguir viviendo, pero seguía convencido de que su 'Radical Remedy' era lo más importante que él o cualquier otro podría haber hecho". Harman L., A Letter. In: Schroeder T, ed., Edward Bond Foote. Biographical Notes and Appreciatives. New York: Free Speech League: 1913: 62-65, 64.

[40] Foote EB. The Radical Remedy, in Social Science or Borning Better Babies Through Regulating Reproduction by Controlling Conception. An Earnest Essay on Pressing Problems. New York: Murray Hill Publishing Company; 1886.

[41] Señala Foote Jr que Malthus se limitó a recomendar, para el control de la población, el celibato, el matrimonio tardío y la continencia matrimonial, pero que condena todos los otros recursos como artes impropias o actos indecentes, entre los que lógicamente incluye el aborto. Foote Jr considera que Malthus, clérigo y

él podía beneficiarse de los progresos de la ciencia. En 1886, Foote Jr señalaba su fuerte convicción de que, gracias a los nuevos conocimientos en fisiología de la reproducción, se podía enfrentar el problema del control de la concepción con una luz nueva. La ciencia reciente hacía posible distinguir *"entre la mera prevención de la concepción y la violenta interferencia con el producto de la concepción que es el aborto. Hay ahí una diferencia de gran importancia, que pueden pasar por alto las personas que ignoran la fisiología de la reproducción"*[42].

Tras describir brevemente el proceso de la fecundación en el que se reúnen los microscópicos gametos, concluye Foote Jr: "la fusión de esos dos diminutos elementos efectúa la impregnación o concepción, y el resultado es el comienzo de un nuevo organismo [...]. Cualquier interferencia con el crecimiento y desarrollo natural de este germen de vida en cualquier estadio de su vida causa su aborto y destruye, por tanto, un ser viviente [...]. Por tanto, hemos de hacer una clara distinción entre los contracépticos, que impiden la concepción, y los abortivos, que interfieren con el producto viviente de la concepción"[43].

Queda claro que para Foote Jr existe una frontera decisiva, biológica y moral, entre control de la concepción y aborto, que quiere subrayar con el nuevo término de 'contracepción'. A un lado de esa frontera están los métodos contracépticos, que impiden la reunión de los gametos, de lo que no se deriva daño para la vida naciente.

---

filósofo, se guió más por sus convicciones teológicas que por los hechos de la ciencia, "cuando ciertamente había menos datos a que apelar que en el momento presente". Foote, Radical Remedy, p. 51.

[42] Ibid.

[43] Ibid: 52.

Al otro lado, los abortivos, condenables a la luz de la fisiología sexual y de las consideraciones morales.

Foote Jr se siente impelido a clamar contra la ilógica situación legislativa de su tiempo: "[...] si las leyes fueran obedecidas, el resultado práctico sería un gran número de abortos, cuando la contracepción podría haber servido en su lugar; pero lo que en realidad ocurre es que los médicos y los que no lo son se toman libertades con la ley, de modo que cuando se ven obligados a decidir entre un aborto legal y la ilegal contracepción, prefieren romper la ley, hecha por los hombres, que prohíbe los contracépticos, antes que quebrantar la ley natural contra el aborto"[44].

Foote Jr nunca abandonó su convicción sobre la insalvable distancia moral y biológica que separa contracepción y aborto. En 1910, dos años antes de su muerte, en un artículo en el que resume sus puntos de vista sobre la contracepción, sigue afirmando: *"En toda circunstancia, la contracepción es preferible al aborto, y debería ocupar su lugar en la medida de lo posible [...]. Cuando se descubre que una mujer casada no puede gestar un hijo de modo seguro, es mejor la contracepción que el aborto"*[45].

2.2. M. Sanger: el control de los nacimientos es incompatible con el aborto

Como se señaló en el capítulo anterior, Sanger y/o alguno de sus colaboradores crearon el término CN en

---

[44] Este texto de Foote Jr incluye el referido en la nota 3 de arriba. Foote Jr, Radical Remedy, pp. 82-83.

[45] Foote EB. A Summary of My Views on the Prevention of Conception. Med Pharm Crit Guide 1910;13:408 (Cit. en Himes NE. Medical History...: p. 281.

1914. En los relatos, escritos años más tarde, que Sanger nos dejó sobre el particular, no encontramos referencias a cómo la autora veía la posible relación entre el CN y el aborto. No sólo carecemos de un escrito que, a semejanza del *Radical Remedy* de Foote Jr, trate del asunto inmediata y específicamente, sino que hemos de estudiarlo a través de documentos, siempre más o menos posteriores a la puesta en circulación de CN. La dificultad crece, pues, por algún tiempo, el pensamiento de Sanger cambia, al parecer, más por motivos pragmáticos y políticos que por razones sustantivas o éticas, hasta que, más tarde llegó a una postura consolidada.

El mismo año, 1914, Sanger distribuyó un folleto, breve pero intencionadamente subversivo, titulado *"La Limitación de la Familia"*. Contenía básicamente información sobre los métodos contraceptivos entonces en uso. A pesar de que la impresión y distribución del panfleto se llevaron a cabo en la clandestinidad y provocaron no pocos problemas con la policía y los jueces, el folleto hubo de ser reeditado varias veces en el plazo de pocos años[46]. Sanger introdujo algunas variantes de notable interés en el texto de las sucesivas ediciones[47].

---

[46] Sanger M. Family Limitation. En ninguna de sus ediciones lleva este folleto, de 16 páginas, indicación del lugar o año de su impresión. Se poseen datos, sin embargo, que aseguran que la primera edición fue impresa en Nueva York, en 1914 {¿?}. Alcanzó su décimo octava, y quizás última edición, en 1922.

[47] Jensen ha estudiado, desde el punto de vista político, la evolución de las ideas de Sanger en las sucesivas ediciones del folleto, en especial la transición desde la retórica izquierdista inicial a la posterior retórica liberal: Jensen JM. The Evolution of Margaret Sanger's "Family Limitation" Pamphlet, 1914-1921. Signs 1981;6:548–567. McCann reprocha a Jensen no haber prestado atención a la retórica sexual: McCann CM, Birth Control Politics in the United Status, 1916-1945. Ithaca, NY: Cornell University Press; 1999: 36.

En la primera, se transparenta una actitud tolerante hacia el aborto, en la que éste es visto como un inevitable recurso final cuando la contracepción ha fallado. Dice Sanger a sus lectoras que, entonces, "el único remedio es el aborto. Una vez que tengas el convencimiento de que el aborto es necesario, no pierdas tiempo con medicinas de ningún tipo. [...] Jamás permitas que pase más de un mes. [...] Es la mujer misma quien ha de decidir, pero ha de actuar de inmediato, cualquiera que sea su decisión".

Esa ancha tolerancia hacia el aborto ha desaparecido prácticamente tres años después. En la sexta edición (1917), encontramos, junto a unas mínimas referencias a la fisiología de la reproducción humana (fecundación, nidación), las siguientes advertencias:

"... tomando esas precauciones impedirás que el huevo anide en la cubierta interna del útero. (...) si ha pasado una semana sin signos de flujo menstrual, lo más seguro es suponer que ha tenido lugar la concepción. Cualquier intento de interferir con el desarrollo del huevo fecundado se llama aborto. No cabe duda de que en ocasiones se puede justificar el aborto, pero *serán innecesarios si se pone cuidado en evitar la concepción*. Esa es la *única* cura del aborto"[48].

Es en 1918 cuando Sanger tomó postura firme ante el problema en un artículo cuyo título, *¿Control de los Nacimientos o Aborto?*, se enfrenta directamente a la cuestión. Después de constatar que, a su modo de ver, la limitación de la familia es inevitable, se pregunta cómo

---

[48] Sanger M. Family Limitation. Revised, Sixth ed; 1917. pp. 4 y 5. Cursivas en el original.

habrá de ser practicada: si con los métodos normales y científicos del CN, o con la anormal, y a menudo peligrosa, operación quirúrgica. Para Sanger, la solución está en prevenir la fecundación, en impedir el encuentro de espermios y óvulos, mediante los procedimientos del CN. "Pero si no se usan los medios preventivos y el espermio fecunda el óvulo y se inicia así el desarrollo, cualquier intento de eliminarlo o de detener su ulterior crecimiento se llama aborto. Cierto que hay casos en los que incluso la ley reconoce que el aborto es justificable cuando lo recomienda un médico. Yo afirmo, sin embargo, que los cientos de miles de abortos que se hacen cada año en este país constituyen una desgracia para la civilización. En resumen: la limitación de la familia se ha de practicar siempre; en el presente, se practica ya sea mediante el CN ya por el aborto. Lo sabemos. Pero el primero significa salud y felicidad, y una raza mejor y más fuerte. El otro significa enfermedad, sufrimiento, muerte"[49].

Queda claro, en la cita precedente, que, para Sanger, CN y aborto pertenecen a áreas biológicas y éticas dispares. En los años siguientes, Sanger remachó las mismas ideas y persistió en darles fundamento científico. Pero su idea básica no cambia. Así, por ejemplo, en el capítulo *¿Contraceptivos o Aborto?* de un libro que publicó en 1920, encontramos repetidos, literalmente, muchos fragmentos del artículo arriba citado[50]. Sanger no dejó de insistir en la diferencia radical, excluyente, que separa los procedimientos del CN y la práctica del aborto. Le irritaba

---

[49] Sanger M. Birth Control or Abortion? Birth Control Rev 1918;2:3-4.
[50] Sanger M. Woman and the New Race (With a Preface by Havellock Ellis). New York: Brentano's; 1920:118-129.

de modo especial que el público los hiciera equivalentes, que entendiera que el aborto era un método más de CN.

En 1931, a raíz de la promulgación de la encíclica *Casti connubii* por el Papa Pío XI, Sanger volvió a afirmar su postura ante el aborto[51]. "Aunque se pueda recurrir al aborto a fin de salvar la vida de la madre, practicarlo para la mera limitación de la descendencia es peligroso y maligno. Traigo el asunto a colación aquí porque algunas personas mal informadas piensan que cuando hablamos de CN incluimos el aborto como un método más. En absoluto lo hacemos. El aborto destruye un óvulo ya fecundado, un embrión. La contracepción, como he explicado cuidadosamente, impide la fecundación del óvulo, gracias a impedir el acceso de los espermios, de modo que impide el comienzo de la [nueva] vida".

Valga como argumento para confirmar el rechazo del aborto como procedimiento para limitar la prole, el recuerdo que Sanger ofrece de la información que, desde 1917, daba a las mujeres que acudían a su primera clínica: "A cada grupo se le explicaba con sencillez lo que era la contracepción; que el aborto era un camino equivocado – era suprimir una vida por pronto que se hiciera; que la contracepción era el camino mejor y más seguro– exigía un poco de tiempo y de preocupación, que, en último término, merecían la pena, porque la vida todavía no había comenzado"[52].

---

[51] Además de un breve comentario publicado (Sanger M. Comments on the Pope Encyclical. Birth Control Rev 1931;15:40-41), Sanger dejó un artículo inédito (Sanger M. Birth Control Advances. A Reply to the Pope) al que se puede acceder en Internet. De él, se toma el texto que se cita a continuación.

http://www.nyu.edu/projects/sanger/webedition/app/documents/show.php?sangerDoc=236637.xml.

2.3.   W.J. Robinson: prevencepción y ambigüedad ante aborto

La postura de Robinson ante la prevencepción y el aborto es compleja, pues parecen coexistir en él dos actitudes contradictorias. De una parte, manifestó tenazmente a partir de 1918 su convicción personal y práctica de que la prevencepción era la solución prioritaria y prácticamente universal a los problemas que la reproducción humana pudiera plantear, hasta el punto de que la práctica diligente de la prevencepción terminaría por hacer innecesario el aborto. De otra parte, y paradójicamente, admitía la necesidad de ciertos abortos, pues, aunque reconocía que el aborto se presentaba siempre como un mal, aceptaba que, en ocasiones, representaba un mal menor en comparación con las consecuencias catastróficas que podrían derivarse de no practicarlo, consecuencias que no eran sólo de orden biológico, sino también de orden social, económico y eugénico. Eso le llevó a lo largo de su vida, sobre todo al final de ella, a promover la derogación de las leyes contra el aborto.

Lo que aquí interesa es, sobre todo, mostrar cómo, a pesar de su ambigüedad moral, Robinson acuñó el término 'prevencepción' para rechazar, y no sólo para la prevención, el aborto. En efecto, parece que la intención básica de Robinson al poner en circulación su neologismo fue establecer la máxima distancia posible entre contracepción y aborto. En el editorial en que usa por primera vez el nuevo

---

[52] Sanger M. An Autobiography. New Cork: W.W. Norton Publ.; 1938:217.

vocablo, Robinson señala: "Hemos mostrado innumerables veces que hay una diferencia radical entre prevencepción y aborto. Una diferencia no de grado, sino de especie. Hemos mostrado que la gran mayoría de quienes abogan a favor de las medidas prevenceptivas se oponen sinceramente al aborto en todas sus formas"[53].

Unos meses más tarde, vuelve sobre el asunto en otro editorial, en que critica con mucha dureza la actitud cínica de los médicos que no perciben diferencia moral alguna entre prevencepción y aborto, por lo que, en la práctica, se decantan por este último. Escribe Robinson: "Reconocen que el aborto es destrucción de una vida, mientras que prevencepción significa sencillamente impedir que el espermatozoide se ponga en contacto con el óvulo. Pero concluyen que, siendo idéntico el resultado final en ambos casos, esto es, impedir que vengan niños a este mundo, el crimen es el mismo"[54].

En 1920, expone esos mismos puntos de vista con más energía todavía. Respondiendo a la carta de un médico que mantenía que, desde diferentes perspectivas (sociológica, eugénica, ética) no existen diferencias entre prevencepción y aborto55, Robinson, que se había ganado una justa fama de radical extremoso, escribía: "Confieso que no soy bastante radical para considerar que el aborto está en el mismo plano ético que la prevención de la concepción. Como hemos tratado de aclarar tantas veces, una de las

---

[53]   Robinson   WJ.   Prevenception   versus   Abortion.   Med   Critic Guide1918;21:206-207, 206.

[54] Robinson WJ. Editorials. A Doctor on Prevenception and Abortion. Critic & Guide 1918;21:410.

[55] Dekker H. Prevenceptive and Abortion – Are They on the Same Ethical Plane. Med Critic & Guide 1920;23:213-214.

razones de nuestra persistente abogacía en favor de la prevencepción es la de eliminar la justificación de la necesidad del aborto. Aun cuando el aborto fuera tan inocuo y seguro como algunos dicen, seguiría siendo éticamente objetable [...]. Son dos actos esencialmente diferentes. En la prevencepción impedimos que los espermatozoos entren en contacto con el óvulo. Lo conseguimos con medios mecánicos, químicos o fisiológicos. No hay destrucción de ningún tipo [...]. Pero el aborto es un asunto muy diferente, en el que destruimos algo ya creado"[56].

Y para confirmar esa condena del aborto, Robinson alega que él jamás practicó un aborto. Afirma, sin embargo, que esa conducta suya no se apoyaba en consideraciones morales, sino en meros sentimientos psicológicos. Ya en 1912, había dicho: "... por extraña que pueda parecer esta afirmación, yo personalmente jamás he practicado un aborto". Y añade que se abstuvo no por superioridad moral, sino por pura cobardía[57], o por "un insuperable sentimiento de disgusto"[58]. Treinta años después, en lo que podríamos llamar su testamento ético sobre la prevencepción y el aborto, repite justamente las mismas opiniones: "No hay razones para no discutir este problema [la derogación de las leyes contra el aborto] con calma y juiciosamente, sin sesgos ni temores. Puedo hacerlo muy fácilmente porque, por extraña que pueda parecer esta afirmación, nunca

---

[56] Robinson WJ. Comment by the Editor. Med Critic & Guide 1920;23:215.

[57] Robinson WJ. Sexual Problems of To-Day. New York: Critic and Guide 1912: 155. El mismo texto se conserva inmodificado a través de las múltiples ediciones de esa obra: la 12ª edición fue publicada en 1923.

[58] Robinson WJ. The Ethics of Abortion. New York Medical Journal 1914;100:897.

personalmente practiqué ni un solo aborto. Sé que suena extraño, pero es así. No imaginen que fue por razones morales que dije no a centenares de mujeres suplicantes, llorosas, destrozadas, casadas o no, que pedían ser liberadas del fruto de su seno. No, lo repito, no era superioridad moral, sino principalmente cobardía"[59].

Gordon ha puesto en duda la sinceridad de la repulsa personal de Robinson a practicar abortos[60]: aduce la sospecha de que Robinson, en unas memorias impresas y distribuidas en privado, admitió que había 'limpiado úteros'[61]. La misma sospecha es expresada también por Derr, MacNair y Naranjo-Huebl[62].

Se ha de concluir que la actitud de duplicidad de Robinson ante el aborto (rechazo a practicarlo, exigencia de su legalización) abre una brecha en la convicción de los pioneros de la contracepción, que mantenían que ésta era incompatible con el aborto. En Foote Jr, esa convicción era absoluta y basada exclusivamente en razones éticas. En Sanger, la firme oposición al aborto procedía, más que de convicciones morales, de razones sociales y políticas, pues era evidente que para que la sociedad de entonces pudiera

---

[59] Robinson WJ. The Law Against Abortion. Its Perniciousness Demonstrated and Its Repeal Demanded. New York: The Eugenics Publishing Company, Inc.; 1934: 120-121.

[60] Gordon L. Woman's Body, Woman's Right. Birth Control in America, 2nd ed. Penguin Books: 1990: 170.

[61] Robinson WJ. Dr. Robinson and Saint Peter. How Dr. Robinson Entered the Heavenly Gates and Became St. Peter's Assistant. New York: Eugenics Publishing Co.; 1931:24-25.

[62] Derr MK, MacNair R, Naranjo-Huebl L. Reproductive Wrongs Unto Death: Eugenic Strictures (Late Nineteenth-Early Twentieth Centuries and Beyond). In: Derr MK, MacNair R, Naranjo-Huebl L, eds. ProLife Feminism. Yesterday and Today. 2nd ed. Bloomington, IN: Xlibris; 2005: 107-113.

aceptar la contracepción era necesario interponer una gran distancia entre contracepción y aborto. En Robinson, la incompatibilidad contracepción/aborto se agrieta, para dar espacio al aborto restringido y legal de indicación terapéutica y socioeconómica.

Capítulo 3. La profesión médica ante la contracepción: del rechazo a la aceptación

3.1. El desprecio institucional de la contracepción

A pesar de existir diferencias sensibles de unos países a otros, se puede afirmar que, en general y hasta bien avanzado el siglo XX, la medicina institucional (tanto las corporaciones nacionales, como las asociaciones de especialistas) adoptó una actitud negativa o abiertamente condenatoria frente a la contracepción.

Dominaba por entonces la idea de que la contracepción carecía de bases científicas, pues los métodos y materiales que empleaba no habían sido validados experimentalmente, por lo que se ignoraba en qué medida eran eficaces. Además, se sabía que en ocasiones eran capaces de inducir daños considerables. Se afirmaba igualmente que, con la excepción de los casos infrecuentes en los que un nuevo embarazo estaba seriamente contraindicado desde el punto de vista clínico, la prevención de la concepción no era actividad propiamente médica: los médicos no se consideraban capacitados para evaluar los motivos económicos o de conveniencia social que invocaban la inmensa mayoría de las mujeres que acudían a ellos buscando consejo contraceptivo. Por añadidura, en ese tiempo y en la mayoría de los países, la contracepción era repudiada por la legislación y la moralidad pública. De hecho, fueron muy pocos los médicos que participaron en los movimientos sociales en favor del control de la concepción, pues entendían que eso era más bien asunto propio de los grupos e individuos que se dedicaban a promover los derechos de la mujer y el feminismo radical. No faltaron, sin embargo, médicos que, por motivos diversos (las previsiones de catástrofe demográfica, la utopía eugenésica, la elevada mortalidad infantil o simplemente la vida precaria de algunas familias pobres y numerosas), se hicieron activos partidarios de la contracepción y se propusieron conseguir para ella la aprobación de las instituciones profesionales.

En contraste con el rechazo de la inmensa mayoría de los médicos, se fue extendiendo entre el público general la práctica de los métodos contraceptivos entonces disponibles, en especial entre las clases pudientes. Aparte de los importantes efectos que ejerció sobre el *ethos* social, la expansión del control de la concepción favoreció el desarrollo de la producción y comercio de agentes contraceptivos, una "industria" que con los años llegó a mover muchos millones. Era inevitable que la falta de regulación legal, la publicidad engañosa y la ausencia del control de la calidad de los productos ofrecidos en el mercado, favorecieran la difusión de métodos y productos ineficaces o potencialmente nocivos.

Avanzados los años 1930s, la importancia social de la contracepción y su relevancia económica obligaron a la medicina organizada a implicarse en el asunto y prestarle la debida atención. Eso trajo consigo un radical cambio de actitud: el desinterés, mezclado de desprecio, de las instituciones médicas se mutó en reconocimiento y apropiación. La contracepción, casi de la noche a la mañana, pasó a ser una actividad propia y exclusivamente médica. Merece la pena considerar esa historia con el debido detalle.

3.2.   La compleja historia del rechazo: de 1912 a 1936

El primer tercio del siglo XX fue, en lo que respecta a la contracepción, un tiempo tranquilo para las instituciones médicas, pues a ninguna de ellas le inquietó seriamente la posibilidad de modificar su postura oficial de rechazo de la contracepción. El activismo a favor del control de la concepción daba por entonces sus primeros pasos y, aunque carecía, como es lógico, de suficiente poder para forzar cambios importantes en la actitud de la profesión médica, no dejó de aplicar estrategias para favorecerlos. La más significativa de esas estrategias consistió en captar la colaboración de destacadas figuras de la medicina, con un doble propósito: de un lado, propiciar desde dentro de las organizaciones médicas la aceptación progresiva de la contracepción; y de otro lado, hacer de los médicos los propagadores principales del control de los nacimientos.

Suele elegirse como primer episodio de esa historia el discurso presidencial que, en 1912, pronunció Abraham Jacobi en la sesión anual de la Asociación Médica Americana, en el que trató de la reducción de la mortalidad infantil. En ese discurso, Jacobi se refirió sólo tangencialmente a la contracepción: no la nombró como tal, ni dijo una palabra sobre técnicas o políticas de control de la concepción[63]. A pesar de eso, los promotores del movimiento contraceptivo han elevado el discurso de Jacobi a la categoría de hito histórico que inaugura la deseada alianza entre ese movimiento y la medicina institucional. Se trata claramente de una exageración, que podría servir como un persuasivo instrumento de propaganda[64]. Con el paso de los años, sin embargo, el significado atribuido al discurso de Jacobi se hizo habitual entre los historiadores de la contracepción, pero, lamentablemente, ninguno trató de aclarar su impacto inmediato ni la cronología de la magnificación de sus efectos sobre la medicina institucional[65].

---

[63] En un momento, aludió Jacobi a la cortedad de los recursos disponibles para combatir la mortalidad infantil, de lo que intuitivamente dedujo que "se había hecho indispensable sugerir que sólo un cierto número de niños pudiera venir al mundo. Dado que no infrecuentemente las gentes acomodadas limitan el número de sus hijos, parece más excusable aconsejar a los pobres –o a quienes criar una familia numerosa es peor que simplemente difícil– que limiten el número de sus hijos, aun cuando fueran a nacer sanos. A menudo me entero de que una familia tiene diez hijos, pero solo tres o cuatro sobreviven. Los que murieron provocaron muchos gastos, pobreza y morbididad entre los supervivientes. En beneficio de estos últimos y de la comunidad entera, hubiera sido mejor que no hubieran nacido". Eso es todo lo que Jacobi dijo sobre el control de la descendencia. Jacobi A. The Best Means of Combating Infant Mortality. JAMA 1912;58:1735-1744. La cita precedente aparece literalmente en Engelman (History of the Birth Control Movement in America, p. 36).

[64] La idea fue imaginada y difundida por W.J. Robinson. Robinson, admirador, amigo y, más tarde, albacea literario de Jacobi, instó a éste a que se refiriera en su discurso al control de los nacimientos. Años más tarde, en un escrito retrospectivo, Robinson afirmó que "después de que el Dr. Jacobi, el Néstor de la medicina americana, fundador de la Pediatría en los Estados Unidos, y Presidente de la Asociación Médica Americana (el más alto honor que un médico puede recibir), hablara abiertamente a favor del control de los nacimientos, otros médicos que antes no querían saber del tema, se unieron al movimiento, el cual, a partir de entonces progresó de modo acelerado". Robinson W.J. Twenty-Five Years of Progress. Birth Contr Rev 1927;11:323.

Es gratuito afirmar que el discurso de Jacobi provocó mucha controversia y división entre los médicos acerca de la contracepción[66]. Otros aspectos de ese discurso, por ejemplo lo que Jacobi dijo sobre el papel que corresponde a las comadronas en la atención obstétrica o al problema del parto en el hospital o en casa, o sobre la alimentación del lactante, recibieron críticas y aplauso. Pero no se puede sostener que la intervención de Jacobi agrietara el consenso anticontraceptivo dominante o dividiera a los médicos[67]. Las breves y oblicuas alusiones de Jacobi a la limitación de la descendencia pasaron prácticamente sin comentario[68]. El JAMA no publicó ni una sola carta al editor sobre el discurso. Y el propio Jacobi, en un artículo de despedida de la AMA, publicado un año después, en el que comenta su

---

[65] Así, por ejemplo, el genérico deseo, expresado por Jacobi en su discurso, de que nazcan menos y mejores niños es convertido voluntaristamente por V. Robinson (hijo de W.J. Robinson) en un programa de acción social: "en su discurso presidencial [Jacobi] abogó en favor de la necesidad de divulgar entre el público los mejores métodos para controlar la fecundación no deseada e indeseable". Robinson V. Pioneers of Birth Control in England and America. New York: Voluntary Parenthood League; 1919: 72. Pero Jacobi no dice una palabra de métodos contraceptivos.

[66] Por ejemplo, Gordon, cuyas observaciones sobre Jacobi contienen frecuentes errores, añade uno más cuando afirma que ese impactante discurso "fue más un producto que una causa, más una culminación que un comienzo, de la renovación del activismo médico a favor del control de los nacimientos". Gordon L. The Moral Property of Women. A History of Birth Control Politics in America. Urbana: University of Illinois Press; 2002: 115. Como se verá a continuación, el impacto del discurso de Jacobi fue mínimo.

[67] Pearson M. Millennial Dreams and Moral Dilemmas. Seventh-day Adventism and Contemporary Ethics. Cambridge: Cambridge University Press; 1990: 57.

[68] Reed apunta que los colegas de Jacobi ignoraron la propuesta de éste de que tomaran a su cargo el problema del control de nacimientos (Reed, The Birth Control Movement, p. 46). Por su parte, Chesler afirma que cuando Jacobi planteó, en su discurso a la AMA, por vez primera el problema de la contracepción, no se produjo un clamor apreciable (Chesler, Woman of Valor: 147).

discurso presidencial, no hace alusión alguna a lo que había dicho sobre menos niños y más sanos[69]. Robinson señala que el prestigio de Jacobi le hacía relativamente inmune a los ataques de sus colegas, y que hubieron de pasar tres años antes de que sonaran las primeras voces críticas[70].

La resistencia de la medicina institucional a la contracepción persistía en 1924. Ese año, se repitió en cierto modo la experiencia de 1912. El entonces Presidente de la AMA, William Pusey, pasó revista en su discurso presidencial de los problemas sociales de la medicina, entre los que incluyó la limitación de la natalidad; y, a la vista de que "la medicina carece hoy de programas satisfactorios para el control de los nacimientos", optó por teorizar sobre la potencialidad demográfica y eugenésica de la contracepción y dejar de lado sus posibles indicaciones médicas o su papel en la salud de las pacientes individuales[71]. Un artículo editorial publicado meses después en la revista de la Asociación señalaba que, ante la total falta de investigaciones realizadas "con espíritu científico y ético, y planteadas sin prejuicios", el asunto, como era de esperar,

---

[69] Jacobi A. A Final Word to the Fellows and Members of the American Medical Association. JAMA 1913;61:633-635.

[70] Robinson V. Pioneers of Birth Control: 73.

[71] En su discurso, Pusey se manifestó como un ferviente seguidor del darwinismo social: "Está claro que nuestra sociedad se ha comprometido con una forma de socialismo que exige que los económicamente fuertes y competentes asuman el cuidado de los débiles e ineficientes. Sería una empresa carente de conciencia, dejando de lado la ley de la selección natural, oponerse al proceso natural, cruel pero saludable, de eliminar a los peor dotados". Pusey W.A. Some of the Social Problems of Medicine. JAMA 1924;82:1905-1908. Un año más tarde, Pusey abogó a favor de la esterilización de los deficientes y del control de los nacimientos para evitar la reproducción disgénica. Insistió en que, si la gente pobre no se reprodujera, se podrían eliminar la pobreza y los elevados impuestos destinados al bienestar social. Pusey W.A. Medicine's Responsibilities in the Birth Control Movement. Birth Contr Rev 1925; 9: 134-136, 156-158.

fue, de una parte, objeto de una amplia divergencia de opiniones y enorme cantidad de disputa; y, de otra, motivo de apatía entre los profesionales de la medicina[72]. La situación invitaba a los médicos y sus asociaciones a no implicarse en las políticas de control de nacimientos en razón de la carencia de métodos y programas satisfactorios para ejecutarlas.

Era patente en aquellos años la resistencia de la profesión a las pretendidas indicaciones sociales y económicas de la contracepción, ante las que los médicos se declaraban incompetentes. Pensaban que el interés colectivo de las instituciones profesionales debía limitarse a discutir si existían situaciones patológicas en las que podría ser médicamente necesario el control de la concepción, es decir, en qué situaciones clínicas bien definidas (tuberculosis, cardio y nefropatías, malformaciones pélvicas) sería aceptable justificar el retraso más o menos prolongado de un nuevo embarazo[73]. La actitud de las instituciones médicas de los diferentes países era coincidente: en todas partes se tenía la contracepción común como algo ajeno a la profesión médica.

---

[72] Editorial. The Prevention of Conception. JAMA 1924;83:2020-2021.

[73] "Medical leaders in contraception soon realized the resistance of the profession to "social" indications and confined their discussion to the necessity of birth control in well-defined pathologic circumstances −tuberculosis, heart and kidney disease, and pelvic abnormality". Kennedy D.M. Birth Control in America: The Career of Margaret Sanger. New Haven: Yale University Press; 1970: 180.

3.2.1. Primeras fisuras en el bloque

Fue justamente a mediados de los años 1920s cuando, por efecto de ciertas fuerzas sociales, comenzaron a aparecer algunas grietas en el sólido bloque del rechazo institucional de la contracepción, aunque los cambios radicales no ocurrirían hasta el decenio siguiente.

Quizás el estímulo más importante fue el que provenía del segmento más importante del feminismo contraceptivo. En el seno de éste, habían surgido dos posturas que discrepaban sobre la conveniencia de buscar la colaboración con los médicos y sus organizaciones. De un lado, Margaret Sanger, con su Liga Americana de Control de los Nacimientos, consideraba que la alianza con los médicos era imprescindible para introducir la contracepción en la sociedad. Llegó incluso a proponer un proyecto de ley al que denominó "ley de sólo médicos", para poner en manos de estos la aplicación de las técnicas para el control de la natalidad. De otro, Mary Dennet, con su Liga de la Paternidad Voluntaria, pugnó para mantener distante de la medicina el movimiento contraceptivo, pues consideraba que ceder a los médicos el liderazgo en este campo equivalía a traicionar la esencia del movimiento[74].

La historia del acercamiento entre el activismo contraceptivo y la medicina institucional, y, por ello, de la

---

[74] La historia de la pugna Sanger-Dennett puede verse en el capítulo sobre Birth Control and the Law, de Kennedy D. Birth Control in America, pp. 218 y ss.; y también en Engelman P. A History of the Birth Control Movement in America. Santa Barbara: Praeger, ABC-CLIO, LLC;2011:113-126. Sanger, por su parte, se preocupó de recoger en su revista noticias que informaban de las propuestas y sugerencias que algunos médicos proponían a sus asociaciones, para que éstas reconocieran la contracepción como actividad propia de la medicina organizada: Sanger M. The Doctors and Birth Control. Birth Contr Rev 1923;7:144-145.

fractura de la unidad institucional, fue larga y compleja. Al principio, los activistas 'laicos' adoptaron la actitud, agresiva y contestataria, del primer feminismo, en la que la rebeldía contra el orden social reinante (y especialmente contra los médicos que contribuían a conservarlo) iba unida a una campaña de divulgación de los métodos contraceptivos entre las mujeres de la clase trabajadora. Su instrumento de propaganda fue un panfleto periódico clandestino, citado en el capítulo anterior, titulado 'The Woman Rebel', que tuvo una vida corta[75].

Tras diversas vicisitudes, esa primera actitud rebelde y antimédica se mudó en una postura antitética. A partir de 1918, la política de la Liga se centró en atraer a los médicos para la 'causa' y poder así legitimar socialmente el movimiento del control de los nacimientos. Sanger comprendió que sin ganar la cooperación de la profesión médica la batalla social a favor de la contracepción no tendría futuro, no podría introducirse capilarmente en la sociedad[76]. El cambio de objetivos y de acento quedó registrado cuando su anarquista panfleto 'The Woman Rebel' fue sustituido por la publicación titulada 'Birth Control Review', de contenido más formal y académico[77].

---

[75] Son relativamente pocos, aunque interesantes, los artículos y notas sobre contracepción que aparecen en este folleto, cuyos siete números aparecieron entre marzo y septiembre-octubre de 1914. Pueden verse en: http://wyatt.elasticbeanstalk.com/mep/MS/docs/MS.lb.html.

[76] "A partir de 1918, Sanger se propuso ganar el apoyo de la profesión médica. Se había fijado como meta crear una red de clínicas dirigidas por médicos y extendida por toda la nación. Esa fue su campaña más ambiciosa. Lader L. Margaret Sanger: Militant, Pragmatist, Visionary. http://www.ontheissuesmagazine.com/1990spring/Spr90_Lader.php.

[77] El texto completo de la revista, publicada entre febrero de 1917 y enero de 1940, es accesible en: https://lifedynamics.com/library/#birth-control-review.

Pese a los intentos de captación de los activistas del control de los nacimientos, el colectivo médico siguió siendo refractario al movimiento contraceptivo. Durante muchos años, la Birth Control Review recogió, comentó y amplificó cualquier noticia o simple rumor sobre la cooperación de los médicos o de sus asociaciones con el movimiento del control de la fecundidad. Siguiendo una línea editorial de optimismo en el inevitable triunfo social de la contracepción, la Review prestó especial atención a las acciones y actitudes de las asociaciones médicas locales o de la propia AMA, celebrando como grandes avances algunos eventos triviales[78].

Por contraste, la revista no ahorró sus amargas críticas a la resistencia que los médicos y sus organizaciones oponían a la teoría y práctica del control de la natalidad, pues lo seguían considerando asunto impropio de la profesión médica. No puede extrañar, por tanto, que la Birth Control Review diera mucho relieve a las actuaciones

---

[78] Sanger, que actuó como Editora de Birth Control Review hasta 1929, se preocupó con constancia incansable de publicar en la revista editoriales, notas y noticias que informaran de las iniciativas y sugerencias que algunos médicos proponían a sus colegas, solicitando que la contracepción fuera reconocida como una actividad aceptable para una práctica profesional correcta. Durante muchos años, la revista funcionó como una caja de resonancia que agigantaba al límite la importancia de esas informaciones, hasta el punto de falsearlas en ocasiones. Por ejemplo, en un editorial publicado en 1923, se induce al lector a suponer que es gratuita la afirmación del Presidente de la Sociedad Médica del Estado de Nueva York al asegurar que la mayoría de los miembros de la Sociedad eran contrarios a la contracepción, pues no citaba la fuente de ese dato. Cuando se aclaró que tal dato se basaba en las respuestas a un cuestionario enviado a las sociedades médicas de los condados, la réplica editorial de Sanger fue muy expresiva: "la profesión médica -con un gran número de honorables excepciones- no ha sido capaz hasta ahora de darse cuenta de la inmensa cantidad de enfermedad, sufrimiento y muerte que aflige a mujeres y niños de nuestro gran país por carecer de educación adecuada y científica sobre contracepción". Editor. Doctors and Birth Control. Birth Contr Rev 1923;7:144-145.

de unos pocos médicos propulsores de la contracepción, algunos de los cuales, como William Robinson y Robert Dickinson, desempeñaron un papel importante tanto en la medicina académica como en la larga tarea de hacer aceptable el control de los nacimientos por la profesión y la sociedad. No se ha de olvidar que un elemento que facilitó tal aceptación médica fue la actitud, compartida entonces por todos, de completo rechazo del aborto no-terapéutico.

3.2.2.   La AMA responde a la presión

Sólo desde mediados de los años 1920s, empezaron a presentarse y debatirse en las sesiones anuales de la AMA algunas peticiones que sus miembros o ciertas asociaciones de médicos dirigían a la Cámara de Delegados, instando a esta a asumir un papel activo a favor (y, ocasionalmente, en contra) de la regulación legal y profesional de la contracepción[79]. De hecho, a partir de 1925, nunca faltó en la agenda de las sesiones la consideración de esas peticiones. En los primeros años, se centraron en solicitar la mediación de la AMA para que la legislación reconociera el derecho del médico a ofrecer, en sus consultorios, clínicas o dispensarios, información sobre el control de los nacimientos a las mujeres en las que estuviera médicamente indicado[80]. Más tarde, se creó un comité para

---

[79] La reticencia que, a lo largo de los años, la AMA había mostrado a incluir en sus debates la contracepción viene de atrás. En 1902, la Cámara de Delegados decidió por votación "posponer indefinidamente las resoluciones que recomendaran [...] medios que previniesen o acortasen la gestación". Blasingame F.J.L, ed. AMA Digest of Official Actions, Vol I: 1846-1958. Chicago: American Medical Association;1959: 69.

[80] Señala Fishbein que, en 1922, en la reunión de la Junta Directiva previa a la Sesión de la AMA en San Luis, se consideró un asunto que no dejaría de crear problemas en el futuro: se trataba de una resolución del Consejo de Salud e Instrucción Pública que proponía que la AMA se moviera para conseguir la

que dictaminara sobre la calidad y eficacia de los contraceptivos entonces en uso. Justamente por influencia del comité la contracepción dejó de ser vista como práctica empírica y rechazable para constituirse en u na recomendable actividad médica.

Merece la pena detallar el transcurso histórico de las tomas de posición de la AMA a lo largo de poco más de un decenio, para entender el trasfondo ético-profesional de un cambio tan radical y, hasta cierto punto, inesperado. En una primera etapa, los dirigentes de la AMA emplearon los poderosos recursos que los reglamentos ponían en sus manos (decisiones razonadas, silencio administrativo, aplazamientos, traslado a órganos consultores) para repeler las iniciativas presentadas. Al final, transfirieron la responsabilidad al Comité para el Estudio de la Contracepción y siguieron sumisamente sus pasos: del rechazo a la aceptación.

La primera petición formal ocurrió en 1925, cuando la Sección de Obstetricia, Ginecología y Cirugía Abdominal de la propia AMA presentó a la Cámara de Delegados una resolución en la que recomendaba "la alteración de las leyes existentes, siempre que fuera necesario, de modo que los médicos pudieran legalmente informar sobre contracepción a sus pacientes en el curso ordinario de su práctica"[81]. La resolución fue dejada sobre la mesa. Dos

---

modificación de las leyes federales que interferían con el derecho del médico a aconsejar por correo sobre contracepción. La Junta Directiva decidió que no tomaría cartas en el asunto. Fishbein M. The History of the American Medical Association, 1847 to 1947. With the Biographies of the Presidents of the Association by Walter L. Bierring. And with Histories of the Publications, Councils, Bureaus and Other Official Bodies. Philadelphia; W.B. Saunders Co; 1947.

[81] No existe en las Minutas de la 76ª Sesión Anual de la AMA, en Atlantic City, May 25-29, 1925, tal como aparecen publicadas en el JAMA (JAMA

años después, la Sección volvió a remitirla a la Junta Directiva[82]. Ésta, en 1928, ofreció la siguiente respuesta: "En vista de la gran falta de unanimidad de opinión con respecto al asunto de que trata la resolución, esta Junta Directiva devuelve con todo respeto la cuestión a la Cámara de Delegados"[83].

Anteriormente, en 1926, la Junta Directiva ya había manifestado su intención de no pronunciarse sobre el tema, cuando dejó de lado una petición de la Conferencia Nacional Católica de Bienestar Social que solicitaba a la AMA que interviniera en el proyectado cambio del código penal federal a fin de que no se relajara la normativa sobre contracepción[84]. La Junta Directiva decidió, apoyándose en "la ausencia de datos basados en investigaciones científicas adecuadas", abstenerse del asunto y no emitir opinión[85].

Con el transcurso del tiempo, las peticiones se hicieron más frecuentes; su contenido y sus argumentos ofrecen ligeras variantes, lo mismo que las respuestas y las razones dadas por los directivos de la AMA. En la sesión de 1932, en

---

1925;84:1635-1667), mención alguna de esa iniciativa. Lo mismo sucede con los Proceedings, House of Delegates, o con el Digest of Official Actions, de los Archivos de la AMA (http://ama.nmtvault.com/custom/About.jsp). La única referencia precisa a la citada iniciativa se encuentra en: Dickinson R.L. Control of Conception, Present and Future. Bull NY Acad Med 1929;5:413-434, en el Apéndice documental, pp. 431-432.

[82] Resolution on Contraception. Minutes, House of Delegates. Seventy-Eighth Annual Session of the American Medical Association, Held at Washington, D. C., May 16-20, 1927: 60.

[83] Resolution on Contraception. Minutes, House of Delegates, Seventy-ninth Annual Session, Held at Minneapolis, Minn., June 11-15, 1928: 27.

[84] Communication from National Catholic Welfare Conference. Minutes, House of Delegates, Seventy-Seventh Annual Session, Held at Dallas, Texas, April 19-23, 1926: 39.

[85] Supplementary Report of Board of Trustees. Ibid: 44.

Nueva Orleáns, se introdujo una innovación, que años más tarde resultaría decisiva: la moción presentada pedía la creación, en el seno de la AMA, de un Comité para estudiar el control de los nacimientos. La esperada respuesta negativa del influyente Comité de Referencia alegaba que, por tratarse de un asunto muy controvertido, no era aconsejable en ese momento presentarlo al debate de la profesión[86]. La moción fue reiterada en Milwaukee, en la sesión de 1933, donde una vez más se solicitó la creación de un Comité, que se encargara del estudio del control de los nacimientos en todos sus aspectos, prestando atención especial a los métodos, las indicaciones médicas para su uso, y los modos de instruir al público y a los médicos sobre la materia. La moción incluía una significativa cautela, que ya nunca se abandonó: la creación del Comité no podría interpretarse en absoluto como un respaldo de la AMA a la contracepción[87]. En un primer momento, el Comité de Referencia sobre Higiene y Salud Pública decidió recomendar la Resolución y enviarla a la Cámara de Delegados; pero, después de un debate, el Comité optó por someter a votación de la Cámara la propuesta, de resultas de la cual la Resolución quedó sobre la mesa[88].

En 1934 persistió la postura de rechazo institucional de la AMA ante el control de los nacimientos, aunque se manifestaron entonces algunos signos de ambigüedad. En la Sesión celebrada en junio, en Cleveland, fue presentada una

---

[86] Resolutions on the Appointment of a Committee to Study Birth Control. Minutes, House of Delegates. Eighty-third Annual Session, Held at New Orleans, La., May 3-13, 1932: 45.

[87] Resolutions on Creation of Committee for Study of Birth Control. Minutes, House of Delegates. Eighty-fourth Annual Session, Held at Milwaukee, Wis., June 12-15, 1933: 50-51.

[88] Ibid: 88.

nueva resolución para crear un Comité sobre Métodos Contraceptivos, que estudiara el valor terapéutico y la efectividad de los agentes contraceptivos en uso en aquel momento o que los fabricantes pudieran poner en el mercado, con el fin de facilitar a los médicos dar una respuesta informada al público general. Aunque volvió a afirmarse que la creación del Comité no implicaba un respaldo por parte de la AMA al control de los nacimientos[89], se aceptaba la posibilidad de que los resultados de esos estudios fueran publicados en el JAMA, órgano oficial de la Asociación[90]. El Comité de Referencia sobre Higiene y Salud Pública, que prefirió esta vez asumir una postura neutral, devolvió la resolución a la Cámara de Delegados sin hacer recomendación alguna sobre ella, a la vez que solicitaba conocer el parecer de la Cámara sobre el asunto. La Cámara, una vez más, lo dejó sobre la mesa[91]. Por su parte, la Birth Control Review, en fuerte contraste con las críticas expresadas en los años precedentes, elogió la acción de la AMA, que, al fin, reconocía, aunque fuera por razones extrañas y desviadas, que el control de los nacimientos era un problema médico; auguraba, además, que pronto llegaría el reconocimiento médico oficial de la contracepción[92].

---

[89] Resolutions on Contraceptive Methods. Minutes, House of Delegates. Eighty-fifth Annual Session, Held at Cleveland, Ohio, June 11-15, 1934: 42.

[90] Resolution on Contraceptive Devices and Methods. Ibid: 53.

[91] Resolution Referred Back to the House by the Reference Committee on Hygiene and Public Health. Ibid: 59.

[92] Editorials. Birth Contr Rev 1934;2:1-2.

3.2.3. La transición de 1935 a 1936

En la sesión de 1935, en Atlantic City, se tomó al fin la decisión de crear un Comité para estudiar la contracepción. La Junta Directiva respondió con esa medida a la intensa presión que, tanto fuera como dentro de la Asociación, se había ido creando a favor de la aceptación médica de la contracepción. Las peticiones a la AMA seguían menudeando[93]. Para evaluarlas se decidió constituir un Comité Especial de Referencia, que concluyó que ninguna de las peticiones recibidas podía ser aprobada en su tenor actual como propuesta de resolución, lo que indujo al Comité Especial a sustituirlas por un borrador propio.

Lo primero que éste afirmaba, es que cualquier resolución que se tomara sobre la materia no podía ser interpretada como una declaración o acción a favor o en contra del control de los nacimientos. Añadía a esta cláusula previa algunos otros considerandos: que el uso de contraceptivos, tan generalizado pero al margen de la ley, había sido estimulado por grupos no-médicos y, en especial, por intereses comerciales[94]; que se desconocían los efectos que sobre la salud de la población podrían tener los productos contraceptivos, lo que exigía que fueran estudiados de modo exacto y extenso; que existía mucha

---

[93] En la sesión de 1935 se tomaron en consideración las siguientes: las de las Sociedades Médicas de varios Estados (Nueva York, Arkansas, Maine y Nuevo Méjico), del Distrito de Columbia, de varios Condados (Berks, Gage, Portag), y de varias sociedades científicas. Resolutions on Contraception. Minutes, House of Delegates, 86th Annual Session, Atlantic City, June 10-14, 1935: 34.

[94] Reed apunta que la preocupación por la magnitud del negocio contraceptivo condujo a la AMA a crear, en 1935, su Comité sobre Contracepción. Reed J. Doctors, birth control, and social values, 1830-1970. In: Vogel M.J, Rosenberg C.E, eds. The Therapeutic Revolution: Essays in the Social History of American Medicine. University of Pennsylvania Press; 1979: 109-133: 122.

confusión al interpretar las normas federales y estatales sobre la materia. Y concluía con la recomendación a la Junta Directiva de crear un Comité que estudiara esos problemas, de modo que pudiera entregar su informe, aunque fuera provisional, en la próxima sesión de la AMA[95]. Así lo acordó el 11 de junio la Junta Directiva, la cual encomendó al Comité de Estudio de las Prácticas Contraceptivas y Problemas Relacionados que investigara a fondo el problema del control de los nacimientos[96].

3.2.4. La Resolución de 1936

En la sesión de 1936, en Kansas City, el Comité de Estudio de las Prácticas Contraceptivas y Problemas Relacionados presentó, por mediación del Comité de Referencia para la Sesión Ejecutiva, el informe que le había sido encargado[97]. Es un documento que, en vista de la resolución homóloga de 1937, exige ser conocido en detalle, a fin de percibir la intensidad de las diferencias que existen entre ambos documentos. El informe de 1936 desaprueba, en general, la contracepción, apoyándose más en datos y opiniones profesionales que en argumentos éticos. Está compuesto por una corta introducción, una larga referencia al problema de la superpoblación en el mundo occidental, y cuatro tipos de consideraciones:

---

[95] Report of the Special Reference Committee. Ibid: 45.

[96] En el Informe presentado por el Comité en la siguiente sesión (Kansas City, 1936) consta que éste "había sido nombrado por la Junta Directiva de la AMA de acuerdo con las resoluciones aprobadas el 11 de junio de 1935 por la Cámara de Delegados". Report of Committee to Study Contraceptive Practices and Related Problems. Minutes, House of Delegates. Eighty-Seventh Annual Session, Held at Kansas City, Mo., May 11-15, 1936: 53.

[97] Report of Committee to Study Contraceptive Practices and Related Problems. Minutes, House of Delegates. Eighty-Seventh Annual Session, Held at Kansas City, Mo., May 11-15, 1936: 53-55.

eugénicas, económicas, morales y médicas. Concluye con unas recomendaciones.

Tras reconocer la amplitud del problema y el papel desempeñado por el propagandismo organizado a favor de la contracepción, el Comité alude a la poca atención que la medicina ha prestado a la cuestión, y a la extensa ignorancia sobre el tema que reina por igual entre médicos y público. Declara que, después dè haber revisado una gran cantidad de bibliografía, quiere ofrecer un examen de las ideas que circulan tanto sobre el uso general de los contraceptivos, como sobre las indicaciones médicas aceptables.

El Informe es, en algunos aspectos, chocante. Presenta una visión reductiva, meramente fisiológica, del hombre, al declarar que el animal humano ha querido desde siempre evitar la concepción como consecuencia natural del coito. Sus reflexiones sobre el problema de la superpoblación suenan con acento levemente racista, pues se limitan al mundo occidental, a la demografía de la población blanca, que es la que proporciona los individuos de mayor dignidad social. Tres cuartas partes del texto dedicado al problema demográfico están ocupadas por largas citas bibliográficas. Una, habla de la conveniencia de reducir la tasa de natalidad en las diferentes capas sociales, y no solo, como entonces ocurría, de la clase alta, a fin de eludir el riesgo de "suicidio racial de la parte educada de nuestra población". Otra cita trata del decrecimiento de la tasa de natalidad en el mundo, y no solo en Europa, por lo que "es falsa la creencia general de que el descenso de la fertilidad se limita a las naciones de la civilización occidental".

Para el Comité, el escaso conocimiento de la genética humana no ofrece base firme para justificar la limitación de la concepción por razones eugénicas, fuera del caso de unas pocas e infrecuentes enfermedades hereditarias. No participa el Comité del optimismo de quienes piensan que una mayor difusión de la información contraceptiva podría mejorar el equilibrio social y económico de la sociedad. Además, el único sector social que no crece por efecto de la propaganda contraceptiva es el de las clases altas de la sociedad.

No ha encontrado el Comité pruebas fiables de que la difusión de la información contraceptiva haya mejorado la condición económica de las clases de ingresos bajos, ni conoce el Comité ningún tipo de contracepción que sea razonablemente adecuado y eficaz para gran parte de la población.

Las consideraciones morales del Comité son muy pobres, casi decepcionantes: se limitan a informar que el coito es aceptado como una función marital normal, pero que hay diferencias de opinión sobre los métodos para prevenir la concepción. Señala, finalmente, que no hay objeciones morales a que las parejas casadas elijan para el coito el período supuestamente infértil del ciclo.

En sus consideraciones médicas, el Comité reconoce que la limitación voluntaria de la concepción puede ser necesaria para salvaguardar la salud de algunas mujeres. Incluye una relación de enfermedades en las que no es deseable una nueva gestación (tuberculosis activa, nefritis, cardiopatías, ciertas condiciones psicopáticas, etc.), aunque reconoce que la capacidad de las mujeres de soportar una gestación sin que se afecte su salud es tan variable que no se pueden dar reglas generales sobre el asunto. Se desaconseja el matrimonio de individuos con anomalías mentales o físicas que contraindican la reproducción.

El Comité pasa revista a los procedimientos contraceptivos entonces disponibles. Señala que algunos son más o menos inocuos y relativamente eficaces si se usan inteligentemente, pero considera que todos los dispositivos mecánicos introducidos en el cuello o el cuerpo del útero son potencialmente peligrosos. En varias publicaciones científicas se evalúa la eficacia de las diferentes técnicas disponibles, pero, fuera de la continencia, ninguna es segura al 100 por cien.

Se refiere finalmente el Comité a algunos aspectos médicos profesionales: no ha hallado pruebas de que haya limitaciones legales para que el médico pueda dar consejo contraceptivo a sus pacientes; piensan que no deben establecerse consultorios contraceptivos independientes de los médicos; y que no se ha de criticar al médico que, por razones no-médicas, considera impropio informar o aconsejar a su paciente sobre contracepción, aun en el caso de que la gestación esté contraindicada, pero ese médico no debería disuadir a la paciente de buscar ese consejo. Por último, plantea el Comité la necesidad de que los médicos y los estudiantes de medicina adquieran un conocimiento suficiente sobre el control de la concepción.

Las recomendaciones de la resolución son tres: la primera solicitaba, que, dado el carácter incompleto del Informe, se prorrogara el trabajo del Comité y este pudiera volver a informar a la Cámara; la segunda, que debería constituirse un grupo que se responsabilizara de desarrollar criterios para la evaluación de los materiales contraceptivos; la tercera, que repudiara la propaganda dirigida al público por organismos no-médicos, de los que lamentablemente han formado parte algunos médicos. El Comité reprocha a esos organismos la creación de un sentido de valores enteramente falso con respeto a la importante función de la gestación y de la paternidad.

El Comité de Referencia para la Sesión Ejecutiva aprobó las recomendaciones primera y tercera, pero no la segunda, por estimar que no se tiene conocimiento suficiente sobre el asunto y por entender que la desautorización de ciertos productos contraceptivos podría, por inferencia, significar la aprobación de otros. La Cámara de Delegados, no sin haber promovido un voto de agradecimiento al Comité de Estudio sobre Contracepción por el trabajo realizado, adoptó su Informe y sus recomendaciones primera y tercera, no la segunda, tal como lo había propuesto el Comité de Referencia.

Como es lógico, la Resolución de Dallas recibió duras críticas de parte de la American Birth Control League, que calificó el documento de contradictorio, repleto de prejuicios, confusiones y evasivas, y le reprochó que omitiera el papel del control de los nacimientos en la reducción tanto del aborto criminal, como de las muertes maternas que de él resultan[98].

3.3. La resolución de 1937

Se considera, de modo general, que la aprobación del Informe del Comité de Estudio de las Prácticas Contraceptivas y Problemas Relacionados por la Cámara de Delegados de la Sesión de la AMA celebrada en Atlantic City en 1937 supuso, más que una gran novedad, un verdadero hito histórico[99]. Derogó la larga y aceptada tradición de

---

[98] Editorial. Organized Medicine Dodges the Issue. Birth Control Rev 1936;3(10)(n.s.):1-3.

[99] Report of Reference Committee on Executive Session. 2. Report of Committee to Study Contraceptive Practices and Related Problems. American Medical Association. Proceedings of the House of Delegates. Eighty-Eighth Annual Session, Held at Atlantic City, N.J., June 7-11, 1937: 65-67.

displicencia y rechazo a la contracepción que la Asociación había mantenido por decenios, para instaurar en su lugar una actitud nueva de aceptación y apoyo activo al control de los nacimientos. Nada muestra mejor el cambio de postura que el contraste radical entre los informes de 1936 y 1937, preparados ambos por el Comité de Estudio de las Prácticas Contraceptivas.

¿Qué innovaciones ofrece el documento de 1937? Es prácticamente un escrito nuevo en su totalidad, que difiere en contenido y conclusiones con su homónimo de 1936. Este último había prestado atención a los aspectos demográficos, eugenésicos, económicos, morales y médicos de la contracepción; el de 1937 reduce en exclusiva sus consideraciones al área estrictamente profesional médica de la relación privada entre médico y paciente, cualquiera que sea el grupo socioeconómico al que éste pertenezca. Establece que las sedes correctas para aconsejar e informar sobre contracepción (dispensarios, clínicas y consultorios) han de contar con licencia legal y estar bajo control médico. Señala, como única concesión a su Informe de 1936, que siguen siendo válidas las indicaciones médicas de la contracepción que se habían incluido en él; pero considera, sin embargo, que la limitación de los nacimientos es asunto que ha de ser determinado caso por caso, según el juicio de los padres y del médico, y teniendo en cuenta las circunstancias. Recuerda que el médico goza de plena libertad para informar sobre contracepción a sus pacientes, información que proporcionará sólo cuando a su juicio lo exija la necesidad médica del caso. La necesidad médica es la única justificación legal de la contracepción; en consecuencia, el control de la concepción ha de estar bajo control médico.

Constata el Informe que la ignorancia sobre contracepción no sólo se da entre el público general, sino que afecta también a muchos médicos. Establece, en consecuencia, que los estudiantes de medicina han de ser instruidos a fondo sobre fertilidad y esterilidad, lo mismo que sobre la aplicación terapéutica de los métodos contraceptivos. Por último, se insiste en que la AMA debería investigar los productos y técnicas contraceptivos.

Concluye el Informe con tres recomendaciones: 1. Que la AMA haga lo necesario para dejar claro a los médicos sus derechos legales relativos al uso de contraceptivos. 2. Que la AMA emprenda la investigación de los materiales, dispositivos y métodos recomendados o usados para la prevención de la concepción, a fin de evaluar sus propiedades y efectos fisiológicos, químicos y biológicos; y que publique los resultados para así informar a la profesión. 3. Que se pida al Consejo de Educación Médica y Hospitales de la AMA la promoción de la enseñanza y aprendizaje de los diversos factores de fertilidad y esterilidad, en sus aspectos positivos y negativos.

El Informe fue presentado a la Cámara de Delegados por el Comité Ejecutivo de Referencia, el cual, además de avalarlo con su autoridad, consideró oportuno corregir el estilo de la Recomendación primera, y recabar el parecer experto de los Consejos de Farmacia, Química y de Terapéutica Física sobre la Recomendación segunda; al igual que del Comité de Educación Médica y Hospitales sobre la tercera. El Comité Ejecutivo solicitó que el Comité de Estudio de la Contracepción no fuera disuelto, sino que siguiera disponible para aportar la información y ayuda que se le pidiera. Después de tramitar esas peticiones, el Informe fue aprobado en su conjunto.

Lógicamente, la decisión de la AMA fue saludada por los movimientos en favor del control de los nacimientos como una gran victoria que había exigido largos años de lucha[100]. La Resolución alcanzó, además, un eco resonante e inmediato en los medios de opinión pública. Los periódicos, las revistas y las emisoras de radio, valiéndose de las crónicas de sus propios corresponsales y de las notas divulgadas por las agencias de noticias (Associated Press y Reuters)[101], la presentaron al público, de los Estados Unidos y también de fuera, como uno de los grandes triunfos de una sociedad moderna y progresista.

Muchos medios informaron además que la Resolución había recibido la aprobación unánime de la Cámara de Delegados[102]. Eso no se corresponde con lo sucedido en Atlantic City. De una parte, las Actas de la Sesión de la AMA

---

[100] "La historia del progreso humano, lo mismo que la historia de la medicina, datarán el 8 de junio de 1937 como el día de una victoria decisiva, en el que la AMA reconoció oficialmente por vez primera que el control de los nacimientos es una práctica médica legítima". Editorial. American Medicine Accepts Birth Control. Birth Contr Rev 1937;4(n.s.)(6):1-2.; Sanger M. Hail and Farewell. Nat Birth Contr News 1937 June: 3-5, accessible en: http://sangerpapers.org/sanger/app/documents/show.php?sangerDoc=301422.xml.

[101] En un artículo editorial, leemos: "Un verdadero diluvio de representantes de la prensa y de las revistas gráficas acudieron a Atlantic City ya varios días antes de la Sesión y durante ella trabajaron con empeño". Señala a continuación que asistieron, aparte de los cinco reporteros que habían ganado ese año el Premio Pulitzer de periodismo, corresponsales de los diarios importantes de Nueva York y Filadelfia, Detroit, Washington y Chicago; y de las revistas *Time*, *Newsweek* y *Life*. Editorial. The Atlantic City Session. JAMA 1937;108:2124-2125.

[102] Refieren esa unanimidad prácticamente todos los periódicos que dieron noticia de la resolución de Atlantic City. El Tribune, de Altoona, Pennsilvania, se adelantó a publicarla el mismo día 8 de junio ("El control de los nacimientos fue reconocido hoy como una práctica médica correcta por la AMA, cuando la Cámara de Delegados con voto unánime puso fin a sus 25 años de oposición a los contraceptivos". Birth Control Approved by Medical Assn. Altoona Tribune, June 8, 1937, p. 1).

no hacen mención alguna a ese voto unánime[103]. No parece probable que sobre un tema tan divisivo y de tanta trascendencia pública y ética se pronunciaran unánimes los 170 miembros de la Cámara de Delegados, que representaban a más de 105.000 asociados de la AMA de entonces[104]. No parece probable que el tema fuera debatido en las sesiones plenarias, pues no eran estas el lugar para preparar, mediante deliberación y votación, decisiones y documentos que representaran el parecer genuinamente democrático de los asociados[105]. La práctica

---

[103] American Medical Association. Proceedings of the House of Delegates. Eighty-Eighth Annual Session, Held at Atlantic City, N.J., June 7-11, 1937. Pero curiosamente, en un artículo editorial de la revista official de la AMA, se afirma que tal unanimidad se dio: "El Comité de Contracepción presentó un informe de sus deliberaciones, sencillo y lleno de dignidad, que fue adoptado por unanimidad por la Cámara de Delegados." Editorial. The Atlantic City Session. J Am Med Ass 1937;108:2124-2125.

[104] Los datos están en el Informe del Secretario de la Asociación a la Cámara de Delegados. American Medical Association. Proceedings of the House of Delegates. Eighty-Eighth Annual Session, Held at Atlantic City, N.J., June 7-11, 1937: 6.

[105] En los dos primeros tercios del siglo XX, dada la estructura organizativa de la AMA, el contraste de opiniones se limitaba a los niveles inferiores de la Asociación, esto es, a las sociedades médicas de los condados y, en menor medida, a las de los Estados. El sistema de representación indirecta seguido a nivel nacional, ponía teóricamente las decisiones en manos de la Cámara de Delegados, aunque, en realidad, las decisiones eran tomadas por la Junta directiva, la cual concedía a la Cámara simple tarea de refrendarlas. El programa de las Sesiones Anuales de la AMA estaba siempre sobrecargado y no se disponía de tiempo para los debates. Cabía la posibilidad de enviar de antemano opiniones y sugerencias cuando la documentación sobre los asuntos a tratar era remitida a los Delegados con alguna anticipación. La Cámara no era, en consecuencia, una instancia donde pudieran presentarse opiniones que difirieran del parecer monolítico del grupo gobernante. De modo similar, la revista oficial de la Asociación, el JAMA, seguía la práctica editorial de no publicar, o hacerlo muy raras veces, opiniones divergentes. Véase Hyde D.R, Wolff P, Gross A, Hoffman E.L. The American Medical Association: Power, Purpose, and Politics in Organized Medicine. Yale Law J 1954;63:937-1022, en especial 942-47; y Freidson E. Profession of Medicine. A Study of the Sociology of Applied Knowledge. Chicago: The University of Chicago Press; 1970: 27-28.

habitual, consagrada desde el inicio de la AMA, era sencilla: la Junta Directiva presentaba a la Cámara de Delegados los textos finales de las decisiones que habían de adoptarse, que eran preparados por los Comités Ejecutivos, oídos los Comités temáticos. Se daba por supuesto que los documentos finales no necesitaban ser debatidos[106], un modo de actuar que hoy sería considerado como fuertemente paternalista. La idea de que la Resolución de 1937 fue aprobada por unanimidad fue, con toda probabilidad, introducida por un despacho de la agencia de noticias Associated Press, que fue reproducido por innumerables publicaciones[107].

---

[106] No sin un punto de autocomplacencia, añadida de paternalismo, afirmaba un artículo editorial, publicado dos años antes en el JAMA: "La Cámara de Delegados funcionó eficientemente y completó sus encargos con tal celeridad que muchos observadores comentaron el aparente silencio de las sesiones. Eso, sin duda, se debió al hecho de que los comités de referencia habían sido tan bien seleccionados y fueron tan cumplidores de sus deberes, que la mayoría de las dificultades habían sido limadas en los comités. Fueron muchos los que escucharon durante horas a los que expusieron sus puntos de vista, y los informes presentados tomaron conocimiento de esas opiniones, por lo que fueron adoptados sin oposición de los presentes". Y concluía: "Es deseable que todos los interesados en las decisiones de la Asociación Médica Americana estudien a fondo estos informes y se familiaricen con los problemas tratados. La Asociación solo podrá funcionar eficientemente en la medida en que todos sus miembros se familiaricen con esas actividades y las apoyen". Editorial: Policies Adopted by the House of Delegates. JAMA 1935;104:2351.

[107] Aunque la mayoría de los periódicos se limitaron a ofrecer una transcripción editada del despacho de Associated Press, algunos otros (por ejemplo, el Daily Times, de Burlington, NC., el Monroe News-Star, de Monroe, Louisiana, o el Telegraph, de Nashua, N.H.) optaron por reproducir más o menos ampliamente el artículo de Howard W. Blakeslee, editor científico de Associated Press y uno de los ganadores del Premio Pulitzer que fueron invitados a la sesión de Atlantic City. En él, Blakeslee atribuía una dimensión trascendental a la Resolución de Atlantic City: "Según algunos de los líderes del pensamiento de la AMA, la decisión sobre control de los nacimientos adoptada por la Asociación va mucho más allá de la contracepción. Viene a ser el reconocimiento del cambio en el modo biológico de pensar basado en el conocimiento del cuerpo, la mente y el espíritu humanos." Birth Control Policy Change far Reaching. The Telegraph,

3.4. ¿Qué pasó con la resolución de 1937?

En contra de lo que proclamaron los activistas del control de los nacimientos, la Resolución de Atlantic City no constituyó en sí misma una aprobación ilimitada de la contracepción, un cheque en blanco que la AMA había puesto a la discrecional disposición de sus miembros. Era, más bien, un documento cauteloso y provisional, que, para llegar a hacerse una norma efectiva, requería, tal como indican sus tres recomendaciones finales, que la propia AMA cumpliera determinados encargos e hiciera ciertas clarificaciones.

Es interesante indagar sobre lo que la Junta Directiva de la AMA hizo, en cuanto órgano ejecutivo, para cumplir esas Recomendaciones. A juzgar por lo que consta en las Actas de la Cámara de Delegados y en las páginas de su órgano oficial, el Journal of the American Medical Association, en los años que siguieron a 1937, la Asociación trabajó muy poco en materia de contracepción. Curiosamente, lo más saliente de esa escasa actividad fue el retorno, en 1938, a la antigua postura de neutralidad: la AMA como institución volvía a abstenerse de nuevo de respaldar o de oponerse al control de la población[108].

En concreto, ¿qué hizo la AMA para cumplir la primera Recomendación: hacer lo necesario para que los médicos tuvieran claros sus derechos legales en relación con el uso

---

Nashua, N.H., June 9, 1837. p. 7.

[108] "En 1935 y de nuevo en 1938, la Cámara de Delegados adoptó una postura 'neutral' sobre este asunto, por la cual dejó constancia de que la AMA ni respaldaba ni se oponía al control de la población". Report of Reference Committee on Miscellaneous Business. Supplementary Report G American Medical Association. Proceedings of the House of Delegates, 18th Clinical Convention. Miami Beach, Florida. Nov. 30-Dec 2, 1964: 94.

de los contraceptivos? Al parecer, esa tarea se limitó a constatar que cuatro Estados habían incluido en su legislación la autorización exclusiva a médicos y farmacéuticos de "controlar la venta y distribución de dispositivos, medicamentos y preparados medicinales considerados de alguna utilidad para la prevención de la concepción y de las enfermedades venéreas". El Comité de Referencia de la Sesión Ejecutiva pensaba que la promulgación de esas leyes era un paso en la buena dirección[109]. Pero no realizó nada por aclarar los derechos de los médicos: esos derechos no podían darse por supuestos, tanto en virtud de la diversidad de la normativa legal de unos Estados a otros, como en la interpretación discordante de la sentencia del famoso caso *United States vs. One Package*. En efecto, el Journal había publicado en abril de 1937, dos meses antes de la Resolución de Atlantic City, un artículo editorial señalando que esa sentencia no era, como los promotores del control de los nacimientos pretendían, "una carta de derechos de la profesión médica" que había hecho legal la contracepción, sino una autorización otorgada a los médicos de unos pocos Estados a importar del extranjero materiales contraceptivos, si así lo deseaban[110].

---

[109] Report of Reference Committee on Executive Session. Proceedings of the House of Delegates, AMA. Eighty-Ninth Annual Session, Held at San Francisco, Calif., June 13-17, 1938: 73.

[110] Editorial. Contraceptive Advice, Devices and Preparations still Contraband. JAMA 1937;108:1179-1180. Una respuesta crítica a ese Editorial por parte del Comité Asesor Legal del Comité Nacional para la Legislación Federal sobre Control de los Nacimientos, en: Ballard F.A et al. Contraceptive Advice, Devices and Preparations. JAMA 1937;108:1819-1820. La réplica final por parte de la AMA, en: Woodward W.C. Contraceptive Advice, Devices and Preparations. JAMA 1937;108:1820.

Con respecto a la segunda Recomendación –favorecer la realización de investigaciones sobre materiales, dispositivos y métodos contraceptivos a fin de determinar sus propiedades y efectos fisiológicos, químicos y biológicos, y de publicar los correspondientes resultados–, la actividad de la AMA fue muy pobre. El Consejo de Farmacia y Química, de una parte, y el de Terapéutica Física, de otra, organizaron un "Consejo de Consejos sobre Contraceptivos" y nombraron sus correspondientes representantes, que optaron por seguir una política general conservadora y actuar más como cuerpo de recopilación de hechos que como órgano asesor[111]. Su primer, y único, informe, relativo al uso de los rayos roentgen en contracepción[112], fue publicado en la sección del Consejo de Farmacia y Química del Journal, en noviembre de 1938. El informe defraudó por la escasa calidad técnica de su contenido y por referirse principalmente al uso de la radiación roentgen en el aborto y no, como sería lo propio, en la contracepción[113].

La vida del Consejo de Consejos fue breve. Ya en 1942, el Consejo de Farmacia y Química declaraba autónomamente que en lo sucesivo evaluaría los contraceptivos sobre la misma base que los agentes terapéuticos, ayudándose para ello de un conjunto de

---

[111] Councils' Committee on Contraceptives. Proceedings of the House of Delegates. Ninetieth Annual Session, Held at St. Louis, Mo, May 15-19, 1939: 18.

[112] Report on the Use of Roentgen Rays for Contraception. JAMA 1938;111:1767. Aunque el Informe no aparece firmado, Reed señala que fue obra de un comité sobre contraceptivos, que se creó bajo la presidencia de Gamble, en 1939 {sic}. Reed J. The Birth Control Movement and American Society. From Private Vice to Public Virtue. Princeton, NJ: Princeton University Press; 1983: 245.

[113] Frank RT. Report on the Use of Roentgen Rays for Contraception. JAMA 1939;112: 169-170.

criterios preparado por Comité Asesor[114]. Pero fue mínimo el número de materiales contraceptivos evaluados: el Secretario del Consejo de Farmacia afirma que fueron dos los dispositivos estudiados[115]. Por algún tiempo, el Consejo pareció contentarse con publicar trabajos de autores externos a él. En 1939, difundió un artículo de revisión de Stein[116]; y, en 1943, otro de Dickinson[117]. Esta línea de pasividad había sido confirmada en 1938 por el Informe que, a instancias del Comité de Estudio de las Prácticas Contraceptivas, presentó a través del Comité de Referencia de la Sesión Ejecutiva y que fue adoptado por la Junta Directiva, informe que parece, en cierto modo, contradecir la Resolución tomada el año anterior en Atlantic City[118]. Sólo en 1944, apareció en la serie anual "Remedios Nuevos y No-oficiales", un capítulo sobre contraceptivos (cremas, diafragmas, aplicadores de jeringa, anillos oclusivos) que fue considerado como una innovación cuya necesidad se hacía sentir de tiempo atrás[119].

---

[114] Smith A.E. Council on Pharmacy and Chemistry. JAMA 1943;123:1043.

[115] Ibid.

[116] Stein I. Contraceptive Methods. JAMA 1939;112:1311-1314.

[117] Dickinson R.L. Conception Control. JAMA 1943;123:1043-1047.

[118] "No es función de la AMA decir a los médicos qué consejos terapéuticos habrán de ofrecer a sus pacientes. Sin embargo, ha seguido la norma de investigar los diferentes métodos, dispositivos y medicamentos, y de publicar los resultados en sus publicaciones oficiales para informar a la profesión. Las instrucciones dadas a los Consejos de Farmacia y Química y al Consejo de Terapéutica Física de investigar los materiales, dispositivos y métodos usados con fines contraceptivos no indican cambio alguno en la norma ordinaria de la Asociación, ni constituyen un respaldo de las prácticas contraceptivas por parte de la Asociación". Report of Reference Committee on Executive Session. Proceedings of the House of Delegates, AMA. Eighty-Ninth Annual Session, Held at San Francisco, Calif., June 13-17, 1938: 73.

[119] Book Notices. New and Nonofficial Remedies, 1944. Chicago: American Medical Association; 1944. JAMA 1944;125:1000.

La tercera Recomendación, sobre la promoción en las escuelas de medicina de la instrucción sobre fertilidad y esterilidad en sus aspectos positivos y negativos, no fue atendida por el Consejo de Educación Médica y Hospitales. Permaneció ignorada un cuarto de siglo, hasta que en 1964 el asunto fue reactivado por el Comité de Reproducción Humana, establecido el año anterior, que había recibido de la Junta Directiva el encargo de revisar las precedentes declaraciones de la AMA sobre la materia. En su informe de Miami Beach, el nuevo Comité señalaba que, desde 1937, nada práctico se había hecho para cumplir la tercera Recomendación[120].

Como ya se refirió anteriormente, la Resolución de Atlantic City de 1937 ni fue completada con las respuestas de los Comités a los que se solicitaba el correspondiente informe, ni fue formalmente ratificada tras la parcial retractación adoptada en la Sesión de la AMA de 1938, celebrada en San Francisco. Eso no impidió que comenzase a ser inmediatamente operativa ni que, a pesar de sus carencias e imprecisiones, pudiera orientar, a lo largo de muchos años, la actuación de los médicos norteamericanos con respecto a las prácticas contraceptivas, entre las que se incluían, a partir de los años finales 1950s, los esteroides progestínicos y los DIUs.

---

[120] "El Comité es de la opinión de que nunca se han incluido en los *curricula* de las escuelas de medicina programas docentes sobre este asunto". Report of Reference Committee on Miscellaneous Business. Supplementary Report G American Medical Association. Proceedings of the House of Delegates, 18th Clinical Convention. Miami Beach, Florida. Nov. 30-Dec 2, 1964: 95.

3.5. Motivaciones detrás de la resolución de 1937

Una consideración crítica de la Resolución de 1937, a la luz de lo que había sucedido en los años precedentes y de lo que sucedió en los que siguieron, no puede evitar la pregunta acerca de cuáles podrían haber sido las razones que estaban detrás del cambio, por no decir la ruptura, que esa Resolución introdujo frente a la precedente política de la AMA sobre la materia.

De hecho, la Resolución de 1937 pasa por alto las consideraciones contenidas en el Informe de 1936, lo cual es muy llamativo si se tiene en cuenta que más de la mitad de los comisionados que la suscriben formaron parte de los Comités que las redactaron[121]. Aunque reconoció que seguían siendo válidas las indicaciones médicas de la contracepción contenidas en el Informe anterior, el Comité de 1937 consideró irrelevante criticar las razones aducidas por el mismo Comité de 1936 para negar su respaldo a la contracepción. Y no sólo eso, el Comité de 1937 guardó silencio sobre las razones que pudieran justificar su cambio diametral de posición. Entre líneas se intuyen dos motivos que pudieron haber influido en la decisión favorable a la contracepción. El primero es la existencia de indicaciones médicas para aconsejar la contracepción; pero eso, como se acaba de indicar, no exigía una nueva Resolución, pues tales

---

[121] El Comité de 1937 estaba formado por los mismos cinco miembros del Comité de 1936 (los doctores Davis, Kosmak, Bloss, Rock y Woodward) a los que la Junta Directiva había añadido cuatro nuevos (Coventry, O'Shea, Cooke y Plass). En contraste, la composición del Comité de 1938 fue casi totalmente nueva, con la excepción de Bloss (Booth, Hayden, Wright, Lee, Bunce, Fenton, Bloss, Cullen y Sensenich). No es extraño, por tanto, que adoptara una postura fría con respecto a la Resolución de 1937.

indicaciones habían sido incluidas en el Informe de 1936, al cual la Resolución se remite. El segundo apunta que "puede ser deseable el aplazamiento voluntario e inteligente de las gestaciones para la salud y el bienestar general de madres e hijos". Pero esta sugerencia aparece implícita en el Informe del año anterior[122].

El silencio del Comité de 1937 sobre los motivos que le llevaron al cambio, provocó las especulaciones de algunos. Benjamín, por ejemplo, atribuye un papel preponderante a la presión que, sobre la AMA y su Comité, ejerció el movimiento a favor de la contracepción, en especial el Comité Médico Nacional para la Legislación Estatal y Federal sobre Control de los Nacimiento[123]. Reed, que recuerda que en el Informe no se hace mención de las críticas a la AMA por parte de las organizaciones no-médicas y por los médicos que las respaldaban[124], señala que, poco después de la Sesión de la AMA en Kansas City, sostuvo Dickinson una reunión durante tres días con Davis, Plass y Kosmak, miembros del Comité. Según Reed, Dickinson refutó punto por punto los contenidos del Informe de 1936 y consiguió cambiar, como se vería al año siguiente en Atlantic City, la postura del Comité[125]. Kennedy supone que en la nueva

---

[122] En las Consideraciones Médicas que figuran en el Informe del Comité de Estudio de la Contracepción, de 1936, se pueden leer estas dos: "Se ha de reconocer que la capacidad de las mujeres de gestar hijos sin que se deteriore su salud es un asunto individual y varía en tal grado que no es posible ofrecer aquí reglas generales". "El Comité ha sido incapaz de encontrar pruebas de que las leyes, federales o estatales, existentes hayan interferido con ningún consejo que cualquier médico considere que ha de dar a sus pacientes".

[123] Benjamin H.C. Lobbying for Birth Control. Publ Opin Q 1938;2:48-60, en 57.

[124] Reed J. The Birth Control Movement and American Society. From Private Vice to Public Virtue. Princeton: Princeton University Press; 1984: 190

[125] Ibid: 187.

actitud del Comité pueden haber influido varias causas: la reciente decisión judicial del caso *U.S vs One Package*, el cambio de composición del mismo Comité, o los peligros de la libre comercialización de los contraceptivos[126].

No parece haber razones sólidas a favor de tales suposiciones. De un lado, el Comité de 1937, que no omite citar en su Informe la referida sentencia judicial, le concede a esta un valor meramente confirmativo de la libertad de que vienen gozando los médicos en casi todos los Estados de informar sobre contracepción a sus pacientes siempre que así lo requieran las necesidades médicas de estos. De otro, no parece que la adición de cuatro nuevos miembros al Comité haya sido la causa de la nueva actitud, pues, aunque ignoramos la intensidad y contenido de los debates internos del Comité en la preparación de su Informe, no parece probable que se diera una confrontación entre los miembros recién incorporados, que eran minoría, y los que había redactado la Resolución de 1936. Por último, la magnitud de la industria y el comercio de contraceptivos era ya entonces muy llamativa y crecía de año en año[127]. Pero que estuviese en manos de grupos no-médicos y representase por ello un peligro no era una idea nueva, pues, según Reed, había sido en 1935 la razón principal de crear el Comité[128]. La propia AMA lo reconoció en 1938, en un artículo editorial publicado en el JAMA[129].

---

[126] Kennedy D.M. Birth Control in America. The Career of Margaret Sanger. New Haven: Yale University Press; 1970: 215.

[127] "En 1937, los americanos gastaron 38 millones de dólares en condones y más de 200 millones de dólares en "higiene femenina". Reed J. The birth Control Movement: 239. Una explicación detallada del volumen de la industria contraceptiva puede verse en: Tone A. Contraceptive Consumers: Gender and the Political Economy of Birth Control in the 1930s. J Soc Hist 1996;29:485-506.

[128] Según Reed, "La AMA continuó soslayando el problema hasta 1935,

3.6. Crítica desde la ética médica

Es el momento de preguntarse por las consideraciones éticas que subyacen a los Informes de la AMA sobre contracepción.

Prácticamente, ninguna. Sólo en el Informe de 1936 se incluyó una minúscula sección dedicada a "Consideraciones morales"[130]. En los Informes posteriores no se hace alusión alguna a los aspectos éticos de la contracepción. El hecho es particularmente llamativo en el Informe de 1937, que no ofrece ninguna justificación ética del cambio radical que introdujo. Es como si los autores del Informe estuvieran seguros de que la prevista adopción unánime del documento por parte de la Cámara de Delegados les dispensara de tratar de los aspectos éticos de su propuesta. Sólo se pueden imaginar algunas razones que ayudan a entender esa conducta del Comité.

---

cuando el auge del negocio de la 'higiene femenina', que se apoyaba en una publicidad sin escrúpulos, y que florecía ante la ausencia de una normativa médicamente reconocida que discriminara tales métodos y productos, forzó la formación de un comité para investigar la situación." Reed J. The Birth Control Movement: 186-187.

[129] Editorial. The Business of Birth Control. JAMA 1938;110:513.

[130] Dicen literalmente esas consideraciones: "El coito es aceptado como una función marital normal, pero hay diferencias de opinión sobre los métodos de prevenir la concepción. Al parecer, no hay objeciones morales a que las parejas casadas seleccionen para el coito la porción del mes considerada infértil". Proceedings Kansas City Sesion. JAMA 1936;106:1911.

Herranz G, León-Sanz P, Pardo JM, De Irala J

Capítulo 4. Los médicos católicos y la aprobación profesional de la contracepción

Son dos, al menos, los aspectos importantes que conviene considerar sobre la relación que los médicos católicos de los Estados Unidos mantuvieron con el Informe que el Comité para el Estudio de las Prácticas Contraceptivas emitió en 1937, y que originó la Resolución institucional que aprobó esas prácticas. El primer aspecto se refiere a la participación que tuvieron algunos médicos católicos, como miembros del Comité, en la producción del citado Informe. El segundo aspecto relata las reacciones que manifestaron las asociaciones de médicos católicos ante la adopción del Informe por parte de la AMA.

Al tratar de ambos aspectos, se ha de tener presente que el Papa Pío XI había promulgado, siete años antes, la encíclica *Casti connubii*, en la que, como es bien sabido, el Pontífice había confirmado con mucha energía la condena de la contracepción artificial[131], condena tradicional en la

---

[131] En la encíclica, fechada el último día del año 1930, el Pontífice reiteraba

Iglesia católica, pues tenía remotos antecedentes en el Magisterio[132] y contaba con la adhesión general de los fieles católicos[133]. Pero, como se muestra a continuación, no fue esa la posición que adoptaron algunos miembros del Comité de la AMA cuya condición de católicos era públicamente conocida.

4.1. Médicos católicos en el Comité de la AMA de 1936

En 1936, cuando la Cámara de Delegados de la AMA publicó la Resolución del Comité para el Estudio de las Prácticas Contraceptivas en el que se mantenía el rechazo institucional al control de los nacimientos, nadie, tanto en los medios de opinión pública como en el interior de la AMA, hizo alusión a la presencia de católicos entre los miembros del Comité. Éste se había constituido en virtud de una decisión adoptada en la sesión de Atlantic City de 1935, que la Junta Directiva ejecutó al nombrar sus cinco miembros: Carl Henry Davis, que actuaría como presidente, George W. Kosmak, James R. Bloss, John Rock y William C.

---

con palabras firmes la condena moral de la contracepción: "La Iglesia católica ... una vez más promulga que cualquier uso del matrimonio, en el que maliciosamente quede el acto destituido de su propia y natural virtud procreativa, va contra la ley de Dios y contra la ley natural, y los que tal cometen, se hacen culpables de un grave delito." Pío XI, *Casti connubii*, 21.

[132] Ver Noonan JT. Contraception: A History of Its Treatment by the Catholic Theologians and Canonists. Enlarged Edition. Cambridge, Mass: Belknap Press; 1986, en especial la Decisión de la Congregación del Santo Oficio de 21 de mayo de 1851 (p. 403).

[133] Que la contracepción era incompatible con la moral católica era una convicción profunda e indudable para los fieles católicos y sus pastores. Según McGreevy, "Los católicos en los años 1930s incluían la contracepción, la esterilización forzada, la eutanasia y el aborto en la misma categoría de acciones aborrecibles". McGreevy JT. Catholicism and American Freedom: A History. New York: W.W. Norton; 2003: 223.

Woodward. Dos de ellos, John Rock y George Kosmak, que se contaban entre los más destacados ginecólogos del momento, eran tenidos por católicos bien notorios[134]. Había, pues, razones para sospechar que el dictamen de repulsa de la contracepción emitido por el Comité en 1936 podría haber dependido de las convicciones religiosas de los católicos en el Comité, tanto más cuanto que otros dos de sus cinco miembros habían estudiado en universidades católicas, y enseñaban o habían enseñado en algunas de ellas[135]. Pero nadie llamó la atención sobre esa circunstancia.

Es posible suponer que tal presencia, numéricamente desproporcionada, de médicos católicos en el Comité fuera mero resultado del azar; pero es igualmente posible sospechar que se debiera a un propósito deliberado de la Junta directiva de la AMA, que consideró que la presencia de católicos en el Comité de 1936 podría desempeñar un papel importante tanto para garantizar el mantenimiento

---

[134] Ya en los años 1930s, la confesionalidad católica de Rock era de conocimiento general. En la bibliografía sobre contracepción, son muy numerosas las ocasiones en que su nombre aparece enlazado al epíteto "católico devoto". Aunque con menos frecuencia, el de George Kosmak aparece acompañado de "católico practicante" (p. ej., Reed J. Doctors, birth control, and social values, 1830-1970. In: Vogel MJ, Rosenberg CE, eds. The Therapeutic Revolution: Essays in the Social History of American Medicine. University of Pennsylvania Press; 1979: 109-133, 121; o Engs RC. The Progressive Era's Health Reform Movement: A Historical Dictionary. Wesport, CT: Greenwood Publ. Group; 2003: 80), o simplemente de "ginecólogo católico": Gray M. Margaret Sanger. A Biography of the Champion of Birth Control. New York: Richard Marek Publishers, 1979: 286.

[135] Carl Henry Davis, el presidente del Comité, aunque no católico, era Profesor de Ginecología y Enfermedades de la Mujer, y Director del Departamento de Obstetricia y Ginecología en la Escuela de Medicina de la Marquette University, de Milwaukee, una universidad católica. William C. Woodward había estudiado medicina en la Universidad de Georgetown, también católica, y enseñó Derecho médico en su Escuela de Medicina. En Georgetown había obtenido, ya siendo médico, un Doctorado en Derecho.

de la tradicional condena institucional de la contracepción, como para dar testimonio de que la AMA estaba libre de prejuicios anticatólicos[136].

4.2. Médicos católicos en el Comité de la AMA de 1937

Cuando el Comité presentó su Informe provisional en 1936, recomendó a la Cámara de Delegados que se le concediera una prórroga para dar término a su encargo. La petición no sólo fue aprobada, sino que la Junta Directiva, ante el mucho trabajo que iba a recaer sobre el Comité, decidió ampliar a nueve el número de sus miembros, añadiendo a los cinco ya en funciones, otros cuatro: William A. Coventry, Richard J. O'Shea, Willard R. Cooke y Everett D. Plass[137].

Como ya se indicó anteriormente, el Informe del Comité de 1937, una vez que fue adoptado como Resolución por la Cámara de Delegados, significó un giro radical en la postura de la AMA hacia la contracepción; que, de ser rechazada como impropia de la medicina, pasó a ser incluida entre los actos propios de ella. Y, de nuevo, volvió a ocurrir que nadie, ni en los medios de opinión pública, ni en el ámbito interno de la AMA, llamó la atención sobre la presencia de católicos en el Comité.

Ese silencio hace más incitante la tarea de buscar respuesta a la cuestión de cómo conciliar la fuerte presencia

---

[136] No se ha de olvidar que, en la AMA, la designación de los miembros de los Comités era función encomendada al Comité Ejecutivo de la Junta Directiva, que disponía de plena libertad para su elección. La Junta no estaba obligada a hacer públicas las razones de esos nombramientos.

[137] Richard O'Shea, uno de los nuevos miembros, era católico.

de católicos en el Comité con la presentación de un Informe cuyo contenido y conclusiones estaban en notoria contradicción con la firme y bien conocida doctrina moral de la Iglesia de Roma. Es, por eso, obligado preguntarse si los miembros católicos del Comité ofrecieron alguna justificación de su conducta disidente. En los Proceedings de las correspondientes sesiones de la AMA (Kansas City, 1936; Atlantic City, 1937) no se encuentra indicio alguno sobre el particular[138]. ¿Ofrece la literatura datos que iluminen el problema? Algunos pueden encontrarse: pocos e indirectos los relativos a Kosmak; más abundantes los referidos a Rock.

George Kosmak. Kosmak, a pesar de su afirmada notoriedad como católico practicante, nunca mantuvo una posición plenamente acorde con la enseñanza de la Iglesia sobre la contracepción. Ciertamente, se opuso, y con gran firmeza, a los movimientos en pro de la contracepción dirigidos por no-médicos, e igualmente reprobaba la contracepción de fines hedónicos o socio-económicos. Pero ya en sus primeras publicaciones, afirmó con mucha energía que los médicos gozaban de la potestad de recomendar la contracepción cuando la consideraran necesaria de acuerdo con rígidos criterios médicos[139]. Posteriormente, influido

---

[138] Se habla de indicios, pues existía la costumbre tradicional en la AMA de mantener secretas las deliberaciones de sus Sesiones anuales. Los Proceedings de ellas contienen –aparte de las conferencias del Presidente, referencias a eventos sociales y saludos– los textos escritos de los documentos presentados y de las resoluciones tomadas en la Cámara de Delegados y en la Junta Directiva, pero no de los debates, en caso de que se dieran, sobre los asuntos considerados. Tampoco parece que haya documentación publicada o archivada sobre las sesiones preparatorias de los comités.

[139] "… podemos aceptar que no hay problemas ni diferencias de opinión con respecto a la necesidad de imponer medidas contraceptivas en ciertos casos. La tuberculosis, las cardiopatías y los cuadros nefríticos se cuentan entre las

por Dickinson y por su propia participación en el Comité Nacional de Salud Materna, en el que entró para encontrar una alternativa responsable a las actividades profesionalmente sospechosas de la Liga del Control de Nacimientos dirigida por Sanger[140], asumió un papel cada vez más activo en la empresa de reconocer la contracepción como actividad médica. Lo hizo desde sus influyentes cargos de presidente de la Sociedad Médica del Estado de Nueva York, de editor del American Journal of Obstetrics and Gynecology, y, sobre todo, como miembro de la Cámara de Delegados de la AMA y de su Comité para el Estudio de la Contracepción. Secundó muy activamente la gestión por la Cámara de las Resoluciones de 1936 y 1937.

En ninguno de sus artículos se declaró católico. Por el contrario, su distanciamiento de la doctrina católica queda bien patente en numerosas publicaciones suyas en defensa de las indicaciones médicas y sociales de la contracepción: "Las indicaciones [de la contracepción], tanto médicas como sociales, han sido establecidas de un modo más que satisfactorio; la adecuada investigación científica de medios y métodos ha servido para demostrar la ineficacia de los procedimientos de años atrás; y se ha afianzado la idea de que el médico deberá ejercer sus prerrogativas al emplear los métodos contraceptivos como parte de su práctica legítima"[141]. Además, se mostró desencantado por las limitaciones del método del ritmo: "¿Cómo se podrá

---

enfermedades generales más comunes que exigen evitar la gestación". Kosmak GW. The Broader Aspects of the Birth Control Propaganda as it Should Interest the Physician. Am J Obstet Gynecol 1923;6:276-285.

[140] Engs RC. The Progressive Era's Health Reform Movement: A Historical Dictionary. Wesport, CT: Greenwood Publ. Group; 2003: 80.

[141] Kosmak GW. Contraceptive Practices. Am J Obstet Gynecol 1940;40:652-654.

imponer tal método de auto-control al extenso grupo de personas que más necesitadas están de un método de espaciamiento de los hijos o de contracepción que esté libre de fallos?"[142]. No ocultó, sin embargo, sus temores sobre los efectos de la contracepción a largo plazo, no sólo sobre el crecimiento de la población sino sobre "la decisión de hombres y mujeres de no aceptar sus responsabilidades procreativas"[143].

John Rock. Aunque, dado su prestigio, jugó un papel muy importante en la adopción por la AMA de la contracepción, es llamativo que en ninguna de las dos biografías hasta ahora publicadas sobre Rock, se haga mención de su participación en el Comité para el Estudio de la Contracepción[144]. Sin embargo, el propio Rock, en una nota a pie de página de su libro *The Time Has Come*, refiere que fue miembro de ese Comité, enumera las recomendaciones del Informe, del que afirma que fue adoptado por unanimidad, pero no ofrece ninguna explicación de porqué él y el Comité volvieron en 1937 la espalda al Informe que habían presentado el año anterior[145].

---

[142] Kosmak GW. The Responsibility of the Medical Profession in the movement for 'Birth Control'. JAMA 1939;113:1553-1559, 1556.

[143] Kosmak GW. Contraceptive Practices. Am J Obstet Gynecol 1940;40:652-654.

[144] McLaughlin L. The Pill, John Rock, and the Church. The Biography of a Revolution. Boston: Little, Brown and Co.; 1982; Marsh M, Ronner W. The Fertility Doctor: John Rock and the Reproductive Revolution. Baltimore: Johns Hopkins University Press; 2008.

[145] Rock J. The Time Has Come. A Catholic Doctor's Proposals to End the Battle over Birth Control. New York: Alfred A. Knopf; 1963. Nota 3 al pie de página 79.

Es digno de notar que Rock, a pesar de su notoriedad de católico, fue a lo largo de toda su dilatada carrera un activo promotor de la contracepción como responsabilidad del médico. Su discrepancia con la doctrina del Magisterio nunca le causó problemas de conciencia. Su biógrafa McLaughlin le atribuye, sin indicar fuente ni fecha, unas palabras muy significativas: "muy pronto en mi vida separé la biología de la teología, y nunca las volví a confundir"[146]. Efectivamente, ya en 1931, recién publicada la encíclica *Casti connubii*, Rock firmó, junto a otros distinguidos médicos de Massachussets, un escrito pidiendo la legalización de la contracepción en aquel Estado[147]. Al año siguiente, en una de sus revisiones anuales sobre avances en obstetricia, se refirió a la contracepción como la recomendación más correcta que el médico puede hacer en aquellos casos en que una nueva gestación pudiera arruinar la salud o la razón de la mujer, o poner en peligro su vida. En una alusión, apenas disimulada, a la encíclica, advertía Rock que el médico no puede soslayar el deber de prescribir métodos eficaces: no puede recomendar ciegamente la abstinencia o rehusar el tratamiento, pues sería como traicionar su compromiso médico para aliarse con otra profesión. "En el así llamado mundo cristiano, muchos hombres honrados encontrarán justificación para esto. Es,

---

[146] McLaughlin, p. 27. Asbell refiere el testimonio de Katharine McCormick, que explicaba que Rock era un "católico reformado", cuya postura es que la "religión nada tiene que ver con la medicina y el modo de practicarla, y que, si la Iglesia no interfería en sus asuntos, él no interferiría en los de ella". Asbell B. The Pill: A Biography of the Drug That Changed the World. New York: Random House; 1995: 130.

[147] Ames O. Massachusetts Doctors Take the Initiative. Birth Contr Rev 1932;15(2):51-52.

sin embargo, erróneo que el médico pretenda hacer creer que en tales casos él está practicando medicina"[148].

En 1949, Rock publicó con Loth un libro donde describía con detalle los procedimientos contraceptivos entonces en uso, en el que se incluyó un capítulo, escrito por el Rev. Carroll, de la Universidad Católica de América, sobre el punto de vista de la moral católica sobre aquellos procedimientos[149].

Como veremos más adelante, será necesario esperar al desarrollo de la contracepción hormonal para conocer más a fondo la actitud de Rock sobre la relación entre la ciencia médica y la religión. De momento, se ha de concluir que las etiquetas de "católico practicante" o "católico devoto" asignadas a Kosmak y Rock no tienen en cuenta sus ideas sobre las prácticas contraceptivas.

4.3. Reacción de los católicos (médicos, teólogos moralistas y pastores) a la resolución de la AMA de 1937

Ya se ha señalado, que la decisión de la AMA de 8 de junio de 1937 chocaba frontalmente con la doctrina de la Iglesia católica sobre la contracepción y con la convicción generalizada entre los fieles católicos de que la contracepción era contraria a la moral de la Iglesia.

---

[148] Rock J. Progress in Obstetrics. N Eng J Med 1932;206:77-87, 77-78.

[149] Rock J, Loth DG. Voluntary Parenthood. New York: Random House; 1949. Loth era a la sazón Director de Información Pública de la Federación Americana de Paternidad Planificada. El libro no recibió muchos elogios. Vid., Tietze C. Voluntary Parenthood. Quart Rev Biol 1950;25:12.

La nueva actitud de la AMA supuso, a su vez, una fuerte contrariedad para los médicos y los teólogos moralistas interesados en la ética de la medicina que habían hecho suyas las enseñanzas de la encíclica. Conocer cómo esos médicos y teólogos reaccionaron ante la nueva situación creada en la AMA es asunto de no poco interés, pues es apenas conocido y ha sido, por ello, poco investigado. El tema es, además, complejo, pues implica no sólo buscar en la prensa general y profesional las opiniones expresadas, sino también analizar los argumentos, profesionales y morales, que servían de apoyo a los críticos de la Resolución de la AMA sobre Prácticas Contraceptivas.

Por desgracia, una de las partes en litigio prefirió callar. La AMA seguía una rígida política restrictiva en lo referente a la información sobre su gestión de gobierno. De un lado, las sesiones de la Cámara de Delegados se celebraban a puerta cerrada, de modo que sólo se hacían públicos los comunicados finales, pero no se informaba del contenido de los debates, en el caso de que estos se hubieran producido. De otro, los editores del JAMA, siguiendo una política consolidada por el paso de los años, no publicaban prácticamente artículos, comentarios o cartas al editor que discreparan de las decisiones de los órganos de gobierno de la institución. De hecho, en sus páginas no había lugar para el debate razonable de las decisiones tomadas en las sesiones anuales, incluidas las cuestiones éticas. Es obligado, por tanto, limitar estas consideraciones a lo publicado por la parte católica (médicos, teólogos moralistas y pastores).

Parece indudable que la Resolución de junio de 1937 vino, en cierto modo, a romper un periodo de relativa tranquilidad entre la AMA y sus socios católicos. Antes de 1937 no se habían dado ni prevenciones recíprocas ni conflictos doctrinales. Con el aliento de sus pastores y la ayuda técnica de la National Catholic Welfare Conference (NCWC), los católicos estaban, sobre todo, interesados en la justicia social, y muchos médicos católicos trataban de extender la atención médica a todas las capas sociales en las circunstancias, muchas veces dramáticas, de la Gran Depresión.

En materia de contracepción, ya desde tiempo atrás, los médicos católicos deseaban ante todo que se aclarara legislativamente la situación confusa e indeterminada heredada de antiguo. En 1926, la propia NCWC había presentado a la sesión de la AMA celebrada en Dallas (Texas) una moción por la que solicitaba que la Cámara de Delegados instara al Congreso de los Estados Unidos a legislar sobre prácticas contraceptivas y de control de la natalidad. La iniciativa no prosperó. La Cámara, persistiendo en su postura de mantenerse al margen en tan delicado asunto, prefirió dejar sin efecto la iniciativa de los católicos y, sin más explicaciones, devolvió la propuesta a la Junta Directiva, la cual decidió archivarla. Esa conducta generó en los católicos un punto de desconfianza en la gestión democrática interna de la AMA. Lo pusieron de manifiesto en 1932, cuando la NCWC informó que había enviado una propuesta a la Cámara de Delegados de la AMA reunida en la sesión de Nueva Orleáns, solicitando de nuevo la creación de un Comité para investigar los procedimientos de control de la natalidad. La petición fue denegada de modo unánime en una sesión secreta. La NCWC volvió a lamentar que no se hubiera hecho público lo discutido en esa sesión[150].

---

[150] NCWC Inquiry into Birth Control Rejected by Medical Assn. The Guardian/Arkansas Cath 1932; May 28: 7.

Dos días después de aprobada la Resolución de 1937 por la AMA, el News Catholic Service difundía la noticia, fechada el 10 de junio, de que la Federación de Gremios Médicos Católicos, reunida en Atlantic City, había hecho pública una Declaración que condenaba en lenguaje encendido de la citada resolución. Afirmaba tal Declaración que los médicos católicos se negaban a alinearse con colegas que suscribían una filosofía pagana y que pretendían convertirlos en los sepultureros de la nación o, mediante el aborto y la eutanasia, en sus verdugos. Y añadía que "la práctica por cualquier motivo de la contracepción artificial pervierte el orden moral, provoca la desconfianza mutua en los esposos que la usan, y su uso por razones médicas socava las virtudes sobre las que se funda la civilización cristiana." Concluía que "ninguna necesidad humana puede conferir al médico el derecho a quitar la vida o a impedirla... Cualesquiera que sean los derechos legales de ahora o del futuro, la Federación afirma que los derechos legales no son necesariamente derechos morales, pues no raras veces están en oposición directa a los derechos de Dios"[151]. Sorprende, sin embargo, que el texto de la noticia mencione el hecho de que a la reunión de la citada Federación asistieran 75 delegados, "que también habían sido delegados en la convención nacional de la AMA". Es probable que alguno de ellos formara parte de la Cámara de Delegados y que, dado el tenor de la Declaración arriba citada, hubieran votado, si hubiera habido votación libre, en contra de la Resolución, rompiendo así su unánime aprobación[152].

---

[151] Catholic Physicians Denounce Medical Assn. For Birth Control Recognition. Ibid 1937; June 19: 4.
[152] Ibid.

A la condena de los médicos se sumó la simultánea condena de los teólogos moralistas. Así, el Padre Cox, S.J., profesor de Ética en la Fordham University, además de reprobar la decisión de la AMA como "un nuevo avance de la ideología pagana sobre la vida en su origen y en todas sus fases, que ha propiciado una situación mundial que no concuerda ya con la razón ni con el sentido común", propuso la creación de una "legión de la decencia" para combatir a los productores de contraceptivos y a los médicos que aprueban su uso[153].

Tampoco se hizo esperar la reacción de Comité Ejecutivo de la Asociación Católica de Hospitales. En su resolución de 18 de junio de 1937, solicitó a la AMA que aclarara la confusa situación creada por las discrepancias existentes entre el informe y los titulares de prensa sobre la resolución y las recomendaciones de la Cámara de Delegados. La Asociación Católica de Hospitales reconocía que la AMA había cambiado su actitud frente a la contracepción, pero encontraba que la Resolución era en muchos puntos imprecisa, por lo que pedía con energía a la AMA que definiera con precisión cuál era su actitud. Además, rehusaba aceptar que la Resolución fuera auténtica expresión del parecer de todos los miembros de la Cámara de Delegados[154]. Como era de esperar, dada la política de la AMA, la petición de la Asociación Católica de Hospitales quedó sin respuesta.

Lógicamente, no faltaron las condenas de los miembros del episcopado, como la inmediata y ponderada del

---

[153] Opposition Legion Urged. Ibid: 4.
[154] Schwitalla AM. The American Medical Association and Contraception. Hosp Progr 1937;18:219-224.

Arzobispo de Nueva Orleans. Mons. Rummel se lamentaba del cambio de actitud de la AMA, pues se trataba de un asunto vital que podría afectar profundamente la vida religiosa, moral y social de la nación. "Es de lamentar que un grupo de personas que gozan de gran prestigio se hagan responsables de la demolición de uno de los más importantes pilares de la sociedad, a saber, el uso recto del sagrado privilegio del matrimonio y del desarrollo moralmente robusto de los hogares y familias de América"[155].

El eco de la respuesta católica llegó lejos. El Sunday Times, de Perth, en Australia Occidental, tras comentar con crudeza la decisión de la AMA "de tomar a su cargo 342 consultorios de contracepción y los millones de dólares del comercio contraceptivo," aludía a la "violenta reacción del clero católico y a la declaración de la Federación de Gremios Médicos Católicos". Se preguntaba cuál sería la conducta del nuevo Presidente de la AMA, el católico Dr. Abell, ante la nueva Resolución. Curiosamente, la Resolución fue aprobada en el intervalo que medió entre la elección de Abell y su toma de posesión del cargo[156]. Por su parte, el Corresponsal en Nueva York del South African Medical Journal también dio una descripción detallada de las acciones de la AMA, de la Federación de Médicos Católicos y de la Liga Americana de Control de la Natalidad/Consejo Médico Nacional sobre Control de la Natalidad[157].

---

[155] Prelate Flays Medical Assn. In Statement. The Guardian/Arkansas Catholic, 1937; June 19: 4.

[156] Doctors Approve Birth Control. Violent Catholic Protest. Sunday Times, Perth, WA. Sunday 1 August, 1937: 1.

[157] From Our New York Correspondent. American Letter: Contraception Approved, and Combated. South Afr Med J 1937, Aug. 14.

Capítulo 5. Los juristas aprueban la contracepción abortiva

5.1.   El Instituto Americano de Derecho (ALI)

El American Law Institute (ALI) es una entidad privada, fundada en 1923, formada por juristas (jueces, profesores universitarios, abogados) de alto nivel académico y profesional, que dedica su atención a estudiar y proponer mejoras de la normativa jurídica norteamericana, para perfeccionar su contenido y modo de aplicación. El ALI goza de un extraordinario prestigio y sus publicaciones son muy apreciadas[158].

Uno de los proyectos de más envergadura del ALI fue la redacción del Código Penal Modelo (MPC). La idea nació en 1931 para tratar de remediar el estado caótico del derecho penal codificado en Estados Unidos. Los trabajos se

---

[158] No es aventurado decir que el ALI ha venido a ser, por la competencia y ambición de sus proyectos de creación e interpretación del derecho, en un poder legislativo paralelo. Para información general sobre el ALI, ver: https://www.ali.org/about-ali/. De su historia en la época que nos concierne, ver Frank JP. The American Law Institute 1923-1998. Hofstra Law Rev 1998;26:615-639.

interrumpieron antes de la Segunda Guerra Mundial, pero se reanudaron en 1951, gracias al apoyo económico de la Fundación Rockefeller. A lo largo de los últimos años de 1950s, se fueron discutiendo, redactando y publicando los sucesivos borradores de las diferentes partes del código, que fue finalmente publicado en 1962[159].

Interesa considerar la actividad de esta institución por un hecho, apenas perceptible cuando se produjo, pero que tuvo extraordinaria importancia por sus efectos jurídicos y sociales. Se trata de la presentación, por el American Law Institute (ALI), del artículo sobre Aborto y Delitos Relacionados, como parte del Código Penal Modelo (MPC) que estaba preparando. El texto del artículo fue dado a conocer en el Borrador Tentativo que se debatió en la sesión del Instituto celebrada el 8 de mayo de 1959, y en el que entonces figuraba como Sección 207.11. La Sección trataba de las diferentes categorías penales del aborto (injustificado, justificable, autoprovocado, ficticio e irregular) y de los contraceptivos preimplantatorios[160]. La citada Sección, que en el texto definitivo aparece numerada como Sección 230.3, fue aprobada en la sesión del 24 de mayo de 1962 después de introducir algunas importantes enmiendas[161]. Ese mismo año, el Instituto publicó el

---

[159] Wechsler H. The Challenge of a Model Penal Code. Harvard Law Rev 1952;65:1097-1133. Sobre las sucesivas etapas de preparación de los borradores del MPC, véase: Beyer HS. Model Penal Code Selected Bibliography. Buff Crim Law Rev 2000;4:627-639.

[160] American Law Institute. Model Penal Code. Tentative Draft No.9. May 8, 1959. Philadelphia, PA: The Executive Office, ALI; 1959: 144-146.

[161] Las diferencias entre la Sección 207.11, de 1959, y el 230.3, de 1963, afectan en especial a las indicaciones del aborto justificable, a un nuevo parágrafo sobre certificados de los médicos y la necesidad, para la legalidad, de que hayan sido librados antes de realizar el aborto; y, finalmente, al aborto ficticio.

Borrador Oficial Final del texto articulado. En 1985, vio la luz el Borrador Oficial con Notas Explicativas, que al texto articulado añadía los Comentarios Revisados, con el que se puso fin al proyecto, iniciado más de cincuenta años atrás[162].

El MPC fue recibido por la mayoría de los juristas como un avance muy significativo, al que no regatearon elogios. Esa recepción favorable no fue, sin embargo, universal: se publicaron, especialmente por juristas europeos, algunas recensiones y artículos que ponían de relieve las notables deficiencias de técnica jurídica del MPC y la cuestionable filosofía del derecho que subyacía al proyecto[163].

En pocos años, y pese a esas críticas, la Sección 230.3 ejerció un efecto resonante en la legislación sobre aborto. Fue incluida, a veces casi literalmente, en el Código Penal de varios estados norteamericanos. Inspiró, además, la legislación sobre el aborto en muchas naciones; y, con el paso de los años, llegó a influir, directa o indirectamente, sobre la práctica y la regulación legal de la contracepción y el aborto en el mundo.

5.2.   La subsección 7 del Artículo 230.3 sobre «Aborto y Delitos Relacionados», del Código Penal Modelo del ALI

El impacto de la Sección 230.3 no se hizo sentir sólo en el campo legislativo, sino que despertó también un gran

---

[162] American Law Institute. Model Penal Code. Official Draft and Explanatory Notes. Philadelphia, PA: The American Law Institute; 1985.
[163] Fletcher GP. Dogmas of the Model Penal Code. 2 Buff. Crim. L. Rev. 3 1998-1999.

interés en el mundo académico del derecho. Son incontables los trabajos que se publicaron comentado sus aciertos y sus defectos. Sorprende, sin embargo, que uno de sus parágrafos, la Subsección 7, apenas despertara la atención de los expertos, a pesar de la novedad de su contenido y de lo grave de sus implicaciones éticas y antropológicas. De hecho, en vez de ser objeto de un merecido debate crítico, la Subsección quedó prácticamente ignorada, como si hubiera caído en el punto ciego de la retina de los legistas.

Su texto es este: "7. *Sección Inaplicable a la Prevención del Embarazo.* Nada de esta Sección se considerará aplicable a la prescripción, dispensa o distribución de medicinas u otras sustancias para evitar el embarazo, ya sea porque impiden la implantación de un huevo fecundado, ya sea por cualquier otro método que opere antes, durante o inmediatamente después de la fecundación".

En otras palabras: la Subsección prescribía, de una parte, que los otros parágrafos (1 a 6) de la sección no eran aplicables a los métodos contraceptivos. De otra parte, sin embargo, establecía que habían de considerarse simples contraceptivos las medicinas y sustancias que operaran después de la fecundación, lo cual suponía en aquel entonces una novedad sin precedentes. En efecto, la Subsección 7 introducía por primera vez en la sociedad la noción de que la pérdida provocada de embriones humanos jóvenes, que hasta entonces era calificada de aborto muy precoz, ya no podría en adelante ser considerada ni penalizada como aborto, con la condición de que esa pérdida o destrucción embrionaria se produjese a través de un mecanismo que operase entre la fecundación y la implantación. De ese modo, se ampliaba considerablemente el concepto de contracepción al añadir a su campo de acción propio (prefecundativo, es decir, que actúa impidiendo la concepción o fecundación) un territorio ajeno e impropio (el postfecundativo, que interfiere con el desarrollo del embrión entre la fecundación y la anidación).

5.2.1.   La Subsección 7 es aprobada sin debate

La novedad y gravedad del asunto merecía un debate serio y bien fundado. Pero, a diferencia de la minuciosa discusión de los borradores de las Subsecciones precedentes, no hubo intercambio de pareceres sobre la Subsección 7. Por decisión de los órganos directivos del ALI, la Subsección 7 fue excluida de debate. En efecto, el Consejo del Instituto y su Comité Asesor habían considerado el asunto con antelación, y concluyeron que la contracepción no debería entrar en la materia propia de un Código Penal, pues, en su opinión, sería preferible regularla mediante normas administrativas que controlasen la publicidad y distribución de esos productos[164]. Una consecuencia inmediata de la decisión del Consejo fue suprimir la contracepción de la agenda de las reuniones de preparación del MPC, a pesar del deseo de algunos participantes en debatir el tema[165]. La Subsección 7

---

[164] La explicación ofrecida se basaba en varias razones, entre las que se contaban la persistencia en algunos estados de legislaciones abusivas ("que va más allá de los límites permisibles de la intervención del derecho penal en materias sobre las que pueden estar en razonable desacuerdo ciudadanos morales y responsables) u obsoletas (leyes de Comstock); la no aplicación en otros estados de normas que pretendían limitar la venta y uso de contraceptivos a la prevención de enfermedades; y el hecho de que muchos estados carecían de normas penales en la materia. Estas explicaciones se reiteran sin apenas cambios en ALI. Model Penal Code Commentaries, Part II, 1980.

[165] The American Law Institute. Model Penal Code. Tentative Draft No. 9. Submitted by the Council to the Members for Discussion at the Thirty-sixth Annual Meeting, May 20, 21, 22 and 23, 1959. Philadelphia: The Executive Office, The

adquirió así para unos la condición de tema "tabú"; para otros, dada la indiscutible autoridad académica del ALI, la irrelevancia ética del embrión preimplantado se erigió en "verdad legal".

La exclusión del debate aseguró la extraordinaria estabilidad del texto: el de la Subsección 7 se mantuvo invariable a lo largo del complejo proceso de redacción, que, como se señala más arriba, modificó los otros parágrafos de la Sección. La referida fijeza del texto se mantiene desde el 25 de marzo de 1959, cuando la Subsección se introdujo por primera vez en el Borrador Preliminar[166] hasta el 24 de mayo de 1962 y después, cuando se aprobó el definitivo Borrador Oficial Propuesto[167].

Quizás esa misma exclusión influyó en otro aspecto: fue muy poco lo que se publicó sobre la Subsección 7, lo que contrasta con la abundante bibliografía que considera los otros parágrafos del artículo 230.3. Es lógico que los textos en los que se propone una regulación nueva sobre el aborto atrajeran la atención de los juristas. Pero la Subsección 7 fue prácticamente dejada de lado. En unos pocos artículos, su texto fue reproducido junto con el resto de la Sección[168]. Sólo unos pocos autores aludieron de

---

American Law Institute; May 8, 1959: 161-162.

[166] Ese Borrador inicial fue presentado por el Ponente Principal, Herbert Wechsler, a la reunion del ALI del 25 de marzo de 1959. Iba acompañado de un Memorandum dirigido al Consejo del ALI, en el que se recordaba que el Consejo había aprobado la recomendación del Ponente de que no se hicieran propuestas legales sobre contracepción. Preliminary Draft of Articles 207 & 208, March 25, 1959.

[167] American Law Institute. Model Penal Code Proposed Official Draft (May 4, 1962). Philadelphia, PA: The American Law Institute; 1962.

[168] Por ejemplo: Barnard Jr. TH. An Analysis and Criticism of the Model Penal

pasada a algún aspecto parcial de la Subsección 7, pero no hubo un análisis detallado. Así, por ejemplo, Meloy se limita a indagar sobre el significado de la expresión "medicamentos u otras sustancias", para concluir que el MPC establece una oposición entre sustancias químicas y dispositivos mecánicos[169]. Albright, Byrne y Crooks acusan a la subsección de vaguedad, ambigüedad, carencia de fundamento médico y de ofrecer una visión moral sesgada, pero no presentan las razones en que apoyan su opinión[170]. Mietus y Mietus critican algunos errores contenidos en el Comentario del ALI al § 207.11, tales como la afirmación de que solo el cuarto mes de la gestación el feto se implanta firmemente en el útero, cuando todavía no ha desarrollado muchos de los rasgos característicos y reconocibles de humanidad; o que la diferencia entre el embrión como "ser incoado" y el feto plenamente formado justifica la posición ética y jurídica que distingue entre vidas que pueden ser desechadas y vidas dignas de ser salvadas[171]. Kutner reprocha al ALI su conducta simplista para eludir el problema ético del control preimplantatorio de la fertilidad cuando apela a la estratagema de afirmar, sin dar razones,

---

Code Provisions on the Law of Abortion. Cas W Res L Rev 1967;18:540-564; Polityka T. From Poe to Roe: A Bickelian View of the Abortion Decision – Its Timing and Principle. Neb. L. Rev. 1974;53:31-57, en 44-45; Linton PB. Planned Parenthood v. Casey: The Flight from Reason in the Supreme Court. St. Louis U. Pub. L. Rev. 1993;13:15-137, en 25-26; Merz JF, Jackson CA, Klerman JA. A Review of Abortion Policy: Legality, Medicaid Funding, and Parental Involvement, 1967-1994. Women's Rts L Rep 1995;17:1-61, en 4.

[169] Meloy S. Pre-implantation Fertility Control and the Abortion Laws. 41 Chi.-Kent L. Rev. 183-206, 1964, en 203-205.

[170] "La prevención de la concepción es expresamente excluida del artículo" Albright JP, Byrne PB, Crooks NP. Church-State Religious Institutions and Values: A Legal Survey 1960-1962, 37 Notre Dame L Rev 1962;37:649-719, en 703.

[171] Mietus AC, Mietus NJ. Criminal Abortion: "A Failure of Law" or a Challenge to Society? Am Bar Ass J 1965;51:924-928, en 925.

que a la fase preimplantatoria no le es aplicable la prohibición del aborto[172]. Grisez apunta que la Subsección 7 es una clara invitación tanto a desarrollar abortifacientes farmacológicos, tales como la píldora del día después, como a legitimar mediante una exención explícita las técnicas probablemente abortifacientes de control de los nacimientos, cual es el caso del DIU[173]. Marshall y Donovan señalan, a propósito de la Subsección 7, que "el lenguaje usado hace presuponer que hay dos comienzos distintos para una misma gestación, a saber, la fecundación y la implantación. Este doble comienzo del embarazo no planteó ningún problema a aquellos solones"[174].

5.3. Las razones por las que el ALI infravaloró jurídicamente al embrión preimplantatorio

La importancia de la Subsección 7 en sí misma y de las consecuencias que posteriormente derivaron de ella, obligan a preguntarse qué razones asistían al ALI para reducir a la irrelevancia ética la vida del embrión preimplantado.

A mediados del siglo XX, negar significación ética a la fecundación era una decisión sumamente audaz, dado que ya entonces se tenía a la fecundación por un evento biológico básico de la reproducción sexuada en el que se genera un individuo, se transmite la herencia parental y se

---

[172] Kutner L. Due Process of Abortion. Minn LR 1968;53:1-28.

[173] Grisez G. Abortion. The Myths, the Realities, and the Arguments. New York: Corpus Books; 1970: 238.

[174] Marshall R, Donovan C. Blessed are the Barren. The Social Policy of Planned Parenthood. San Francisco: Ignatius Press; 1991: 247.

determina el sexo del nuevo ser. ¿En qué se apoyaron los juristas del ALI para consagrar en su MPC la idea de que el embrión humano en sus primeros días del desarrollo era dispensable, era una no-entidad jurídica, a la que el ordenamiento penal podía ignorar?

Todo lo que el ALI responde a esa pregunta aparece en sus Comentarios al artículo 207, y más concretamente en el que corresponde a la Subsección 7 que trata de la relación de la sección con la contracepción[175]. Ahí se lee: "La subsección (7) traza la línea entre el aborto y la contracepción de modo que se evite aplicar el Artículo a las técnicas que previenen la gestación, aun cuando actúen poco después de la fecundación. La investigación reciente sobre contracepción muestra que ciertos métodos de control de la natalidad mediante ingestión oral de medicinas impiden que el ovocito fecundado se instale en la pared del útero, una precondición necesaria para el desarrollo fetal"[176]. Desgraciadamente los juristas del ALI no dan referencias de cuál pueda ser esa investigación reciente ni dónde está publicada. Una revisión de los conocimientos sobre el efecto abortifaciente de los contraceptivos orales se movía entonces, como veremos a continuación, en el terreno de las conjeturas, no de los datos probados. Parece que el ALI intuyó con anticipación que esa suposición devendría realidad, por lo que consideró lo más prudente

---

[175] American Law Institute. Model Penal Code. Tentative Draft No. 9, May 8, 1959. Philadelphia: American Law Institute, Executive Office; 1959: 161.

[176] Los juristas del ALI reconocieron de manera explícita que la ingestión oral de ciertos agentes farmacológicos impide la implantación del embrión en el endometrio, asunto que en los años siguientes muchos investigadores y comités de bioética negaron u ocultaron celosamente.

hacer una maniobra preventiva en previsión de lo que pudiera suceder en el futuro.

En 1959, la Subsección 7 no podía apoyarse en datos de ensayos clínicos que demostraran objetivamente los mecanismos de acción de los nuevos contraceptivos en la mujer. Todo, en aquel momento, se reducía a sospechas y sugerencias. Por ejemplo, en la V Conferencia de Planned Parenthood (Tokio, 1955), Pincus comunicó que los datos de sus ensayos en mujeres sugerían que la progesterona podía actuar sobre la implantación[177]. Y, aunque los resultados de los ensayos experimentales en animales no fueran directamente extrapolables a la especie humana, Pincus y colaboradores publicaron ese mismo año, que en su mayoría los óvulos tomados, tras el coito, de las trompas de conejas tratadas con progesterona aparecían fecundados, pero en ninguno de los animales tratados llegó a nacer ninguna cría[178]. En un trabajo adjunto, realizado en mujeres, nada dicen del efecto abortifaciente[179], lo mismo que en los trabajos posteriores que llevan la firma de Pincus y Rock. Sin embargo, en 1959, en la discusión que siguió a la presentación de un artículo de estos autores en el Simposio sobre Esteroides para el control de la Fertilidad de la Sociedad Americana de Farmacología y Terapéutica

---

[177] "Nuestros datos sugieren que en la mujer la progesterona exógena puede actuar como agente antifertilidad por razones diferentes a su efecto anovulador. La frecuente aparición de endometrios atípicos y la ya mencionada acción supresora sobre la progestina endógena sugieren efectos sobre el transporte de los gametos y sobre la implantación". Pincus G. Some Effects of Progesterone and Related Compounds Upon Reproductive and Early Development in Mammals. Acta Endocr 1956. Suppl. 28:18-36, 3 en 34:

[178] Pincus G, Chang MC, Hafez ESE, Zarrow MX, Merrill A. Effects of Certain 19-Nor Steroids on Reproductive Processes in Animals. Science 1956;124:890-891.

[179] Rock J, Pincus G, Garcia CR. Effects of Certain 19 Nor Steroids on the Normal Human Menstrual Cycle. Science 1956;124:891-893.

Experimental (Atlantic City, 14 Abril de 1959)[180], cuando Greenblatt observó que "el éxito de esta empresa depende quizá más de los cambios endometriales inducidos que pueden resultar hostiles para la implantación"[181], Pincus respondió que la sugerencia de Greenblatt era interesante, pero que debería esperar a ser plenamente probada[182].

Conviene, además, recordar que la 'píldora' no fue aprobada por la FDA para uso contraceptivo sino un año después, en 1960, y sobre una base estadísticamente cuestionable. La propia FDA la había autorizado en 1957 para ciertas indicaciones ginecológicas, tras evaluar su eficacia y su seguridad, pero sin tener conocimiento preciso de su mecanismo de acción. En torno a 1960, predominaba la idea, especialmente divulgada por Pincus y Rock, de que el mecanismo de acción de los contraceptivos orales era anovulatorio, pero se desconocían los efectos de esos agentes sobre el desarrollo embrionario inicial o sobre el proceso de la implantación. Celso Ramón García afirmaba poco más tarde que "la prevención de la implantación ofrece un interés más que ordinario, porque implica la posibilidad de control postcoital. No obstante, aunque hay muchas estrategias de laboratorio, éstas no han sido aplicadas, o han resultado ser inaplicables, a seres humanos"[183].

---

[180] Pincus G, Rock J, Chang MC, Garcia CR. Effects of Certain 19-Nor Steroids on Reproductive Processes and Fertility. Fed Proc 1959;18:1051-1055.

[181] Greenblatt RB. Discussion. Fed Proc 1959;18:1055-1056.

[182] Pincus G. Reply to Discussion, Fed Proc 1959;18:1056.

[183] García CR. Clinical Studies on Human Fertility Control. En: Greep RO, ed. Human Fertility and Population Problems. Cambridge, Mass: Schenkman Publ Co. 1963: 43-63, en 44.

A esa falta de recursos técnicos se añadió un extendido desinterés por desvelar el mecanismo de acción de los contraceptivos, que pronto arraigó entre los promotores de la contracepción, ya fueran investigadores individuales, agentes sociales o empresarios de la industria farmacéutica. Tal actitud no sólo liberaba de preocupaciones económicas a los fabricantes, sino que dispensaba a los médicos y biólogos de la necesidad ética y científica de aclarar si y en qué medida actuaban esos agentes a través de un mecanismo antinidatorio. Se trataba de un problema éticamente grave que exigía, además, cuantificar la muerte de embriones humanos en el seno de la madre, distinguiendo las pérdidas espontáneas de las debidas al uso de contraceptivos. Era, finalmente, un estudio económicamente "peligroso", pues la confirmación de un efecto abortifaciente precoz de los contraceptivos orales podría suponer la pérdida de un sector importante del mercado.

El trasfondo ético de esa actitud es revelado, por contraste, por lo que sucedía en China, un país donde la limitación de nacimientos estaba impuesta por ley, y donde la población se sometía sumisamente a las indicaciones de los médicos. Esos dos factores favorecieron la investigación de los mecanismos de acción de los contraceptivos, incluidos los que pudieran actuar después de la fecundación[184].

---

[184] Ver, p. ej.: Fried J, Ryan KJ, Tsuchitani PJ, eds. Oral Contraceptives and Steroid Chemistry in the People's Republic of China. A Trip Report of the American Steroid Chemistry and Biochemistry Delegation. CSCPRC Report No. 5. Washington, D.C.: National Academy of Sciences; 1977. Ahí se dice: "Cuando se encuentra un agente activo, se llevan a cabo estudios fisiológicos más extensos para determinar su mecanismo de acción, a saber, si inhibe la ovulación, impide la implantación, o tiene otros efectos" (p. 45). "Los efectos principales [del anordrin]

De todos modos, la inhibición de la implantación era asunto ampliamente conocido. Así, Bishop afirma en 1960: "hay, de hecho, pruebas de que algunos gestágenos no inhiben la ovulación. Quizás el contraceptivo oral ideal sería aquel que impide la implantación o produce una barrera cervical sin inhibir la ovulación"[185].

Con el paso del tiempo, el mecanismo de acción por inhibición de la implantación se había convertido en saber común. En 1973, Morris y van Wagenen crearon los términos interceptivos e intercepción para designar los correspondientes agentes y el proceso de impedir la implantación[186]. Y en 1999, algunas grandes agencias de la contracepción (UNDP/UNFPA; WHO; World Bank) junto con la Rockefeller Foundation lanzaron una iniciativa para estudiar la biología molecular de la implantación y el efecto sobre la fertilidad de la manipulación de los factores que intervienen en ella[187].

Al final, se ha de reconocer que la Subsección 7 aunque, en el momento de su redacción parecía que hacía afirmaciones sin fundamento, resultó a la larga profética. No se basó en pruebas científicas, pero introdujo la contracepción y dió sanción jurídica al cambio de actitud

---

son la inhibición de la acción de la progesterona y un efecto fisiológico directo sobre el útero. Se deduce que el mecanismo primario de acción es la anti-implantación" (p. 56). "Podía demostrarse que el efecto primario [del Quinegestanol] se situaba en el tracto genital más bien que en el ovario, y consistía en una desincronización entre el zigoto y el útero, que daba por resultado un efecto anti-implantación" (p. 57).

[185] Bishop PMF. Oral Contraceptives. Practitioner 1960;85:158-162.

[186] Morris JM, van Wagenen G. Interception: The use of postovulatory estrogens to prevent implantation. Am J Obstet Gynecol 1973;115:101-106.

[187] Griffin PD. Pushing the Frontiers of Science – The WHO/Rockefeller Foundation Initiative on Implantation. Int J Gynecol Obstetr 1999;67:S111-S116.

ante la sexualidad. La historia de la Subsección viene a dar la razón a un editorialista anónimo del British Medical Journal que, en 1974, escribía: "Ahora que ya se ha posado el polvo de las primeras controversias sobre los contraceptivos, los artículos publicados en los años 50s y 60s revelan a menudo más las actitudes de sus autores hacia las costumbres sexuales que la interpretación de los datos científicos disponibles, aunque sólo muy raras veces esas actitudes son abiertamente confesadas"[188].

---

[188] Editorial. Stopping the Pill. BMJ 1974;2:517-518.

Capítulo 6. Cambiar las palabras para cambiar las mentes

Recordemos que, en la mente de sus pioneros y en la opinión general, la contracepción era, por definición y hasta mediados del siglo XX, prevención de la concepción, entendida como prevención de la fecundación, pues lo que la contracepción de entonces pretendía era impedir la reunión de los gametos. Todos, pioneros o no, reconocían que para calificar a algún agente como contraceptivo era necesario que tuviera la propiedad de actuar antes de la fecundación. Los contraceptivos por su propia naturaleza nada tenían que ver con la destrucción de zigotos o embriones humanos. Para la moral social y la ética profesional de entonces, la vida del neo-concebido era intangible.

Ese concepto de la contracepción como impedimento de la fecundación se agrietó gravemente cuando, una vez introducidos los contraceptivos modernos (dispositivos intrauterinos y preparados hormonales orales), surgió la sospecha de que parte de su eficacia podría deberse a un efecto antinidatorio y a la consiguiente pérdida de embriones. Los promotores (ideológicos o industriales) de la contracepción se dieron cuenta muy tempranamente de que la confirmación de esa sospecha podría acarrear consecuencias sumamente graves para sus políticas de población o para sus negocios. No les faltaban razones para concluir que, si se demostrara y se difundiera entre el público la idea de que los contraceptivos podían actuar a través de un efecto abortifaciente, surgirían graves problemas en los países o ambientes en los que, por razones culturales o religiosas, se profesara un respeto profundo al embrión humano ya desde la fecundación o concepción.

Una vez convencidos de la realidad del efecto abortivo (más intenso en el caso de los DIUs que en el de los contraceptivos hormonales), los promotores hubieron de diseñar medidas para favorecer la aceptación social de los nuevos contraceptivos. Se dieron cuenta de que, quizás, lo más eficaz sería negar, o poner en sordina, el efecto abortifaciente. Siguieron con ese propósito una estrategia doble: de un lado, optaron por mantener en la oscuridad el efecto abortifaciente, para lo que fue suficiente abstenerse de investigar el mecanismo de acción de esos contraceptivos; de otro lado, decidieron trivializar el problema mediante un cambio de la terminología, proponiendo, y más tarde imponiendo, nuevos significados para los términos 'concepción' y gestación' (y, por consiguiente, 'aborto').

Es esta última estrategia la que ahora nos interesa. Según la nueva terminología, el término 'concepción' ya no sería en adelante sinónimo de 'fecundación', sino que quedaba definido como 'la implantación del huevo fecundado'; y, en el futuro, 'gestación' significaría 'el estado de la mujer desde la concepción, entendida ahora como implantación ya terminada, hasta la expulsión de los productos de esa concepción'. Conforme a las nuevas definiciones, las dos primeras semanas del desarrollo no pertenecen a la gestación: se las ubicó de modo provisional en un limbo biológica y éticamente indeterminado, al que se denominó impropiamente etapa del 'huevo fecundado'[189], etapa que más tarde desapareció de la nueva nomenclatura[190].

Se trata de una historia asombrosa por su audacia y sus profundos efectos éticos y sociales, que han relatado diferentes autores desde perspectivas muy diversas[191]. Merece la pena, sin embargo, completarla con detalles hasta ahora inéditos.

6.1. Un antecedente fugaz de la nueva terminología: Velpeau y Meigs

6.1.1. Una intuición de Velpeau

Al parecer ninguno de los historiadores de la contracepción moderna ha aludido al hecho de que dos obstetras, uno francés, Alfred Velpeau (1795-1867), y el otro norteamericano, Charles Meigs (1792-1869), anticiparan, de modo indirecto y fortuito, los cambios que se habían de introducir, más de un siglo después, en el

---

[189] American College of Obstetricians and Gynecologists (ACOG). Terminology Bulletin no. 1: Terms used in reference to the fetus. Insert circulated with the September 1965 issue of Obstetrics and Gynecology, the official organ of the the ACOG.

[190] Hughes EC, ed. Obstetric-gynecologic terminology, with section on neonatology and glossary of congenital anomalies. Philadelphia: F.A. Davis; 1972.

[191] Debemos sobre todo a Grisez la investigación sistemática del cambio de terminología. De su exposición se han beneficiado ampliamente los movimientos pro-vida. Grisez G. Abortion, The Myths, The Realities, and The Arguments. New York: Corpus Books; 1970, en la sección "Aborto en los Estadios Iniciales de la Gestación", pp. 106-116.

significado de algunos términos básicos (fecundación, concepción y gestación) usados en la ciencia de la reproducción y del inicio del desarrollo humano.

Fue Alfred Velpeau quien, en 1829 y contra el parecer general, propuso que fecundación y concepción fueran consideradas como dos fenómenos diferentes. En su interpretación, Velpeau se basaba en consideraciones tomadas de la biología comparada de su tiempo, ajenas por completo a cualquier implicación ética. En su Tratado Elemental del Arte de los Partos[192], nos dice que, en la reproducción de los mamíferos, se dan varias fases sucesivas, a saber: generación, fecundación, concepción y gestación. A su modo de ver, se trata de fases bien diferenciadas cada una de ellas, de modo que los términos que las designan no podrían ser tomados como sinónimos. Para Velpeau, *reproducción* designa la función entera; *generación* debería reservarse exclusivamente para la simple creación de los gérmenes (lo que hoy llamamos gametogénesis); *fecundación* expresaría simplemente la acción que reúne los dos gérmenes, en la que uno de ellos vivificaría al otro (Velpeau usa con frecuencia *vivificación* como sinónimo de fecundación); finalmente, *concepción*, que, por significar etimológicamente «retener», no puede emplearse razonablemente sino para designar la acción que hace que el germen fecundado sea retenido en los órganos sexuales; *gestación* designa el ulterior desarrollo del germen vivificado y concebido en el interior del animal. Más adelante, al término de la gestación, se produce la *expulsión* o *parto*.

---

[192] Velpeau AALM. Traité Élémentaire de l'Art des Accouchements, ou Principes de Tokologie et d'Embryologie. Tome Premier. Paris: J.B. Baillière; 1829: 131-132.

En realidad, ¿qué entendía Velpeau por concepción como fase bien diferenciada de la fecundación que la precede y de la gestación que la continúa? No lo dice claramente. De un lado, como se acaba de señalar, entiende por concepción la retención del germen fecundado en el tracto genital; de otro, nos dice el autor a continuación que "la concepción comprende lo que tiene lugar entre el instante de la vivificación y el momento en que el germen fecundado comienza a desarrollarse, ya sea que para ello se fije en un punto del tracto generativo, ya sea que tenga que ser expulsado para ser incubado externamente"[193]. Es decir, de un lado, la concepción podría corresponder a lo que hoy llamamos implantación; de otro, vendría a ser como una detención del desarrollo, una diapausa, que precede a la implantación (o, en el caso de la oviposición, a la incubación externa), que es cuando se suponía entonces que el germen fecundado iniciaba su desarrollo.

Apelando a sus conocimientos de biología reproductiva comparada, Velpeau pone el ejemplo de la reproducción de ofidios y aves, en la cual no hay gestación, pero sí concepción[194]. Pero eso es cuestionable, puesto que, entre los ofidios, hay serpientes vivíparas, en las que todo el desarrollo embrionario es interno; y serpientes ovíparas,

---

[193] Ibid: 144.

[194] Ibid: 143-144. En 1829 no era mucho lo que se sabía de la embriología de los reptiles, por lo que el ejemplo de Velpeau no tenía una base firme. Hoy ha de ser tomado como un error. En efecto, en las aves los procesos de segmentación y blastulación se inician ya durante el tránsito del huevo fecundado por el oviducto: con cierta lentitud en el pollo (Patten BM. Early Embryology of the Chick. Philadelphia: Blakiston Co.; 1920), o más rápidamente, como en el pichón, en el que el proceso de gastrulación está muy avanzado en el momento de la puesta (la formación de la línea primitiva se inicia a las dos horas de la incubación) (Patterson JT. On Gastrulation and the Origin of the Primitive Streak in the Pigeon's Egg: Preliminary Notice. Biol Bull 1907;13:251-271).

que ponen sus huevos cuando los embriones se encuentran en una fase más o menos avanzada de su desarrollo[195]. Años más tarde, Velpeau reconoce prudentemente el carácter especulativo y provisional de sus ideas: "Pero como este es, en algunos aspectos, un punto abstracto de la gran función que nos ocupa, cualquier otro detalle sobre el asunto sería completamente inútil"[196]. En resumen, el gran médico francés lanza una sugerencia ingeniosa e interesante, que, sin embargo, queda a la espera de recibir un apoyo en datos científicos más maduros.

6.1.2. Meigs: una visión más firme y radical

Las ideas de Velpeau fueron introducidas en el mundo anglosajón por Charles Meigs, quien no se limitó a traducir al inglés los libros del admirado médico de París, sino que refinó su teoría sobre las fases de la reproducción, y la recogío en las cinco ediciones de su prestigioso manual publicadas a mediados del siglo XIX[197]. Meigs nos ofrece una visión de la naturaleza de la fecundación y la concepción más perfilada que la de Velpeau. Para eso, no se basó como Velpeau en una perspectiva biológico-comparativa, sino en lo hoy llamamos la pérdida preimplantatoria de embriones. Lo hace al argumentar con mucha energía que la fecundación no es la concepción,

---

[195] White ME. Oogenesis and Early Embryogenesis. In: Aldridge RD, Sever DM, eds. Reproductive Biology and Phylogeny of Snakes. Boca Raton, FL: A.K. Peters/CRC Press; 2011: 101-102.

[196] Velpeau AALM. Traité Complet de l'Art des Accouchemens, ou Tocologie Théorique et Pratique. Tome I, 2ème éd. Paris: J.B. Baillière; 1835: 152.

[197] Entre 1849 y 1867 se publicaron 5 ediciones. La primera, Meigs CD. Obstetrics: The Science and the Art. Philadelphia: Lea and Blanchard; 1849; la quinta, dos años antes de su muerte, Meigs CD. Obstetrics: The Science and the Art. Philadelphia: Henry C. Lea; 1867.

cuando afirma que una mujer puede tener en sus órganos un huevo fecundado sin que haya todavía concebido[198], puesto que, en efecto, siempre que el huevo fecundado se pierde arrastrado por la sangre o por el moco, la mujer había sido fecundada, pero no había llegado a concebir.

En 1849, no se conocía con detalle suficiente el proceso de implantación del embrión humano en el endometrio, no se distinguía entre la fase implantatoria inicial, de adhesión/fijación del embrión al endometrio, y la fase posterior en que el trofoblasto invade la pared uterina. Podemos imaginar, sin embargo, que lo que Meigs designaba como 'concepción' podría corresponder al entero proceso de implantación, a pesar de que Meigs no alude en su libro a la invasión trofoblástica ni al desarrollo de las vellosidades primarias. Se limita a afirmar que "la concepción es la fijación ('affixation', dice la 5ª edición en vez de 'fixation', como en las cuatro anteriores) de un huevo fecundado en una superficie viviente de la madre; es la formación de una adhesión a, o una unión con, el útero, la trompa, etc., de la madre"[199].

Lo relevante de las ideas de Meigs (la concepción no es la fecundación, sino la fijación del embrión al tracto genital de la madre) radica en que anticipó en un siglo la futura redefinición de concepción como implantación de la que trataremos más adelante. Antes hemos de prestar consideración a cómo la comunidad científica acogió las ideas de Meigs.

---

[198] Meigs CD. Obstetrics: The Science and the Art. Philadelphia: Lea and Blanchard; 1849: 150.

[199] Meigs CD. Obstetrics: The Science and the Art. 5th ed. Philadelphia: Henry C. Lea; 1867: 182.

6.1.3. Los ecos del concepto de Meigs

Una revisión extensa de los libros de obstetricia de la segunda mitad del siglo XIX revela que la propuesta de Meigs (la concepción es la fijación del embrión) no atrajo la adhesión de sus colegas. Son excepcionales los autores que la citan y menos todavía los que la aprueban. Por el contrario, es abrumadora la mayoría de los autores que aceptan la tesis tradicional que mantiene que fecundación, impregnación y concepción son sinónimos y marcan el inicio de la gestación.

El concepto de Meigs es mencionado al parecer por vez primera en 1855, en una 'nueva edición americana' del libro del profesor inglés Francis Ramsbotham[200]. De este libro habían aparecido, en Londres y Filadelfia, numerosas ediciones y reimpresiones. En la citada edición de 1855 se indica que no sólo fue revisada por el autor, sino que fue completada con notas y adiciones de William Keating, un ginecólogo que formaba parte del círculo de Meigs y que fue su sucesor como profesor de Obstetricia y Ginecología en el Jefferson Medical College, de Filadelfia. Una innovación notable de la edición de 1855 y posteriores es la sustitución de la dedicatoria al padre del autor por otra a Meigs, en la que Ramsbotham se declara "su obediente servidor y sincero partidario"[201]. La explicación de Ramsbotham/Keating merece ser transcrita: "Concepción, por otra parte, es la fijación del huevo fecundado a alguna superficie viviente de la madre; porque, como bien ha

---

[200] Ramsbotham: The Principles and Practice of Obstetric Medicine and Surgery, in Reference to the Process of Parturition: A new American Edition, revised by the Author, with Notes and Additions by W. V. Keating. Philadelphia: Blanchard and Lea; 1855.

[201] Ibid: (v).

señalado el Prof. Meigs, una mujer puede tener un huevo fecundado sin haber concebido; sus ovarios funcionan bien; las células germinales son liberadas y vivificadas por los espermatozoides durante el acto de la copulación; y, sin embargo, a causa de algún cambio patológico de la membrana interna del útero, que le impide formar una membrana decidua, el huevo fecundado no es captado ni retenido en el útero, o quizás es arrastrado por un chorro de sangre menstrual, o perdido en una masa de moco. Esa mujer pudo ser fecundada sin haber concebido"[202].

Años más tarde, el argumento recurre, aunque sin reconocer la autoría de Meigs, en un relato un tanto pintoresco de T. Gaillard Thomas, probablemente el más eminente profesor de obstetricia de su tiempo[203]: "Una influencia todavía más intensa [que la de la ovulación] es, sin embargo, la excitada por el encuentro del zoospermio con el óvulo en alguna parte del tracto uterino [...]. Impregnación y concepción, entiéndase bien, son dos cosas completamente diferentes. Los óvulos pueden ser fecundados doce veces en un año, y sin embargo puede no resultar concepción alguna. La concepción es la fijación del huevo fecundado, e instantáneamente a su realización se inicia una comunicación a través del sistema nervioso, al tiempo que la entera economía de la mujer empieza a cambiar"[204].

---

[202] Ibid: 82-83.

[203] Mohr JC. Abortion in America. The Origins and Evolution of National Policy, 1800-1900. New York: Oxford University Press; 1978: 239.

[204] Thomas TG. Abortion and Its Treatment, from the Standpoint of Practical Experience: A Special Course of Lectures Delivered at the College of Physicians and Surgeons, New York, Session of 1889-1890. New York: D. Appleton and Co.; 1890: 4-5.

El argumento de Meigs fue modificado por Hodge, que incluye la concepción en el proceso de la gestación. Afirma este autor: "Los fisiólogos han establecido firmemente que, en los mamíferos, la función generativa comprende tres series de fenómenos: primero, la germinación; segundo, la fecundación; tercero, la gestación. […] por gestación o preñez se ha de entender la retención y el desarrollo del producto de la fecundación hasta el término completo de la vida fetal, cuando el nuevo ser está ya preparado para un modo diferente de existencia"[205].

Esas son las muy escasas referencias contenidas en la bibliografía obstétrica del siglo XIX sobre las ecuaciones [concepción igual a fijación (implantación); concepción no igual a fecundación] postuladas por Meigs. Por contraste, esa misma bibliografía aparece masivamente dominada por la visión tradicional de la concepción que, de un lado, establece la equivalencia y sinonimia de los términos concepción, fecundación e impregnación; y de otro, reconoce la concepción como momento inicial de la gestación. Ese es el parecer dominante. No parece, pues, fundada la opinión, recientemente expresada por Chung y col., cuando afirman que ha habido una larga historia de ambigüedad en el lenguaje que se ha usado para describir el comienzo de la gestación e invocan como prueba la explicación dada por Meigs[206].

En resumen: no es, como acabamos de ver, invención reciente el concepto de situar el inicio de la gestación en la

---

[205] Hodge HL. The Principles and Practice of Obstetrics. Philadelphia: Blanchard and Lea; 1864: 48.
[206] Chung GS, Lawrence RE, Rasinski KA, et al. Obstetrician-gynecologists' beliefs about when pregnancy begins. Am J Obstet Gynecol 2012;206:132.e1-7.

implantación y no en la fecundación. Tampoco lo ha sido la idea de disociar como dispares fecundación y concepción, dos conceptos que habían sido tenido por equivalentes, excepto cuando Velpeau y Meigs otorgaron a concepción el significado nuevo de implantación. La teoría de Velpeau y Meigs tuvo una vida breve. Pero resurgió –llevaba decenios olvidada por todos–, cuando, a mediados del siglo XX, los promotores de la contracepción propusieron, o más bien impusieron, la ecuación concepción igual a implantación.

¿Cuál es la historia de la reaparición de los significados, por tanto tiempo abandonados, de concepción (y, por ello, de contracepción) y de gestación? Para comprender esa historia es necesario revisar brevemente el papel que desempeñó, en la comprensión de la reproducción humana moderna, lo que dio en llamarse 'control fisiológico de la fecundidad'.

6.2. Aclimatación al cambio: el "control fisiológico de la fecundación"

En la aceptación como meros contraceptivos, y no abortifacientes, de ciertos procedimientos que actuaban después de la fecundación, ejerció un papel mediador el diseño de la nueva contracepción que partía de lo que los científicos llamaban 'control fisiológico de la fecundidad'. Se trataba de un modo de ver que surgía del rechazo de la contracepción empirista y sus ineficientes productos y artilugios, y que proponía en su lugar una contracepción científicamente diseñada. Optaba por estudiar primero la fisiología de la reproducción en la especie humana, para después trazar un plan estratégico donde quedaran identificados los puntos vulnerables del proceso procreativo (la producción y transporte de los gametos, las diferentes fases de la fecundación y la receptividad del endometrio), a fin de seleccionar los procedimientos más prometedores en eficacia e inocuidad, y lograr así la máxima capacidad de control con la mínima carga de efectos biológicos no deseables. En contraste con los procedimientos contraceptivos de los años 1940s, intuitivos, engorrosos, inelegantes y potencialmente lesivos, las técnicas derivadas del control fisiológico se prometían eficaces, discretas, inocuas y dotadas de base científica.

La posibilidad de interferir sobre el desarrollo del zigoto en el tiempo que va de la fecundación hasta la implantación del blastocisto, estaba incluida ya en los primeros trabajos sobre el control fisiológico de la fertilidad. Así, en una reunión del Comité Nacional de Salud Materna, celebrada en 1933, se incluyó la posibilidad de usar "hormonas que impiden la anidación del huevo" en un 'Programa de Investigación Futura sobre Control de los Nacimientos[207].

En los primeros años de 1950s, se publicaron varios artículos sobre la posibilidad teórica de interferir con la implantación. En 1952, Pirie trató, ante los miembros de la Sociedad Eugenista, de la bioquímica del control de la concepción. Concluyó que la implantación del zigoto ofrecía buenas perspectivas de inhibición y buenas probabilidades de especificidad y aceptación. Sin aludir a los aspectos éticos de sus conclusiones, señaló que las fases iniciales de la nidación (adhesión y fijación del trofoblasto) anteriores al comienzo de la formación de la placenta, pertenecían al

---

[207] National Committee on Maternal Health. Program for Future Research on Birth Control," *Center for the History of Medicine, Countway Library, Harvard University.* http://collections.countway.harvard.edu/onview/items/show/6454, accessed Feb 11, 2016.

proceso conceptivo y caían por ello en el campo propio de la contracepción. Pirie fue, entre los modernos, el primero en anexionar la nidación a la concepción[208]. Pero, en aquel entonces, tal idea era inadmisible, pues se mantenía 'oficialmente' que la gestación comienza con la fecundación y que el control de la fertilidad equivalía a prevención de la fertilización[209].

Pero el probable efecto inhibidor de la nidación no podía seguir siendo por mucho tiempo una posibilidad teórica más o menos remota. Algunos investigadores empezaron a considerarlo como un objetivo cercano, casi real. Fue en la Conferencia de International Planned Parenthood de 1955, en Tokio, cuando el propio Pincus habló sobre tal efecto: "La aparición frecuente de endometrio atípico y la ya mencionada indicación de una acción supresora sobre la progestina endógena, sugieren la posibilidad de efectos sobre el transporte de los gametos y sobre la implantación"[210]. Así pues, en 1955, el desarrollo embrionario preimplantacional y la implantación estaban ya inscritos en los proyectos de investigación que buscaban

---

[208] Pirie NW. The Biochemistry of Conception Control. Eugen Rev 1952;44:129-140, en 134.

[209] En 1953, en una conferencia sobre pérdida de gestaciones, se hizo hincapié en la masiva pérdida de embriones antes de la implantación, que se consideraron como gestaciones fracasadas. "Con algunos reparos y después de amplia discusión, se usó el término *Pérdida de* gestaciones para indicar la totalidad del déficit reproductivo post-concepcional". Engle ET, ed. Pregnancy Wastage, Proceedings of a Conference Sponsored by the Committee on Human Reproduction, National Research Council, in behalf of the National Committee on Maternal Health, Inc. Springfield, IL. CC Thomas; 1953:141.

[210] Pincus G. Some Effects of Progesterone and Related Compounds upon Reproduction and Early Development in Mammals. Papers on Biological Research Presented at the Fifth International Planned Parenthood Conference Held at Tokyo, Japan, from October 24th to 29th, 1955. Acta Endocrinologica 1956, Suppl. XXVIII: 18-36, en p. 34.

procedimientos fiables para interferirlos[211]. Los investigadores eran conscientes de que los métodos dirigidos a esas dianas biológicas corrían el riesgo de no recibir una aceptación social amplia[212].

A pesar de que algunos autores manifestaron ciertas objeciones éticas acerca de la contracepción post-fecundativa[213], en los años sucesivos ésta fue poco a poco dejando de ser problemática entre muchos científicos[214]. La necesidad de poner en sordina ante el público general el efecto abortifaciente de los nuevos contraceptivos, obligó a crear una terminología nueva.

6.3. Nace una nueva terminología para la contracepción post-fecundación

El objetivo principal (ético, no biológico) de la nueva terminología, consistía en inducir la creencia de tener por contraceptivos ordinarios los métodos de control de la fertilidad que actuaban inhibiendo el desarrollo o la implantación del embrión recién concebido. Para muchos,

---

[211] Nelson WO. Survey of Studies Relating to Vulnerable Points in the Reproductive Processes. Papers on Biological Research Presented at the Fifth International Planned Parenthood Conference Held at Tokyo, Japan, from October 24th to 29th, 1955. Acta Endocrinologica 1956, Suppl. XXVIII: 7-17, en 8.

[212] Ibid: 15.

[213] Así, p. ej., Stone afirmaba en una publicación muy difundida: "el método suscita una importante cuestión ética, pues, a diferencia de los otros métodos contraceptivos, destruye una vida ya iniciada". Stone A. The Control of Fertility. Sci Am 1954;190(4):31-33. Más duras fueron las críticas de los moralistas: Gibbons WJ, Burch TK. Physiologic Control of Fertility: Process and Morality. Am Eccl Rev 1958;138:246-277.

[214] Ver, por ejemplo: Parkes AS. Quest for an Ideal Contraceptive. Proc Soc Stud Fertil 1953;5:20-26; Nelson, W. O. Survey of Studies Relating to Vulnerable Points in the Reproductive Processes. Fifth International Conference of Planned Parenthood, Tokyo, 1955. Acta Endocr 1956; Suppl XXVIII:7.

entonces y ahora, el cambio terminológico no hizo variar su certeza de que los agentes abortifacientes no podían ser clasificados como contraceptivos. Los promotores de la nueva terminología propusieron, y después impusieron, una idea muy simple: declarar éticamente neutra –mejor sería decir éticamente irrelevante– la etapa del desarrollo embrionario que va de la fecundación al término de la implantación, etapa que ocupa los primeros catorce días del desarrollo del embrión humano.

Las nuevas definiciones fueron introducidas en el campo de la medicina por el Comité de Terminología del American College of Obstetricians and Gynecologists (ACOG) por medio de su *Terminology Bulletin*[215]. Esa publicación fue completada años más tarde por el libro *Obstetric-Gynecologic Terminology*[216], editado por Hughes bajo el padrinazgo del ACOG. En esas publicaciones, la concepción no es definida como la fecundación del ovocito por el espermatozoide, sino como la implantación del huevo fecundado en el útero (*Bulletin*), o la implantación del blastocisto (*Terminology*). Además, la gestación es definida, en el *Bulletin*, como 'el estado desde la concepción hasta la expulsión de los productos de tal concepción', mientras que en la *Terminology* lo es como 'el estado de la mujer después de la concepción y hasta la terminación de la gestación'[217].

---

[215] American College of Obstetricians and Gynecologists. Terms Used in Reference to the Fetus. Terminol Bull, No. 1, Encarte en Obstet Gynecol, 1965;26(3).

[216] American College of Obstetricians and Gynecologists, Committee on Terminology. Hughes EC, ed. Obstetric-Gynecologic Terminology with Section on Neonatology and Glossary of Congenital Anomalies. F.A. Davis Company. Philadelphia, 1972. (Hay una traducción española: Hughes EC, ed. Terminología en Obstetricia y Ginecología, revisada por J.M. Carrera. Barcelona: Salvat; 1975).

[217] Sobre el origen y significado de la nueva terminología intoducida por el

Ninguna de ambas publicaciones hace referencia, al definir 'aborto', a la edad mínima de desarrollo que se exige del producto de la fecundación para que pueda considerarse tal. La única condición exigida es que la edad gestacional sea inferior a las 20 semanas de desarrollo[218], edad ésta que, paradójicamente, incluye al producto de la fecundación en los días de su desarrollo preimplantatorio.

No fue, sin embargo, en las publicaciones del ACOG donde se introdujo por primera vez la nueva nomenclatura. Fue años antes, en 1959, cuando, de modo claro y explícito, se declaró por primera vez la irrelevancia ética del efecto antinidatorio y, en consecuencia, del embrión de pocos días. Como hemos visto en el capítulo precedente, el *American Law Institute* (ALI), en su influyente *Model Penal Code*, enseñaba que eran contraceptivos los medicamentos o sustancias que, para evitar la gestación, actuaban antes, durante o inmediatamente después de la fecundación o impedían la implantación del huevo fecundado[219]. Los juristas fundaban su dictamen en que "la investigación en contracepción señala que algunos métodos de control de los nacimientos mediante la ingestión oral de medicinas impiden que el huevo fecundado se establezca en la pared

---

Comité del ACOG se trata con detalle más adelante, en la sección dedicada a Edward C. Hughes.

[218] En el *Bulletin* se señala que el producto expulsado ha de pesar menos de 500 g y que su edad gestacional sea menor de 20 semanas. En *Terminology* se da preferencia al peso inferior a 500 g; en el caso de que ese dato se ignorara se recurrirá a la duración de la gestación, que ha de ser inferior a 20 semanas completas (139 días) calculadas a partir del primer día del último período menstrual normal. Significativamente, el *Bulletin* desaconseja el uso de las expresiones 'aborto precoz' o 'aborto tardío'.

[219] American Law Institute. Model Penal Code. Tentative Draft No. 9, May 8, 1959. Philadelphia, PA. The Executive Office, The American Law Institute; 1959: 144.

del útero, condición previa necesaria para el desarrollo fetal"[220]. Es decir, para el ALI fue razón suficiente para anular el valor ético del embrión preimplantado su propia decisión de llamar contraceptivos a ciertos métodos que actuaban después de la fecundación, un ejemplo paradigmático de cómo la palabra cambia la realidad.

A partir de entonces, se fueron haciendo cada vez más frecuentes las insinuaciones a favor de un cambio del significado de los términos 'concepción', 'gestación' y 'aborto'. La historia de tal mutación léxica ha sido relatada con mucha precisión y detalle por Grisez[221], de modo que no es necesario aquí recapitular esa historia, que, por otra parte, ha sido profusamente divulgada por los seguidores del movimiento pro-vida. En lo que sigue, se expondrá un rasgo del cambio terminológico que no ha recibido la atención que merece: el modo, más que despótico, dogmático y acrítico, con que la ecuación 'concepción es implantación' fue adoptada y divulgada por mediación de las grandes instituciones sanitarias y médicas.

6.4. El cambio terminológico es impuesto autoritariamente

El cambio terminológico introducido por el ACOG no fue promovido por descubrimientos nuevos, que obligaran a cambiar por motivos científicos la terminología hasta entonces pacíficamente compartida[222]. Las razones

---

[220] Ibid: 161.

[221] Grisez G. Abortion, The Myths, The Realities, and The Arguments. New York: Corpus Books; 1970, en la sección "Aborto en los Estadios Iniciales de la Gestación", pp. 106-116.

[222] Una prueba nos la ofrece el propio John Rock, uno de los creadores de la

profundas que movieron al Comité de Terminología del ACOG en 1965 a introducir sus nuevas y revolucionarias definiciones nunca han sido dadas a conocer, pues la aparente justificación que el *Bulletin* nos ofrece de la nueva definición "Concepción es la implantación del huevo fecundado" bien puede ser calificada de coartada patética. En efecto, nos explica que "esta definición ha sido deliberadamente seleccionada porque la unión del espermatozoide y el ovocito no puede ser detectada clínicamente a menos que tenga lugar la anidación"[223]. Desde el punto de vista lógico, semejante explicación viene de una conclusión inválida, de un salto en el vacío. En 1970, Ramsey refutó la idea de concepción como implantación de modo convincente:

"El fundamento de la afirmación teórica de que la vida comienza con la implantación es la mera consideración práctica de que la 'la unión del espermatozoide y el ovocito no puede ser detectada clínicamente a menos que tenga lugar la anidación'. Si tal es el caso, uno puede extraer correctamente la conclusión de que el conocimiento clínico del científico de que la vida ha comenzado empieza con la implantación. Podríamos decir que la *gestación* comienza con la implantación, si decir eso no fuera una redundancia.

---

píldora contraceptiva. El propugnaba el uso de dosis elevadas de hormonas para asegurar el mecanismo anovulatorio, pues sabía que la reducción de dosis implicaba el riesgo de pérdida de embriones. Cuando Chang y Pincus le propusieron ensayar una píldora del día siguiente, la respuesta fría de Rock les dejó bien claro que no tenía ningún deseo de seguir por ese camino. "Considero que esa píldora es abortifaciente", les dijo. Este episodio es relatado en Asbell B. The Pill. A Biography of the Drug that Changed the World. New York: Random House; 1995:348. Asbell probablemente lo había tomado de Lader L. Three Men Who Made a Revolution. New York Times Mag, April 10, 1966:8-9, 55-56, 63, 66, en 55.

[223] ACOG. Terminology Bulletin nº 1: 1.

Sin embargo, declarar categóricamente que una nueva vida comienza con la implantación es hacerle a uno mismo por definición ignorante de los [primeros] seis o siete días. La propuesta solo puede entenderse como algo al servicio de ciertos intereses. Como lego en la materia, me sorprende mucho que haya que afirmar como hecho científico que, antes de la implantación, los huevos fecundados no hayan sido clínicamente detectados. Esa definición provisional del origen de la vida solo puede significar esto: que nuestro conocimiento de que la vida implantada se ha iniciado sólo puede comenzar con la implantación"[224].

Como se podía esperar, la poco atinada justificación de *Bulletin* no es incluida por Hughes en su *Terminology*.

Y, sin embargo, y pese a sus evidentes deficiencias (carencia de justificación científica, conflicto de intereses morales y falta de lógica), la nueva definición de concepción triunfó en todo el mundo y lo hizo de un modo espectacular. Su falta de racionalidad intrínseca fue sobradamente compensada por el deslumbrante apoyo que le prestaron muchas e importantes instituciones médicas y sanitarias, las cuales volcaron todo el peso de su autoridad en divulgar e imponer como lenguaje correcto la nueva terminología. En unos pocos años, las nuevas definiciones, nacidas a la sombra del ACOG, fueron adoptadas por la Federación Internacional de Ginecología y Obstetricia (FIGO) y, siguiendo sus pasos, por la práctica totalidad de las asociaciones nacionales de obstetras y ginecológicos; por la Asociación Médica Mundial y muchas asociaciones médicas

---

[224] Ramsey P. Reference Points in Deciding about Abortion. En: Noonan jr JT, ed. The Morality of Abortion. Legal and Historical Perspectives. Cambridge, Mass. Harvard University Press; 1970: 60-100, en 65.

nacionales; por la Asociación Médica Americana (AMA) y la Asociación Americana de Mujeres Médicas (AMWA). También fue asumida por la Organización Mundial de la Salud (WHO/OMS), por la Food and Drug Administration (FDA), los Institutos Nacionales de Salud (NIH) y otros organismos del Gobierno de los Estados Unidos.

La generalización de la nueva terminología no vino por la vía de su estudio crítico, sino por la del simple *fiat* de los directivos de las instituciones profesionales o de las agencias de los gobiernos. La *Terminology* de Hughes actuó en muchos casos como catalizador y garantía del cambio léxico. En otros, las instituciones-madre lo transmitían a los organismos que de ellas dependían. Con el paso de los años, algunos Organismos pudieron citar precedentes propios en el uso de la nueva terminología[225]. En casos excepcionales se recurrió a un presunto proceso democrático de consulta a la membresía, cuyos resultados nunca fueron auditados o publicados, pero sí declarados como masivamente acordes con las nuevas definiciones. Es el caso, por ejemplo, de lo sucedido en el Departamento de Salud, Educación y Bienestar (DHEW, ahora Departamento de Salud y Servicios Humanos, DHHS) de los Estados Unidos[226].

---

[225] Es el caso de la WHO/OMS. En 2003, afirma que "Un Informe Técnico de la OMS consideró que la gestación comienza cuando la implantación está ya completada, y que la implantación es el proceso que comienza con la adhesión del blastocisto denudado de la pelúcida a la pared uterina (días 5-6 post-fecundación). Cook R, Dickens BM, Fathalla MF. Reproductive Health and Human Rights: Integrating Medicine, Ethics, and Law. Oxford University Press; 2003: 291. El Informe Técnico referido es: Mechanism of Action, Safety and Efficacy of Intrauterine Devices: Report of a WHO Scientific Group. Technical Report Series 753. Geneva: WHO; 1987: 12.

[226] La historia parece comenzar el 16 de noviembre de 1973, cuando el Director de los NIH, Robert S. Stone, hace publicar en el FR (38 FR 31738-31747) un borrador para consulta pública sobre los procedimientos especiales requeridos

El carácter autoritario con que se divulgó y se impuso la nueva terminología queda patente en las respuestas que los seguidores de la nueva terminología otorgan al que impugna las nuevas definiciones. Aquellos suelen aducir que los criterios que ellos usan siguen lo definido por el gobierno y las más importantes organizaciones médicas del país, y que representan la postura oficial de los Organismos sanitarios y médicos nacionales. Son razones de política sanitaria, no de ciencia médica.

---

para la protección de sujetos vulnerables en investigación biomédica. El feto ya estaba definido en ese borrador como "el producto de la concepción desde el tiempo de la implantación hasta al tiempo del parto" (p. 31739). El 23 de agosto de 1974 se informó (39 FR 30648) que se habían recibido muchos comentarios críticos (unos 450) (39 FR 30648) a las citadas definiciones que sugerían que, desde un punto de vista conceptual, la gestación había de definirse como iniciada en la fecundación del huevo. Pero, "mientras el Departamento no tenía ningún argumento que oponer a tal definición conceptual, no veía ningún modo de basar la normativa en ella. Más bien, a fin de desarrollar una normativa administrable, la definición debería basarse en la tecnología médica existente, pues permitía la confirmación del embarazo" (39 FR 30651). Los funcionarios del DHEW prefirieron la eficiencia administrativa y dejaron a un lado las objeciones conceptuales.

Capítulo 7. Lo médico-biológico en la Comisión Papal para el estudio de los problemas de la Población, Familia y Natalidad

Nadie que se haya interesado por los aspectos éticos de la contracepción, puede ignorar el importante papel que en ellos desempeñó la Comisión Pontificia para el Estudio de los Problemas de la Población, la Familia y la Natalidad[227]. En la opinión pública se suele considerar a la CP como una reunión de expertos muy competentes y de firmes convicciones, que, al final de sus trabajos, quedó trágicamente dividida al producirse un desacuerdo irreductible entre dos fracciones: una gran mayoría, que consideraba reformable la doctrina tradicional de la Iglesia católica, que sostenía que la contracepción era intrínsecamente desordenada; y una pequeña minoría,

---

[227] En la Encíclica *Humanae vitae*, Pablo VI denomina a la Comisión como Comisión para el Estudio de los problemas de la población, la familia y la natalidad. Ese podría tomarse por su nombre oficial. En la práctica, suele abreviarse a Comisión papal sobre natalidad (Papal Birth Commission, en inglés). En este capítulo se la designará en adelante como CP.

continuista y favorable al mantenimiento de la enseñanza perenne sobre la materia. Como es bien sabido, Pablo VI no aceptó la propuesta de la mayoría, y reafirmó en su encíclica *Humanae vitae* la visión tradicional. Desde entonces, la CP es habitualmente presentada en todo género de publicaciones como una víctima del conservadurismo de la Curia romana[228].

Cuando ya se han cumplido más de cincuenta años de la creación de la CP y a pesar de que la mayor parte de la documentación que ella produjo permanece todavía bajo secreto, es conveniente revisar algunos temas de interés, que en este capítulo quedarán circunscritos a los aspectos médico-biológicos. Prácticamente nada se ha publicado sobre el particular. El presente estudio se beneficia, de un lado, de la puesta en Internet por Germain Grisez de una parte de la documentación de la CP[229]; y, de otro, del acceso a otro conjunto de documentos legados por John Marshall, miembro de la CP desde el primer momento, a la Biblioteca de la Universidad de Notre Dame[230]. Se trata de un material de enorme interés que, aunque incompleto, permite un estudio exploratorio y provisional, a la espera de

---

[228] La bibliografía sobre la CP es muy abundante y ha contribuido a crear ciertos tópicos que lógicamente dominan la opinión pública sobre la materia. En general, ni ahorran alabanzas para la opinión de la mayoría, ni censuras para la de la minoría. Esa es la versión que ofrecen las dos obras que, con más detalle, han tratado de la historia de la CP: Kaiser RB. The Encyclical that Never Was. The Story of the Commission on Population, Family and Birth, 1964-66. Revised edition. London: Sheed & Ward; 1987 (La edición original, publicada en 1985, era: The Politics of Sex and Religion: A Case History in the Development of Doctrine, 1962-1984. Kansas City, Mo; Leaven Press; 1985); y McClory R. Turning Point. The Inside Story of the Papal Birth Control Commission. New York: Crossroad; 1995.

[229] Accesible en: http://twotlj.org/BCCommission.html.

[230] Gentilmente cedida por Mons. Pegoraro, Vicecanciller de la Academia Pontificia para la Vida.

acceder en su día al archivo completo de la CP, incluida la documentación entregada por su Secretario al Papa Pablo VI[231].

7.1. Una breve síntesis histórica de la Comisión Papal

Sobre el origen de la CP existen diferentes versiones. McClory apunta que fue el Cardenal Leo Suenens quien urgió al Papa Juan XXIII a crear una pequeña Comisión para estudiar en detalle el problema del control de la natalidad[232]. Harvey afirma que fue el Arzobispo Sheehan, de Baltimore, quien, con el apoyo del Cardenal Cicognani, presionó a Juan XXIII para que se instituyera la CP; y que, nombrado miembro de ella, Sheehan consiguió los donativos necesarios para ponerla en marcha[233]. Kaiser, por su parte, refiere una historia, no comprobada, según la cual la CP fue

---

[231] La documentación hoy accesible se compone, en parte, de respuestas a cuestionarios, de resúmenes de debates, informes de sesiones y documentos aportados por los comisionados. De su lectura se puede colegir el papel decisivo que en la actividad de la CP desempeñó su Secretario General, Henry de Riedmatten. Este no solo se convirtió, gracias a la programación temporal y temática de las sesiones plenarias y de grupo, en el conductor intelectual de la Comisión, sino que, a la vez, actuaba como portavoz de la Comisión ante el Papa y como transmisor de las indicaciones de la Autoridad Suprema a la Comisión. Además, él redactó personalmente numerosos informes y resúmenes de las sesiones, diseñó cuestionarios y agendas de trabajo, y disfrutó de notable autonomía en su encargo. En no pocas ocasiones, y para evitar retrasos en la marcha de lo programado, los documentos redactados por de Riedmatten no fueron revisados ni por el Comité ejecutivo, ni por los miembros que el Reglamento de la CP señalaba para esa función.

[232] McClory R. Turning Point ... p. 40.

[233] Harvey JC. André Hellegers and Carroll House: Architect and Blueprint for the Kennedy Institute of Ethics. KIEJ 2004;14:199-206, en 204. Sin embargo, Sheehan fue nombrado para participar en la V sesión, de 1966, por lo que no parece probable que ayudara a la puesta en marcha de la pequeña CP de 1963.

sugerida a Juan XXIII por su Secretario, Loris Capovilla, para que, más que los aspectos demográficos, estudiase los problemas doctrinales y pastorales de la fecundidad en el matrimonio; además, recomendó al Papa que, para organizar esa Comisión, pidiera ayuda a Suenens, pues éste tenía una larga experiencia en la materia[234]. La versión más probable de la génesis de la CP refiere que, al recibir la Santa Sede una invitación de Naciones Unidas a la Conferencia Internacional sobre Población que estaba preparando, la documentación llegó al dominico suizo, Rev. Henri de Riedmatten, de la representación vaticana en los organismos internacionales de Ginebra, el cual sugirió la creación de un grupo que diera respuesta al pedido de Naciones Unidas[235].

San Juan XXIII creó ese grupo el 27 de abril de 1963, pero murió antes de que la Comisión pudiera tener su primera sesión. De las personas que formaron parte de ese grupo, se puede deducir la intervención del Cardenal Suenens. Pablo VI acogió la CP, cuya actividad se desarrolló por completo durante su pontificado.

En la primera Sesión de la CP (Lovaina, 12-13 de octubre de 1963), sus seis miembros[236] trataron de cumplir el encargo recibido: un Informe para la Conferencia de

---

[234] Kaiser RB. The Encyclical ... p. 66.

[235] Shannon WH. The Lively Debate. Response to Humanae Vitae. New York: Sheed & Ward; 1970, p. 76.

[236] No es fácil hacer una lista completa y exacta de los miembros de la CP. Se han publicado varias. Henry de Riedmatten incluye una en el Final Report, que enumera los miembros que participaron en la sesión final. Por su parte, McClory (Turning Point..., pp. 188-190), Kaiser (The Encyclical... pp-297-299) y Shannon (The Lively Debate.. pp. 210-212) ofrecen las suyas, que muestran pequeñas diferencias entre sí. La más fiable es la de de Riedmatten, que añade a la lista de los miembros, la de los observadores, invitados y consultores.

Población de Naciones Unidas que habría de celebrarse en New Delhi, Conferencia que, al parecer, no llegó a realizarse. Esta primera reunión no trascendió al público. La Comisión redactó su Informe, ratificando la doctrina moral vigente, aunque se preguntaba qué métodos de regulación de nacimientos podían ser aprobados por la Santa Sede. Justamente en esa cuestión estaba contenido el germen de lo que vino después[237].

Antes de la segunda Sesión (Roma, 3-5 de abril de 1964), la CP fue ampliada con dos demógrafos y cinco teólogos. En su agenda figuraban dos puntos. Uno sobre cómo había de responder la Iglesia a Naciones Unidas y a los Gobiernos sobre la cuestión demográfica; el otro, cómo debería enfocarse la moralidad del control de los nacimientos[238]. De nuevo, la CP confirmó la doctrina tradicional, pero dejó para más tarde el estudio de los métodos contraceptivos, que tendría que ser tratado prioritariamente en la siguiente sesión.

La tercera Sesión (Roma, 13-14 de junio de 1964), apenas mes y medio después de la segunda, fue convocada de urgencia, para responder a tres cuestiones: el fin primario del matrimonio (relación entre amor e hijos), la llamada a la vida (responsabilidad mayor del matrimonio), y una evaluación de los medios con que las parejas podrían poner en práctica la paternidad responsable (el ritmo y la píldora). La CP, ahora de quince miembros (se habían añadido a ella dos teólogos), fue del parecer mayoritario de

---

[237] Kaiser RB. The Encyclical … p. 68. Según esta fuente, la CP trató entonces de la píldora, pero, reconociendo que les faltaba información, dejaron el asunto sobre la mesa. Ibíd., p. 68s.
[238] Ibíd: 73.

ratificar la doctrina tradicional sobre los dos primeros puntos, y optó por oponerse al uso de la píldora para regular los nacimientos, aunque consideró que sería prematuro que el Papa se pronunciara definitivamente sobre la cuestión. En esa Sesión, solo dos miembros de la CP eran médicos.

Antes de la cuarta Sesión (Roma, 25-28 de marzo de 1965) la CP sufrió un cambio radical en el número y cualificación de sus miembros: son ahora cincuenta y ocho, y muy diversos intelectual y sociológicamente. Su encargo era ofrecer al Papa recomendaciones para la acción inmediata, en el supuesto de que hubiese habido avances doctrinales que lo requirieran, en especial en lo que respecta a los usos de la píldora. Empezó con una reunión plenaria para escuchar disertar a Noonan sobre la historia de los cambios de la disciplina canónica sobre materias que parecían doctrinalmente consolidadas, dejando así abierto el camino hacia un cambio de actitud ante la contracepción. Los miembros se dividieron en tres secciones: Teólogos; Médicos y Psicólogos; Demógrafos, Sociólogos y Economistas. Aunque hubo mucho intercambio de ideas y una apreciable mejoría en el modo de funcionar la CP como equipo coordinado, cuatro días no fueron suficientes para dar respuesta a una temática en expansión y alcanzar conclusiones. Una vez más, fue necesario seguir estudiando los asuntos.

La quinta y última Sesión (Roma, 18 de abril a 15 de junio de 1966) fue muy larga y muy compleja. Por decisión de la Autoridad suprema, los hasta entonces miembros de la Comisión pasaron a denominarse «expertos». La CP quedó entonces constituida por diez y seis miembros (catorce de ellos —siete Cardenales y siete Obispos— eran nuevos; dos Obispos procedían de la anterior Comisión), con el encargo de revisar y entregar al Papa las recomendaciones finales de los expertos. Estos se reunieron tanto en sesiones de grupos independientes (teólogos, profesores de medicina, demógrafos y sociólogos, pastoral), como en sesiones combinadas de dos o más grupos. Solo al final hubo Sesiones plenarias. Fue en el curso de esta quinta Sesión cuando se consolidó la escisión de los expertos en «mayoría» y «minoría». Las Sesiones de la nueva CP de Cardenales y Obispos fueron inicialmente informativas; pasaron después a ser deliberativas con intensos debates, seguidas por la votación que, finalmente, se decantó a favor del parecer de la mayoría de los expertos, que determinaba que la doctrina tradicional era reformable. La CP quedó disuelta cuando el Secretario de Riedmatten entregó al Papa la documentación completa el 27 de junio de 1966.

7.2. Lo médico-biológico en las sesiones de la Comisión Pontificia

En conjunto, el trabajo de la CP fue muy diversificado como corresponde al carácter multidisciplinar de sus miembros, divididos en grupos en las Sesiones IV y V. Fueron tres en la IV Sesión: Demografía, Economía y Sociología; Medicina y Psicología; Teología. Y cuatro en la V Sesión: Teología, Medicina, Pastoral y, finalmente, Demografía y Sociología. En el curso de las dos últimas Sesiones, el grupo de los teólogos, el más numeroso, disfrutó de más tiempo para sus ponencias y debates, y se encargó de preparar la mayor parte de la documentación de estudio y conclusiones. En la fase final de la CP, fueron los teólogos los que tuvieron el máximo protagonismo: ellos ofrecieron la última palabra a los Cardenales y Obispos.

En este Capítulo, la atención quedará enfocada sobre el modo en que la CP, y en concreto sus miembros médicos[239], trataron los aspectos biológicos de la contracepción, que habrían de servir de punto de partida para los debates y conclusiones de los otros grupos y de la entera CP. No fue ese, sin embargo, el tema principal de sus deliberaciones. Su atención se centró, por el contrario, en evaluar las grandes limitaciones del método del ritmo, que llevaron a la conclusión de que no podía ofrecerse como la mejor solución al problema de la regulación de los nacimientos.

Todos los relatos sobre la historia de la CP remarcan el papel que su sección médico-biológica desempeñó como fuente imprescindible de información y como protagonista necesario en los debates. Los miembros de la CP participaban de la idea de que no sería posible ofrecer una solución correcta al problema doctrinal sin apoyarla en una biología sólida. El propio Pablo VI así lo había afirmado a la misma CP[240].

En consecuencia, al grupo médico le correspondía asumir la responsabilidad, hasta cierto punto de segundo plano, de ofrecer a la CP una documentación puesta al día sobre la fisiología de la reproducción humana; sobre la biología y usos de la contracepción, en especial, de la píldora (y secundariamente de los DIUs); y, finalmente, una

---

[239] Los quince miembros del grupo médico-biológico de la CP fueron los Doctores Bertolus, Cavanagh, Férin, Gaudefroy, Görres, Hellegers, Lemaitre, López Ibor, Marshall, Moins, Moriguchi, Potvin, Rendu, van Rossum y Thibault.

[240] "Estos son, queridos hijos, los planos en que se sitúa vuestra investigación: de una parte, un mejor conocimiento de las leyes fisiológicas, los datos psicológicos y médicos [...]; de otra parte, el plano de la luz superior que proyecta sobre esos hechos la Fe y la Iglesia". Pape Paul VI. Allocution à la Commission d'Étude sur les Problèmes de la Population, de la Famille, de la Natalité, 27 Mars 1965. Accesible en: http://w2.vatican.va/content/paul-vi/fr/speeches/1965/documents/hf_p-vi_spe_19650327_demographic-commission.html.

detallada información sobre el mecanismo de acción de los contraceptivos, esencial para la evaluación moral que habrían de desempeñar los teólogos. Al grupo médico no le correspondía pronunciar la palabra final de la CP; ésta correspondía a la Comisión de Cardenales y Obispos, con el asesoramiento de los expertos de la CP, sobre todo de los teólogos.

De todas formas, a pesar de la situación subordinada del grupo médico dentro de la CP, su parecer experto era decisivo para que el Papa pudiera emitir su juicio sobre la moralidad de la nueva contracepción. El Pontífice sentía la urgencia del asunto, y así lo había expresado a los miembros de la CP[241]. Una de esas cuestiones más urgentes era la de dilucidar si la píldora actuaba a través de un efecto anovulatorio o podía hacerlo como abortifaciente.

Apoyada en la información aportada por los médicos, la CP adoptó las posiciones siguientes:

7.2.1. Afirmación del valor de la vida humana y exclusión del aborto

Los miembros de la CP manifestaron sin excepción una adhesión sin fisuras al respeto de la vida humana; y muchos de ellos señalaron expresamente que tal respeto y

---

[241] "Os pedimos encarecidamente que no perdáis de vista la urgencia de una situación que exige de la Iglesia y de su Autoridad Suprema indicaciones precisas. No se puede dejar la conciencia de la gente expuesta a incertidumbres que hoy, demasiado a menudo, impiden que la vida conyugal se despliegue conforme al designio del Señor". Pablo VI, Alocución a la Comisión de Estudio sobre los Problemas de la Población, la Familia y la Natalidad, 27 de marzo de 1965. Accesible en:

http://w2.vatican.va/content/paul-vi/fr/speeches/1965/documents/hf_p-vi_spe_19650327_demographic-commission.html.

protección se ha de extender desde el inicio de la vida en la fecundación. Basten dos ejemplos a título de prueba:

Testimonio de de Riedmatten: "Todos han dicho con fuerza que era necesario en primer término proteger la vida humana. En consecuencia, en los casos dudosos como el del DIU y en el caso de problemas planteados por el comienzo de la vida humana, será necesario adoptar y mantener con vigor una posición tuciorista. A tal efecto, en la práctica se considerará que la vida toma su origen con la fecundación del óvulo"[242].

Informe de la Mayoría: "En grave lenguaje, el Concilio Vaticano II ha reafirmado que el aborto ha de excluirse de modo absoluto de los medios para la prevención responsable de la natalidad. El aborto no es un método para evitar la concepción; sí lo es para eliminar la descendencia ya concebida. Esta afirmación sobre los actos que no respetan la descendencia ya concebida, ha de reiterarse en los casos de aquellas intervenciones de las que haya sospechas de que pueden ser abortivas"[243].

Así pues, la posición unánime de la CP a favor del principio de respeto a la vida se habría de aplicar no sólo cuando se dispone de pruebas tangibles de que ciertos contraceptivos implican la pérdida de embriones recién

---

[242] de Riedmatten H. Introduction du Secrétaire Général au Rapport de la session commune des professeurs de médecine et des théologiens, 2 au 8 mai 1966: 3. Marshall Papers.

[243] Informe de la Mayoría de la Comisión Papal. Cap. IV. *Criterios objetivos de moralidad,* 2: "En realidad, el aborto no es un medio de evitar la concepción, sino de eliminar un hijo ya concebido. Este juicio sobre los actos que atacan a la descendencia ya concebida debe extenderse a aquellas intervenciones de las que se sospecha seriamente que sean abortivas".

concebidos, sino también cuando 'haya sospechas de que puedan ser abortivos'.

7.2.2. El posible efecto abortifaciente de ciertos contraceptivos

Esa firme posición de respeto por la vida naciente, echaba sobre los hombros de los miembros médicos de la Comisión la carga de revisar y evaluar críticamente y sin sesgos la bibliografía, publicada antes de 1966, sobre el efecto abortifaciente de los contraceptivos[244]; un quehacer complejo, laborioso y realizado bajo la tensión de darle término lo antes posible[245]. No podían ignorar que algunos autores habían manifestado su sospecha, más o menos fundada, de que el mecanismo de acción de ciertos contraceptivos (píldora, DIUs) incluía la posibilidad de causar la muerte del embrión recién concebido. Tal sospecha no podía desecharse sino después de un estudio serio y atento a los detalles, pues todos eran conscientes de que, en una perspectiva católica, la fundada sospecha de aborto no podía ser parte de la prevención moralmente recta de la concepción.

¿Qué hallaron los miembros del grupo médico en las publicaciones escrutadas que hicieran referencia a un

---

[244] Dado que la quinta sesión de la CP se celebró en los meses de abril, mayo y junio de 1966, parece lógico limitar el estudio crítico del grupo médico a la bibliografía publicada antes de terminar el año 1965.

[245] El propósito colectivo de la CP consistía, según testimonia Kaiser, en dar cumplimiento al encargo que le había confiado el Papa, esto es, ofrecer una solución razonada al problema de la moralidad de la contracepción. Pero la respuesta buscada no acababa de llegar. Los miembros de la CP que intentaban acelerar una toma de posición no se ganaban la admiración del resto. John Marshall señaló que la mayoría de los comisionados habían asumido la actitud de ir detectando hechos". Kaiser, The Encyclical..., p. 119.

posible o demostrado efecto abortifaciente? Para reducir la búsqueda a sus dimensiones mínimas, baste citar lo que sobre el particular publicaron o dijeron algunos de los participantes en las Sesiones de la propia CP.

Cavanagh, psiquiatra norteamericano y médico personal del Cardenal Cicognani durante muchos años, estaba muy interesado en los problemas del matrimonio y la sexualidad. Publicó en 1965 un libro en el que dedicaba una sección a tratar del mecanismo de acción de los contraceptivos[246]. En ella hacía referencia a varios artículos que expresaban la opinión de que parte de la eficacia de los contraceptivos había de ser atribuida a la falta de idoneidad del endometrio, que, modificado por la medicación, se volvía inadecuado para la implantación del embrión. Deducía que la bibliografía consultada era poco concluyente y dejaba abierta la cuestión. Sin embargo, Kaiser, en su historia de la CP, señala que Cavanagh afirmaba que los especialistas a los que él había preguntado sobre el particular no podían descartar que la píldora actuase como abortifaciente, además de hacerlo como anovulatoria, una circunstancia de gran importancia para la CP[247]. El dato es confirmado en la documentación de la IV Sesión de la CP, en la que se dice que Cavanagh "añadió una contribución importante a la discusión. Él mismo había emprendido una investigación sobre los llamados efectos abortivos de la píldora y no encontró pruebas [publicadas] de tales efectos, aunque pudo observar que, cuando hizo directamente esta

---

[246] Cavanagh J. The Popes, the Pill, and the People. A Documentary Study. Milwaukee: The Bruce Publishing Co; 1965: 33-37.
[247] Kaiser, op. cit. p. 121.

pregunta a los especialistas, estos no se ponían de acuerdo sobre el modo en que actúa la píldora"[248].

Noonan, consultor de la CP y más tarde firme opositor a la Encíclica *Humanae vitae,* en su prestigiado libro sobre contracepción[249], al tratar del modo de acción de la píldora, señala que "parece que la progesterona [sic] de la píldora hace el endometrio desfavorable para la implantación del huevo". E, inmediatamente, trata de desacreditar tal aserto: "si la píldora fallara en la prevención de la ovulación, podría todavía impedir la gestación, bien impidiendo la fecundación, bien impidiendo la nidación. La inhibición de la nidación sería calificada de aborto por la mayoría de los teólogos católicos modernos. Pero, de hecho, no se ha probado que se produzca un efecto abortivo"[250]. En apoyo de su posición, Noonan reitera por dos veces un argumento meramente imaginario, al conjeturar que si la píldora falla como anovulatorio falla igualmente en su afectación del endometrio. Absolvía así a la píldora de su posible efecto

---

[248] Report of the 4th session of the Commission. p. 28. Accesible en el fondo documental difundido por Grisez en Internet: http://www.twotlj.org/BCCommission.html.

[249] Como ya se ha mencionado, Noonan, que no era miembro sino consultor de la CP, inauguró la IV Sesión de la mencionad CP con una larga exposición histórica sobre los cambios de la doctrina católica (canónica y teológica) sobre la contracepción. Se trató de un resumen de su difundido libro, publicado aquel mismo año (1965), sobre historia de la contracepción (ver nota siguiente). Se ha reprochado a Noonan que su interpretación de los textos canónicos adolece de extrema rigidez jurídica y carece de la mentalidad flexible del historiador. En consecuencia, Noonan tiende a confundir la originalidad y adaptabilidad de la disciplina canónica de la Iglesia con la falibilidad y mutabilidad de un Magisterio que Noonan tilda de incoherente. Vid.: Rouche M. La Preparation de L'encyclique «Humanae Vitae». La Commission sur la Population, la Famille et la Natalité. Actes du Colloque de Rome (2-4 juin 1983). Rome: École Française de Rome; 1984. Accesible en: www.persee.fr/doc/efr_0000-0000_1984_act_72_1_2419.

[250] Noonan Jr JT. Contraception. A History of Its Treatment by the Catholic Theologians and Canonists. Cambridge, Mass: The Belknap Press; 1965: 461.

antinidatorio. Concluye, sin embargo, que en el momento en que escribe solo una cosa es segura: ignoramos qué sucede cuando la píldora falla como anovulador[251].

Por otra parte, Noonan testifica un dato importante: que en las discusiones sobre contracepción que sostuvieron los teólogos entre 1957 y 1964, la píldora fue considerada como exclusivamente anovulatoria. Eso no obsta para que, en una nota a pie de página[252], cite un artículo de revisión, debido a Frank Ayd, que reúne y analiza la práctica totalidad de lo publicado hasta julio de 1965 sobre el modo de acción de los contraceptivos orales; el artículo recoge la afirmación de varios investigadores de que parte de la extremada efectividad de la píldora en la prevención de la gestación es debida a su acción sobre los espermatozoides, en cuanto contraceptivo, y sobre el endometrio, en cuanto abortifaciente[253].

---

[251] Ibíd. Noonan aporta la siguiente lista de artículos en que sus autores sospechan o aceptan el efecto abortifaciente de la píldora: Tyler ET, Olson HJ. Fertility Promoting and Inhibiting Effects of New Steroid Hormonal Substances. JAMA 1959;169:1843-1854; Bishop PMF. Oral Contraceptives. Practitioner 1960;185:158-162; Goldzieher JW et al. Study of Norethindrone in Contraception. JAMA 1962;180:359-361; Guttmacher AF. Oral Contraception. Postgr Med 1962;32:552-558; Anonymous. To day's Drugs. Br Med J 1963;2:488-491; AMA's Council on Drugs. An Oral Contraceptive: Norethindrone with Mestranol (Ortho-Novum). JAMA 196487: 664.

[252] Ibíd.

[253] El conocido psiquiatra norteamericano Frank Ayd (1920-2008) difundió dos versiones de su revisión sobre los contraceptivos orales, igualmente fechadas en julio de 1964. Una, más breve, (Ayd FJ, Jr. The Oral Contraceptives. Their Mode of Action. Roma, Pontifical Gregorian University,13 July 1964, 29 pp. mecanografiadas), como Informe preparado para el Family Life Bureau de la National Catholic Welfare Conference. Y otra, del mismo título, más extensa, fechada el 31 de julio y publicada en el primer número de una publicación editada por el propio Ayd (Ayd FJ, Jr. The Oral Contraceptives. Their Mode of Action. Medico-Moral Newsletter for Religious 1964;1:1-64).

7.2.3. Las dudas sobre el efecto abortifaciente en las sesiones de la CP

En la *Relatio generalis*[254], de Riedmatten informa que se sometió a votación del grupo de teólogos la siguiente cuestión: "Si la condena de todo aborto directo debería extenderse a todos los métodos de intervención artificial sobre los cuales hubiera alguna razón seria para afirmar que son abortivos". La proposición fue aprobada por abrumadora mayoría. En consecuencia, la demostración o la sospecha fundada del efecto abortivo de los contraceptivos se convertía así en un dato de gran importancia moral, que echaba una grave responsabilidad sobre las espaldas de los expertos del grupo médico. Éstos quedaban así obligados a examinar críticamente la bibliografía médica en la que se tratara del mecanismo de acción de los contraceptivos entonces en uso, para después ofrecer a la CP un parecer razonado sobre el asunto. Obviamente, no podían contentarse con hacerse eco de la opinión dominante en la sociedad y entre los médicos de que la píldora actuaba a través de un efecto anovulatorio exclusivo.

Tal noción era hechura de John Rock, quien la defendió con extraordinaria tenacidad[255]. Pero el efecto anovulante "fuerte" era consecuencia del alto contenido hormonal de la primera píldora usada, el Enovid 10, el cual provocaba en numerosas usuarias una molesta sintomatología, similar a la

---

[254] Es un documento para informar a los Cardenales y Obispos que formaban la CP en su sesión final, en el que de Riedmatten resumió el trabajo y pareceres de los expertos. Puede consultarse este documento en: http://www.twotlj.org/De%20Riedmatten%2020%20June.pdf.

[255] Lo hizo especialmente en un libro suyo: Rock J. The Time Has Come. A Catholic Doctor's Proposals to End the Battle over Birth Control. New York: Alfred A. Knopf, Inc; 1963.

presentada por muchas gestantes en los primeros meses del embarazo. Para evitar esos fastidiosos efectos secundarios, algunos laboratorios farmacéuticos redujeron el contenido hormonal de los contraceptivos orales[256]. Observaron que en numerosos casos la ovulación no era inhibida, pero que, a pesar de ello, se mantenía la máxima eficacia contraceptiva, por lo que hubieron de admitir entonces que las píldoras de contenido hormonal reducido no sólo actuaban inhibiendo la ovulación, sino que se servían de mecanismos de acción complementarios, entre los que se contaba la incompetencia del endometrio para la anidación (efecto abortifaciente) y la densificación del moco cervical (efecto contraceptivo). El reconocimiento del efecto abortifaciente queda demostrado en una reacción de John Rock: cuando sus antiguos colaboradores Pincus y Chang le pidieron que cooperara en los ensayos clínicos de las nuevas píldoras, Rock rehusó con energía, pues las consideraba dotadas de efectos abortifacientes[257].

Por razones fáciles de comprender, la industria farmacéutica no mostró interés alguno en que se investigara la frecuencia y el mecanismo del efecto abortifaciente de los contraceptivos orales, de modo que la bibliografía sobre el particular entró en eclipse: resultó ser muy escasa e inconclusiva. Tal conducta no fue causa de inquietudes científicas ni de malestar ético entre los médicos e investigadores: el ambiente de entonces estuvo por mucho tiempo dominado por lo que podría llamarse el

---

[256] La comercialización de la píldora de bajo contenido hormonal se inició en 1963 (Ovulen, Ortho-novum 2 mg) y 1964 (Norlestrin 1 mg, Norinyl 1).

[257] Lader L. Three Men Who Made a Revolution. New York Tim Magazine, April 10, 1966: 8-9, 55-56, 63-64, en 55. También: Abell B. The Pill. A Biography of the Drug that Changed the World. New York: Random House; 1995: 348-349.

'prejuicio anovulatorio'. Los trabajos que se publicaban por aquellos años repetían de modo sistemático que los contraceptivos hormonales actuaban como anovulantes, por lo que pronto dejaron de citar la bibliografía de los primeros años 1960s que expresaba dudas sobre la exclusividad del efecto anovulatorio o sugerían abiertamente un efecto antinidatorio. Esas sospechas no se consolidaron en datos hasta muchos años más tarde.

En esa compleja situación, la sección médica de la CP se veía abocada a enfrentarse con una grave disyuntiva: o bien aceptaba como un hecho la inexistencia del efecto abortifaciente e informaba de tal extremo a la CP; o bien llamaba la atención de los teólogos sobre la sospecha expresada por algunos autores de que la píldora podría actuar, con una frecuencia indeterminada, por medio de un mecanismo antiimplantatorio (abortifaciente).

De lo que puede colegirse de la información sobre las Sesiones de los médicos de la CP, estos prestaron cierta atención al asunto, pero no parece que trataran a fondo y críticamente el problema crucial de si el mecanismo de acción antiimplantatorio de los contraceptivos era una realidad, una ficción, o una sospecha seria y fundada. La sección médica optó por ratificar el mecanismo anovulatorio y no entrar a fondo en el asunto. En consecuencia, el Santo Padre no fue advertido de la sospecha de efecto abortifaciente y fue dejado en la ignorancia de una información crucial para el juicio moral que deseaba realizar.

¿Por qué el grupo médico no respondió, o no pudo responder, a las expectativas puestas en él? En los documentos conocidos de la CP, no consta que se encargara un estudio del problema a alguno de sus miembros. Sin embargo, en las Sesiones del grupo médico no faltaron las expresiones de dudas referidas unas al mecanismo de acción de los contraceptivos orales, y otras al estatus del neoconcebido en la fase del desarrollo en que son afectados por la medicación contraceptiva[258]. En este asunto, pesaron de modo particular las opiniones de Hellegers, el único profesor de obstetricia y ginecología de la CP. En su documento de información general sobre métodos contraceptivos, señaló que "la píldora actúa inhibiendo la ovulación. Se han expresado algunas opiniones de que su eficacia se debe a la impenetrabilidad del moco cervical y a la prevención de la anidación por alteración del endometrio. Pero de eso no hay hoy pruebas científicas"[259].

En el curso de la V Sesión, Hellegers informó que el American College of Obstetricians and Gynecologists había preparado una definición que coloca a la implantación como el momento a partir del cual una intervención se convierte en aborto. Señaló también que una parte del huevo fecundado estaba destinada a formar la placenta, lo que le llevaba a preguntarse si el alma infundida en la fecundación anima a la placenta[260].

Hellegers, después de reconocer que una dosis suficiente de progestágenos era anovulante pero no abortiva, afirmó que las dosis menores no bloquean la ovulación, pero son capaces de impedir la gestación.

---

[258] Así, Gaudefroy afirmó: "Parece que una línea que separe los diferentes métodos se ha de situar en la frontera de lo que no es todavía una vida humana y lo que ya lo es. Se trata de una zona borrosa en la que la ciencia no sabe todavía exactamente dónde se ha de situar la frontera". Response of Doctors to Conclusions of Theologians, 7 may 1966.

[259] Hellegers A. Documento CBCC 2/06 M-4. Survey of Contraceptive Methods [12] XI. The Pill.

[260] Hellegers A. Report of the Medical Session. The significance of the stages in the development of life. May 4th 1966.

Entonces fue interrogado por el moralista Fuchs sobre si una intervención antes de la implantación era contraceptiva o abortiva. Hellegers le contestó que no pensaba que los médicos pudieran responder a esa pregunta. Y añadió que estaba de acuerdo en que una vida humana está presente después de la implantación y no antes de la fecundación. Es en el intervalo entre ambas (ocho días más o menos) donde está el problema. La prudencia no permite afirmar que no haya vida en esa fase[261].

Tres días más tarde, Hellegers completó su pensamiento. En él, se puede observar el desdoblamiento entre su visión moral y su opinión científica: "En lo que respecta a métodos y acciones abortifacientes, llamaría prudencialmente abortifacientes a todas las acciones que conducen a la pérdida de un huevo fecundado. Eso es así porque el valor de la vida quedaría mejor protegido en el presente colocando el punto de partida [en la fecundación]. Desde el punto de vista científico me inclino a situar la línea divisoria en el punto en el que el conceptus se divide en feto y placenta, es decir, en la implantación[262].

7.2.4. El efecto abortifaciente en los documentos finales de la CP

En las historias que se han escrito sobre la CP, suele destacarse el papel que en sus reflexiones desempeñó la biología. Lo prueba el hecho de haber contado con una sección médico-biológica, encargada de ofrecer a los otros miembros de la Comisión, en especial a los teólogos, una

---

[261] Hellegers A. Ibíd.

[262] Hellegers A. Response of Doctors to Conclusions of Theologians, 7 may 1966.

información precisa y actualizada de la fisiología de la reproducción humana y de los métodos contraceptivos. La misma existencia de esa Sección testimonió de modo evidente el interés de Pablo VI en que el conocimiento biológico fuera un firme apoyo en la construcción de sus directrices morales[263].

Pablo VI no vio, sin embargo, cumplidas sus expectativas. Una vez publicada la encíclica *Humanae vitae*, se le reprochó con dureza que en ella no hiciera referencia alguna a la biología de la procreación humana ni tampoco a los contraceptivos hormonales. Entre quienes expresaron ese desencanto con la encíclica se contaron algunos miembros de la Sección médico-biológica de la CP. A su modo de ver, todos sus esfuerzos habían resultado inútiles e incluso burlados[264].

---

[263] Pablo VI exhortó a los miembros de la CP: "Los planos en los que se sitúa vuestra investigación son: de una parte, un mejor conocimiento de las leyes fisiológicas, de los datos psicológicos y médicos, de los movimientos demográficos y de los vuelcos sociales; de otra parte y sobre todo, el plano de la luz superior que sobre esos hechos proyectan los datos de la Fe y de la Iglesia". Paul VI. Allocution à la Commisión d'Étude sur les Problèmes de la Population, de la Famille, de la Natalité. Samedi 27 Mars 1965. Accesible en: http://w2.vatican.va/content/paul-vi/fr/speeches/1965/documents/hf_p-vi_spe_19650327_demographic-commission.html.

[264] Así lo manifestó el propio Hellegers: "… el científico queda sorprendido por la ausencia de consideraciones biológicas en toda la encíclica. … En ninguna parte [ésta] reconoce que podría haber nuevos e importantes hechos científicos descubiertos desde la *Casti connubii*. Así los párrafos 2 y 3 de la encíclica están escritos como si ningún biólogo hubiera sido llamado a la CP. Igualmente interesante, pero más iluminador en este contexto, es el párrafo 6. Ahí se dice claramente que nada de lo que los científicos puedan contribuir, en el pasado o en el futuro, podrá ser pertinente para esta materia, si se distancia de las enseñanzas morales sobre el matrimonio propuestas con firmeza constante por la autoridad docente de la Iglesia". Hellegers AE. A Scientist's Analysis. In: Curran CE. Contraception: Authority and Dissent. New York: Herder and Herder; 1969: 216.

Pero, como ya se ha afirmado, el tema que dominó en las reuniones de los médicos fue la detallada consideración de las debilidades del método del ritmo, en especial durante la lactancia o la premenopausia, dos situaciones importantes en la vida de la mujer. En realidad, no se puede afirmar que la biología de la contracepción hormonal fuera el tema estrella en los trabajos del grupo. Ciertamente, fue objeto de notable atención durante algunas Sesiones, pero apenas ocupa lugar en los documentos finales de la CP. En algunos de ellos, ni siquiera es aludida.

Por documentos finales de la CP se entienden aquí cuatro escritos. De una parte, los resúmenes que el Secretario de Riedmatten redactó como síntesis informativa de lo debatido en las sesiones de la CP. Estos son dos, a saber: la *Relatio Generalis*, destinada a la Comisión de Cardenales y Obispos[265], y el *Final Report*, para el Santo Padre[266]. De otra, los dos famosos Informes, el de la Mayoría y el de la Minoría, que fueron filtrados a la prensa en 1967.

La redacción de la *Relatio Generalis* y del *Final Report* fue responsabilidad casi exclusiva de Henri de Riedmatten[267]. El Informe de la Mayoría fue encargado por el mismo de

---

[265] A la *Relatio Generalis* (Exposición General) puede accederse en Internet, en el archivo de Grisez:

www.twotlj.org/De%20Riedmatten%2020%20June.pdf.

[266] El Final Report (Informe Final) puede igualmente consultarse en: www.twotlj.org/Final-Report.pdf.

[267] En la carta de remisión al Papa que acompaña el *Final Report*, de Riedmatten indica que, en aplicación del Reglamento de la CP, había presentado el Informe en forma esquemática al Presidente y a los Vice-Presidentes de la Comisión; y que, después de escuchar sus observaciones, le autorizaron sin más a redactar la versión definitiva del documento. Se puede suponer que idéntico trámite se aplicó a la *Relatio Generalis*.

Riedmatten a un grupo de seis teólogos (Joseph Fuchs, Raymond Sigmond, Paul Anciaux, Alfons Auer, Michel Labourdette y Pierre de Locht), para que resumieran serena y razonadamente la posición dominante en la CP. El Informe de la Minoría se redactó por iniciativa del jesuita norteamericano John Ford, auxiliado por Germain Grisez y con el aliento del Card. Ottaviani. Fue presentado al Papa con la firma de los teólogos John Ford, Jan Visser, Marcelino Zalba y Stanislas de Lestapis, que revisaron el borrador final[268].

7.3. La Relatio Generalis

Se trata de un documento teológico, centrado primariamente en la consideración de la malicia intrínseca de los actos contraceptivos y en la posibilidad de que el Magisterio emita un nuevo juicio sobre la cuestión. Trata del papel que el *Sensus fidelium* ha de jugar en la determinación de la nueva doctrina y en la determinación del estado de duda que parece reinar dentro de la Iglesia. Propone, por último, algunas sugerencias acerca de cómo presentar la doctrina nueva al Pueblo de Dios y los problemas pastorales anexos.

Las consideraciones biológicas en este documento son mínimas y quedan subordinadas al propósito principal del documento que es abogar, ante los Cardenales y Obispos de la CP, a favor de la reformabilidad de la doctrina tradicional. Lo biológico queda supeditado a lo teológico-moral.

---

[268] Los cuatro documentos comentados hablan "por sí mismos": no incluyen referencias bibliográficas, ni garantizan sus afirmaciones recurriendo a fuentes de autoridad reconocida: bíblica, magisterial, teológica, o, lo que aquí interesa más, biomédica.

La *Relatio* afirma que la ordenación natural de todo acto conyugal a la procreación, reafirmada por *Casti connubii*, ha de adaptarse, en el cuadro de una paternidad responsable, a la obligación de los padres de criar y educar dignamente a sus hijos en un hogar armonioso. Por otra parte, los esposos tienen necesidad de expresar su amor mutuo mediante el acto sexual, que es un acto humano, bueno y digno, por ser objeto de una decisión libre. Por consiguiente, las exigencias morales de la sexualidad en el marco de la paternidad responsable no son, en principio, de orden biológico, pues su moralidad se enmarca en el bien de la comunidad conyugal procreadora y responsable. No es aceptable afirmar, por tanto, que este bien –más alto, más humano y más importante en la historia de la salvación de la pareja– tenga que subordinarse a las exigencias de la integridad fisiológica del acto conyugal.

Además, asevera la *Relatio*, la contracepción no vulnera el valor absoluto de la nueva vida, elemento inviolable, contra el que no se puede atentar a ningún precio. El derroche de gametos y la infecundidad cíclica de la mujer impiden hoy sostener científicamente que la mayor parte de los actos conyugales estén ordenados a la procreación[269]. Por otra parte, admitir la licitud de la continencia periódica obliga a aceptar que el hombre dirige, mediante su intervención y su poder de decisión, la fuerza procreativa de su vida de intimidad conyugal[270]. La moralidad de los distintos métodos contraceptivos es hasta cierto punto indiferente. En opinión de muchos médicos, la

---

[269] Emerge aquí el argumento que Thomas Hayes presenta en su artículo titulado *The Biology of the Reproductive Act*, que se comenta más adelante en el Capítulo VIII (Hayes y el "acto reproductivo").
[270] Relatio generalis, p. 8s.

intervención cronológica propia del método del ritmo es el exacto análogo de cualquier otra intervención mecánica o bioquímica.

La *Relatio* no menciona que algunos investigadores habían hecho recaer sobre los contraceptivos de bajo contenido hormonal, y sobre los DIUs, la sospecha de que parte de su eficacia había de atribuirse al efecto abortifaciente. Por el contrario, afirma que los contraceptivos no vulneran el valor absoluto de la nueva vida.

7.4.　El Final Report

El contenido biológico del *Report* es más amplio que el de la *Relatio*. Comparte con ésta la intención de persuadir al Papa, a quien se dirige el documento, de la necesidad de introducir en la Iglesia una postura de mayor tolerancia sobre los métodos contraceptivos. Incluye un primer capítulo destinado a describir la composición, los objetivos y el programa de trabajo de la CP. El capítulo siguiente trata de los trabajos y conclusiones de los teólogos. El capítulo tercero se dedica a describir los hechos científicos, en tres secciones: hechos médicos y biológicos, hechos psicológicos y, finalmente, hechos demográficos y sociológicos. Termina con un último capítulo, que trata de la Sesión final de la CP (Cardenales y Obispos).

El documento afirma que la casi totalidad de los expertos de la CP se manifestó a favor de reformar la doctrina magisterial vigente, apoyándose en los conocimientos científicos adquiridos en los últimos treinta años. Unánimemente, los expertos consideraban inapropiado afirmar que todo acto conyugal había de estar por naturaleza ordenado a la procreación, pues la ciencia había demostrado que sólo una pequeña proporción de actos conyugales son naturalmente fecundos. En consecuencia, y en contra de lo que enseña *Casti connubii*, no tenía sentido afirmar que es inmoral destituir al acto conyugal de su propia y natural virtud procreativa[271].

El *Final Report* contiene una enérgica condena del aborto como procedimiento para practicar la paternidad responsable, pues destruye una vida humana y nada tiene que ver, por tanto, con la contracepción o la esterilización. Los médicos de la CP se preguntaron desde cuándo hay vida humana susceptible de ser abortada. En su respuesta unánime, afirmaban que en el momento en que "el huevo fecundado no podía sino devenir un ser humano. Ciertamente este estadio es alcanzado con la implantación. Ciertamente no lo es antes de la fecundación. En el intervalo de unos seis días entre esos estadios, reina, por razones científicas, la duda", pero no aportan cuáles puedan ser esas razones o pruebas.

Para suavizar esta respuesta, demasiado similar a la tesis que habían formulado poco antes los expertos del British Council of Churches[272], y de acuerdo con los teólogos, los médicos propusieron, dado que está en juego la vida de un tercero, optar por una solución más segura: en la práctica, y hasta que no se disponga de más amplios datos, "se considerará que la vida humana comienza con la fecundación del óvulo". El grupo médico concedió gran

---

[271] De nuevo, encontramos aquí la teoría de Thomas Hayes.

[272] "Nuestra conclusión es que se ha de establecer una distinción entre vida biológica y vida humana, y que, en ausencia de conocimientos más precisos, puede suponerse que lo más conveniente es elegir la nidación como evento en el cual la primera deviene la segunda". Working Party of the British Council of Churches. Human Reproduction. A Study of Some Emergent Problems and Questions in the Light of the Christian Faith. London: British Council of Churches; 1962: 44-45.

importancia a la fijación del comienzo de la vida humana por la amplia difusión del DIU como contraceptivo, cuyo mecanismo de acción se daba todavía por incierto, aunque se creía que actuaba después de la fecundación.

El *Final Report* señala, en lo que se refiere a los contraceptivos hormonales, que el grupo médico eludió ofrecer respuesta a la cuestión acuciante de sus mecanismos de acción y contribuir así a la solución del problema teológico-moral de la licitud o ilicitud de su uso.

7.5. El Informe de la Mayoría

Este Informe, titulado en latín *Schema Documenti de Responsabili Paternitate*, fue entregado a de Riedmatten por los teólogos, que lo redactaron el 26 de mayo de 1966. Fue revisado y aprobado en la Sesión Plenaria de la CP que tuvo lugar del 4 al 9 de junio siguiente.

Es un documento básicamente teológico. Incluye unas pocas referencias generales acerca del papel que podría desempeñar la ciencia biológica en materia de paternidad responsable, como, por ejemplo, que los hombres de ciencia puedan diseñar medios decentes y humanos para que las personas casadas puedan poner en práctica esa responsabilidad; o que, de acuerdo con las exigencias de la naturaleza humana y el progreso de la ciencia, es de esperar que puedan descubrirse medios cada vez más aptos y adecuados para que esa regulación pueda cumplirse de un modo digno del hombre (Parte I, Cap. II, 2). Declara que los nuevos conocimientos en biología, psicología, sexualidad y demografía, junto con otros fenómenos contemporáneos (cambios sociales en el matrimonio y la familia, y descenso de la mortalidad infantil; nuevas apreciaciones sobre la sexualidad humana, y, sobre todo, una mejor visión del deber del hombre de humanizar y perfeccionar la vida humana tal como le es otorgada por la naturaleza), no contradicen ni el concepto genuino de tradición cristiana ni las anteriores condenas doctrinales (Parte I, Cap. III).

Señala que las intervenciones en los procesos fisiológicos para regular la paternidad responsable han de respetar los valores esenciales del matrimonio y, especialmente, el bien de los hijos, y han de atenerse a los principios fundamentales y criterios objetivos de la moralidad. Condena, además, los actos que no respetan la vida del hijo ya concebido, como es el caso del aborto y de aquellas intervenciones sobre las que recae una seria sospecha de ser abortivas (Parte I, Cap. IV).

Pero, lamentablemente, el Informe no desciende a enumerar y describir los métodos contraceptivos entonces usados, ni cuáles pudieran ser los mecanismos fisiológicos de su actuación. En consecuencia, se abstiene de establecer un juicio moral tentativo sobre esos procedimientos. Deja así sin respuesta la acuciante petición que Pablo VI había dirigido a la CP para que le proporcionara datos que le permitieran establecer un juicio magisterial sobre los contraceptivos, en especial sobre la píldora.

7.6. El Informe de la Minoría

Su título en latín (*Status Quaestionis: Doctrina Ecclesiae eiusque Auctoritas*) es en realidad el de su primer capítulo. Fue entregado al Secretario general de la CP el 23 de mayo de 1966.

A semejanza del Informe de la Mayoría, su contenido es teológico. Su primer capítulo revisa la historia de la doctrina sobre la moralidad de la contracepción tal como se ha ido estableciendo a lo largo de los siglos, prestando atención a las razones tanto de la enseñanza de la Iglesia, que afirma que la contracepción es siempre moralmente mala, como de la inmutabilidad de esa posición en la Iglesia. Finalmente, resume la reciente evolución doctrinal. Recuerda que los Padres, los teólogos y la Iglesia han enseñado siempre que las relaciones sexuales y los procesos generativos son de alguna manera especialmente inviolables justamente en razón de que son generativos. Esta inviolabilidad siempre fue atribuida al acto sexual y al proceso generativo, que son actos o procesos biológicos; pero no por ser biológicos simplemente, sino por ser *humanos*, es decir, en tanto que son *actos humanos*, destinados por la naturaleza al bien de la especie *humana*.

Es en la revisión de la evolución doctrinal reciente donde el Informe hace alusión a los diferentes tipos de métodos contraceptivos. Sitúa a la píldora entre las intervenciones que inciden sobre la función natural (*opus naturae*) sin mutilación, que actúa antes del comienzo de *toda* nueva vida humana. El Informe no alude a la posibilidad de que la píldora pudiera actuar a través de un mecanismo abortifaciente, lo cual viene a subrayar la sospecha de que no fue tratado abiertamente en las sesiones de la CP. Añade el Informe minoritario que las intervenciones posteriores a la fecundación del óvulo podrían reavivar las dudas medievales sobre si la animación acaece en el momento de la fecundación o más tarde, o quizás cuando, después de la anidación, se inicia la diferenciación de la placenta y del embrión. En ningún momento, el Informe se refiere a los DIUs.

Como se puede apreciar, la Minoría coincidió con la Mayoría en ignorar la sospecha de que la píldora podría actuar a través de un efecto abortifaciente, efecto que algunos autores habían denunciado. No sólo no lo toma en cuenta, sino que parece negarlo cuando encuadra la píldora entre las intervenciones que actúan antes del comienzo de una vida nueva. Aportó así una respuesta indirecta a la petición de Pablo VI sobre el modo de acción de los contraceptivos orales.

7.7. ¿Cumplió la Comisión Pontificia el encargo que le había solicitado el Papa?

Como ya se ha señalado, la CP no sólo varió en el número y condición de sus miembros, sino que recibió, o se asignó a sí misma, el encargo de alcanzar algunos objetivos que cambiaron de prioridad a lo largo del tiempo.

El primer encargo —responder a un cuestionario de Naciones Unidas— dio origen a la cuestión de qué políticas de control de la población podrían ser autorizadas por la Iglesia. De este modo, la CP se vio enfrentada, con la anuencia del Papa, al estudio técnico de los métodos de regulación de nacimientos y de su correspondiente evaluación teológico-moral. Este último cometido planteó la cuestión, intensa y largamente debatida, de la reformabilidad de los dictámenes del Magisterio precedente de la Iglesia, asunto que, lógicamente, no figuraba en la agenda de la CP, pero que le ocupó mucho tiempo.

La temática de la CP derivó así hacia el terreno de la teología, tanto de la fundamental como de la moral. En consecuencia, la CP se fue alejando insensiblemente del objetivo inicial. A la vez, esos imprevistos iban retrasando la respuesta que el Papa solicitaba con urgencia, que seguía siendo un análisis multidisciplinar de las técnicas contraceptivas. Este análisis se centró en dos métodos: por un lado, el del ritmo, que la Iglesia aceptaba; y, por otro, el de la contracepción oral con hormonas esteroides (la píldora), sobre el que el Papa deseaba tomar posición. Era muy grande la urgencia con que Obispos, sacerdotes y laicos pedían respuesta al Papa acerca de si era lícito, o no, usar este último método contraceptivo que, ya desde mediados de los años 1960, gozaba de inmensa popularidad.

Visto el conjunto de los trabajos de la Sección médico-biológica de la CP, se sugieren algunas conclusiones acerca de cómo respondió a los encargos del Pontífice.

En primer lugar, se puede destacar el empeño de la Sección en restar valor, incluso desacreditar, el método del ritmo, que gozaba de la aprobación del Magisterio desde el pontificado de Pío XI y, sobre todo, de Pío XII. No era intención manifestada de Pablo VI que se hiciera una revisión negativa, casi condenatoria, de los métodos naturales de regulación de la natalidad, como lo demostró más tarde en *Humanae vitae*. Pero el propósito de la CP resultó ser diferente: deseaba desacreditar el método del ritmo. Y lo llevó a cabo presentando una serie de argumentos biológicos (variabilidad del ciclo menstrual, alta tasa de fallos en la premenopausia y durante la lactancia); ofreciendo testimonios sociológicos muy dramáticos de familias y mujeres destrozadas por haberse fiado de un método tan poco eficaz; e invocando razones filosóficas, al mostrar que los métodos llamados naturales son en realidad artificiales, pues la intervención humana voluntaria (la selección de los días de abstinencia) rompe el carácter aleatorio natural de la secuencia espontánea de los actos sexuales. Visto desde la perspectiva de muchos miembros de la CP, el método del ritmo era tan artificial como los métodos farmacológicos o mecánicos.

Lógicamente, la aportación de tantas pruebas negativas propició que muchos comisionados, que habían entrado en las Sesiones con una fuerte convicción de la eficacia del método del ritmo y del efecto positivo que ejercía sobre los valores humanos del matrimonio, abandonaran su adhesión inicial y llegaran a reconocer que el uso del método podía dañar gravemente las relaciones entre los esposos. El rechazo del método por parte de la Sección y de la CP fue drástico, sin matices, a pesar de la eficacia que ya entonces se le reconocía en las estadísticas internacionales. La oposición interna fue acallada ante el parecer de la mayoría.

En segundo lugar, es muy probable que la Sección médico-biológica llegara a esa posición tan extrema ante los métodos naturales con el propósito de preparar un lugar de privilegio para los procedimientos contraceptivos nuevos, en concreto para la píldora. De ésta se tiende a destacar su eficacia y ventajas, su falta de interferencia con el acto conyugal mismo, y su actuación exclusiva a través de un mecanismo anovulatorio.

Ya se ha señalado en su momento que en la bibliografía médica anterior a 1966 se había hecho mención por diferentes autores de la posibilidad de un efecto abortifaciente (antiimplantaorio) de la píldora, en especial de los preparados de bajo contenido hormonal. De ese posible efecto antinidatorio no se habla en los documentos finales de la CP, aunque aparece fugazmente, para ser negado, en los debates de la Sección. Es inevitable preguntarse a qué pudo ser debido ese silencio: ¿a un olvido involuntario?, ¿a un juicio científico de irrelevancia del dato?, ¿a una ocultación deliberada? En cualquier caso, es una omisión de graves consecuencias. El Papa fue privado así de un dato especialmente significativo para emitir, o aplazar, un juicio magisterial. Se puede suponer que el Papa amplió el número de miembros de la CP para que ese tipo de información le pudiera ser proporcionada. Le era, además, moralmente debida, una vez que la

Comisión había tomado por abrumadora mayoría el acuerdo de que la contracepción estaba absolutamente reñida con la destrucción de cualquier vida humana, ya fuera demostrada o seriamente sospechada.

Se ha de suponer que la CP actuó en este punto bajo la influencia de un conflicto de intereses. En la quinta y larga sesión de la CP, el deseo de ciertos comisionados, pocos al principio, la mayoría al final, todos ellos movidos por las mejores intenciones, de que el Papa diera luz verde a la píldora, les llevó a una presentación sesgada de sus estudios y debates.

Capítulo 8. Protagonistas en la sombra

Se revisan en este capítulo las figuras de cuatro médicos y científicos que tuvieron un notable papel en el desarrollo de los acontecimientos relacionados con la aceptación de la contracepción. Se trata de personajes muy variados en su notoriedad pública y en su contribución específica a la 'causa' de la contracepción, que coinciden en cierto modo en haber aportado ideas que ejercieron en su momento una influencia muy notable, pero que el paso del tiempo ha ido diluyendo hasta la insignificancia.

8.1. Edward C. Hughes y la terminología obstétrico-ginecológica

La figura de Edward C. Hughes está ligada al papel que desempeñó en el cambio de la terminología obstétrico-ginecológica, un cambio que tuvo importantes consecuencias en la aceptación social y profesional de la contracepción y el aborto. La carrera académica de Hughes, iniciada en 1928, transcurrió en su totalidad en la Universidad de Syracuse (convertida más tarde en la Upstate Medical University), de la que llegó a ser, en 1944, Profesor de Obstetricia, y, en 1961, Profesor de Obstetricia y Ginecología. Su actividad más saliente se desarrolló, sin embargo, no en el mundo académico, sino en el campo de las asociaciones profesionales. Fue uno de los creadores en 1951 de la American Academy of Obstetrics and Gynecology, que poco después pasó a denominarse American College of Obstetricians and Gynecologists (ACOG). Presidió el ACOG en el periodo 1962-1963, y, a partir de 1965, fue presidente de su Comité de Terminología[273].

8.1.1. Hughes y su interés en terminología obstétrico-ginecológica

Está fuera de duda que los cambios terminológicos patrocinados por Hughes, básicamente las nuevas definiciones de concepción y gestación, han tenido un impacto ético notable en la mente y en la conducta de muchos médicos y de gran parte del público. Parece claro, sin embargo, que la intención que guió los primeros esfuerzos de Hughes en el campo del léxico obstétrico y ginecológico era más bien educativa y profesional, pues no se proponía provocar cambios en el estatus ético dominante, sino simplemente crear una nomenclatura mejor adaptada a las necesidades de la educación médica y a los estudios estadísticos de la actividad clínica[274]. Así lo

---

[273] Estos datos biográficos están tomados de Mengert WF, Pearse WH. History of the Americn College of Obstetricians and Gynecologists. The First Quarter Century 1950-1976. Washington; ACOG; 2001: 189-190. No ha sido posible encontrar en la bibliografía otra información (biografía, obituario) sobre Hughes.

[274] En 1963, Hughes publicó dos artículos sobre la vida prenatal (Hughes EC. Life in Inner Space. Oxygen and nourishment are primary survival factors for the fetus in utero in inner space and the astronaut in a capsule in outer space. Am J Nurs 1963;63:92-94; Hughes EC. Comparison of Intrauterine and Outer Space Life. New Physician 1963;12:57-59), en los que presentó su visión admirativa de la fisiología del útero gestante, al que comparó con una cápsula espacial. Según una

manifestó en su discurso inaugural como Presidente del ACOG, en abril de 1962, en el que afirmó que en la enseñanza en las escuelas de medicina habrían de usarse términos y nomenclaturas uniformes, de modo que los resultados del esfuerzo educativo no solo pudieran ser mejor evaluados y comparados, sino que facilitaran también el desarrollo de principios pedagógicos más sólidos[275]. Anunció, además que ya entonces el ACOG había iniciado esos estudios terminológicos y que él, personalmente, se había implicado en ellos. Declaró que era su intención crear un comité cuyo objeto fuera aclarar las definiciones y nomenclaturas como un paso hacia la mejora de los análisis estadísticos y los sistemas de codificación[276].

En otro artículo, publicado poco después, volvió a aludir a los planes del ACOG de estandarizar la nomenclatura usada en la especialidad; afirmó que había creado un comité para estudiar el problema, cuyos trabajos iban ya progresando; y comunicó que había discutido el asunto con representantes de organismos interesados en disponer de estadísticas exactas, los cuales le habían manifestado su apoyo a la empresa[277].

El Comité de Terminología, bajo la presidencia de Hughes, produjo dos publicaciones que merecen

---

nota final en el primero de ellos, esos artículos se basaban en una conferencia dirigida a enfermeras pronunciada en 1962. En ella, Hughes se muestra conforme con la idea de que la vida humana comienza con la fecundación. Dijo: "todos hemos vivido en una cápsula por lo menos nueve meses de nuestra vida, pues pensamos que la vida comienza con la unión del espermatozoide y el ovocito (Los chinos dicen que sus hijos tienen, el día que nacen, un año de edad)".

[275] Hughes EC. To Sow is to Reap. Inaugural Address. Obstet Gynecol 1963;21:639-645, en 641.

[276] Ibid: 644.

[277] Hughes EC. Noblesse Oblige. Obstet Gynecol 1962;20:821-825, en 825.

comentario. La primera, de 1965, fue su Boletín de Terminología Nº 1, una hoja suelta, impresa por ambas caras, que trataba de los *Términos usados en relación con el feto*[278]. Encartada en el número de septiembre de la revista *Obstetrics and Gynecology*, órgano oficial del ACOG, el Boletín fue enviado a los miembros del College "para información y consideración". Su contenido aparecía dividido en cuatro secciones (Introducción, El Feto, Etapas del Parto, Aborto). La mayoría de las definiciones que contenía no ofrecían cambios sensibles en comparación con las usuales de entonces y ahora. En la Introducción se daba la bienvenida a las sugerencias que los miembros del ACOG quisieran remitir al Comité, y, a la vez, se informaba que éste tenía en preparación una serie de Boletines con las definiciones de los términos obstétrico-ginecológicos[279]. Aunque presentado con la simple apariencia de una hoja suelta, el Boletín introducía, como veremos, una revolución ética mediante la redefinición de algunos términos.

La segunda publicación, aparecida en 1972, fue el libro *Obstetric-gynecologic Terminology*[280], nacido por iniciativa de Hughes. Contenía, en sus 731 páginas, las definiciones de cerca de 10.000 términos de la especialidad obstétrico-ginecológica, de la neonatología y de los trastornos del desarrollo. En las páginas preliminares del libro aparecen las listas de los miembros del Comité y de los 43 expertos que con él colaboraron. El libro se presentaba a sí mismo como

---

[278] Terms Used in Reference to the Fetus. ACOG Terminology Bulletin Nº 1, Washington: ACOG; 1965.

[279] Al parecer, el Comité de Terminología no publicó ningún otro Boletín.

[280] Hughes EC, ed. Obstetric-Gynecologic Terminology with Section on Neonatology and Glossary of Congenital Anomalies. Philadelphia: F.A. Davis Co.; 1972.

una obra muy ambiciosa. Tanto el Prólogo de M. Newton, Presidente entonces del ACOG, como el Prefacio del propio Hughes, insistían en que el léxico recopilado, moderno, uniforme y bien definido, serviría para elevar la calidad y precisión del lenguaje usado en la enseñanza, la estadística y la investigación, y ayudaría a superar las dificultades de comunicación presentes a escala local, nacional e internacional. *Terminology* mantenía la revolución ética introducida por el *Bulletin* con sus nuevas definiciones.

8.1.2.   Nuevas definiciones con repercusiones éticas

La inmensa mayoría de los términos contenidos en *Bulletin* y en *Terminology* son simplemente técnicos, en el sentido de que carecen de implicaciones éticas relevantes. Pero no ocurre así en el caso de unos pocos, cuyas definiciones aparecen dotadas de un significado no solo nuevo, sino éticamente cuestionable, por lo que merecen especial consideración. Esos términos son 'concepción', 'gestación', 'embrión' y 'huevo fecundado'. *Bulletin* y *Terminology* ofrecen de cada uno de ellos definiciones más o menos diferentes. Parece que el Comité que preparó el *Bulletin* no se esforzó en dar la máxima precisión a sus definiciones, por lo que el Comité que redactó *Terminology* hubo de enmendarlas y completarlas. Se transcriben a continuación los correspondientes pares de definiciones.

CONCEPCIÓN. *Bulletin* dice: "Es la implantación del huevo fecundado. Esta definición ha sido elegida deliberadamente porque la unión del espermatozoide y el ovocito no puede ser detectada clínicamente a no ser que se produzca la implantación". La correspondiente entrada en *Terminology*, en cambio, dice escuetamente: "Es la implantación del blastocisto. No es sinónimo de fecundación. SINÓNIMO: Implantación".

GESTACIÓN. Para *Bulletin* "es el estado desde la concepción a la expulsión de los productos de esa concepción". Para *Terminology*, "es el estado de la mujer desde la concepción y hasta que termina el embarazo. SINÓNIMOS: Preñez, Cioforia, Ciesis, Gravidez".

EMBRIÓN: En el *Bulletin*, lo define como "el término aplicado desde el tiempo de la implantación hasta el final de la octava semana, cuando la organogénesis está ampliamente realizada". En Terminology se dice: "es un término que se aplica al feto humano desde el tiempo de la concepción hasta que la organogénesis está en gran parte completada (10 semanas gestacionales). Embrión es un término embriológico y no debería usarse con fines de información estadística".

HUEVO FECUNDADO: Aparece en *Bulletin* como "el estadio de desarrollo que va de la fecundación a la implantación, al final aproximadamente de la primera semana". El término no figura en *Terminology*.

Las diferencias que se establecen entre las definiciones de 1965 y 1972 merecen un breve comentario.

CONCEPCIÓN. Para *Terminology*, concepción es 'implantación del blastocisto', lo que mejora técnicamente 'implantación del huevo fecundado' de *Bulletin*. Fue igualmente eliminada la justificación que *Bulletin* había ofrecido del cambio radical que supuso otorgar a concepción el nuevo significado de implantación y cancelar con ello la clásica equivalencia de concepción con fecundación. A pesar de la importancia del cambio, *Terminology* no da ninguna justificación de la nueva, y sin duda deliberada, elección. Para recalcar el nuevo orden de cosas, insiste en que concepción no es sinónimo de fecundación, sino de implantación. Lógicamente, la nueva definición atrajo algunas y fuertes críticas de Rock y Ramsey.

Gestación. Coinciden las dos versiones en afirmar que el inicio de la gestación es la implantación. Sin embargo, presentan notables diferencias de estilo. *Terminology* es más 'humano': hace referencia a la mujer y al término del embarazo; *Bulletin* es más bien 'zoológico', pues designa al feto y sus envolturas como 'productos de la concepción'.

Embrión: *Bulletin* y *Terminology* insisten en su desdén por el tiempo anterior a la implantación y dejan en un limbo de ignorancia al nuevo ser en sus primeros días de desarrollo. *Bulletin* lo extiende hasta el 'final de la octava semana', sin especificar qué escala (gestacional, fetal) ha usado; *Terminology* especifica que el periodo embrionario concluye con la décima semana gestacional. Es un tanto decepcionante la afirmación, no justificada, de *Terminology* de que el término embrión no debería usarse con fines de información estadística.

Huevo Fecundado. Sería interesante conocer los motivos que indujeron al Comité a eliminar este término, el único que, según *Bulletin*, hacía referencia al tiempo pre-implantatorio. Obviamente, con el traslado del inicio de la gestación de la fecundación a la implantación, los primeros días del desarrollo del embrión quedan éticamente vaciados de significado; en consecuencia, el estadio 'huevo fecundado', además de superfluo, podría resultar un tanto embarazoso a la hora de determinar su estatus ético. Aparentemente, el Comité optó por anular el problema suprimiendo el término. 'Huevo fecundado' desapareció sin dejar huellas, aunque en *Terminology* pervivieron los términos 'Zigoto', 'Mórula' y 'Blastocisto'.

8.1.3.   La autoridad de Terminology

Las consideraciones precedentes provocan una cierta inquietud, porque es inevitable sospechar que las nuevas significaciones asignadas a los términos 'concepción' y 'gestación' no estuvieron motivadas por exigencias del avance científico o de la eficiencia profesional, sino por la conveniencia ideológica de dejar en penumbra el efecto abortifaciente, real o hipotético, de los contraceptivos orales y de los DIUs. No se aportan razones para los cambios, excepto la que ofrece *Bulletin* para justificar la nueva definición de concepción; y no sería impropio calificar de ingenua la justificación aducida.

Conviene tener presente que las nuevas definiciones son producto, no del ACOG, sino de su Comité de Terminología. No faltan razones para concluir que el Comité actuó en este caso como un ente autónomo bajo la iniciativa y dirección de su presidente E. C. Hughes[281]. En efecto y en contra de lo que podía esperarse, el ACOG no respaldó con entusiasmo el trabajo del Comité. De un lado, el ACOG no es citado en la página de título de *Terminology*; de otro, M. W. Newton, Presidente a la sazón del College, escribió un Prólogo para el libro, en el que, tras reconocer el carácter provisional y discutible de la obra, se limita a expresar buenos deseos: "La Comisión Ejecutiva [del ACOG] opina que la publicación de este libro y las discusiones que sin duda generará servirán para que pueda llegarse en el futuro a una nomenclatura normalizada y generalmente aceptada en obstetricia y ginecología"[282].

---

[281] "La primera edición [...] fue publicada en 1972 como un esfuerzo cooperativo entre el Comité de Terminología y la casa editora F. A. Davis Company" Mengert WF, Pearse WH. History ..., cit. en nota 1.

[282] Newton M, Foreword. Hughes, Op cit, en nota 8, p. vii.

Por su lado, Hughes, en el Prefacio, cuenta la historia de *Terminology* como una empresa de grandes ambiciones: "Antes de iniciar la tarea se solicitó la opinión y consejo de numerosos ginecólogos, obstetras, estadísticos, funcionarios de sanidad, bibliófilos médicos y otras personalidades de todo el mundo. Se celebraron reuniones con comités y funcionarios de protección a la madre y a la infancia, a fin de aprovecharnos de sus sugerencias y apoyos. [...] El Comité examinó a fondo las revistas, libros de texto, diccionarios médicos y otras fuentes de consulta, en busca de términos nuevos y acepciones recientes"[283].

A pesar de estas alabanzas, es necesario indagar si Terminology fue reconocida como árbitro de las discrepancias léxicas en obstetricia y ginecología. Como diccionario, ¿de qué autoridad gozó? No parece haber sido muy grande.

Apenas recibió aplausos o censuras por parte de la crítica bibliográfica, pues parece que se publicó solo una recensión sobre el libro[284]. Tampoco tuvo mucho éxito entre los traductores: existe una sola traducción de

---

[283] Hughes EC. Preface. Op cit en nota 8, pp. ix-x. Una versión muy elocuente del prefacio de Hughes formó parte de una declaración ante el Senado de los Estados Unidos, hecha por Nolan-Hale, en la que la autora afirma que, en el tiempo de la decisión Roe vs Wade de la Corte Suprema sobre el aborto, quizás la fuente más autoritativa para la definición de términos obstétricos era la Terminology editada por Hughes: Nolan-Haley J. Statement. En: Proposed Constitutional Amendments on Abortion: Hearings before the Subcommittee on Civil and Constitutional Rights of the Committee of the Judiciary, House of Representatives, Ninety-fourth Congress, Second Session. Serial No. 46, Part 1.Washington, D.C.: U.S. Printing Office; 1976: 256.

[284] Coleman HH. Obstetric-Gynecologic Terminology. J Obst Gynecol Neonat Nurs 1973;2:71.

Terminology a lengua extranjera, la que se hizo al español y que vio la luz en 1975 en Barcelona[285].

No fue citada con frecuencia. Una búsqueda de la bibliografía en Pubmed ha proporcionado algo más de 300 citaciones acumuladas a lo largo de cuatro decenios, citaciones que corresponden principalmente a artículos sobre hipertensión ligada al embarazo, eclampsia y síndromes malformativos.

En lo que aquí nos concierne más directamente, las definiciones nuevas sobre concepción y embarazo, se ha de concluir que han sido escasamente citadas. Las que se refieren a la existencia o no de un efecto abortifaciente de los diversos contraceptivos, no son muy numerosas. Se trata en buena parte de trabajos que versan sobre los mecanismos de acción de ciertos contraceptivos y que se alinean en dos posiciones polares. De una parte, están los que afirman repetitivamente que esos contraceptivos no son abortifacientes, pues arguyen que actúan antes de la implantación e insisten en afirmar que "es un hecho biológico que la gestación comienza con la implantación y no con la fecundación"[286]. De la otra, están los que profesan

---

[285] Hughes EC. Terminología en Obstetricia y Ginecología. Revisada por J.M. Carrera. Barcelona; Salvat Editores; 1975.

[286] Por ejemplo, Grimes DA, Cook RJ. Mifepristone (RU486). An Abortifacient to Prevent Abortion? N Engl J Med 1992;327:1088-1089. Los autores afirman que la gestación comienza cuando la implantación está completada, y cita a *Terminology* como autoridad para esa tajante afirmación. Pero eso no se dice en *Terminology*. En la respuesta que ofrecen a una carta al Editor (Grimes DA, Cook RJ. Mifepristone (RU486). An Abortifacient to Prevent Abortion? N Engl J Med 1993:328:254-355) Grimes y Cook se muestran condescendientes con los que tienen ideas discrepantes acerca del comienzo de la gestación, pero afirman que "tales creencias no pueden cambiar el proceso biológico implicado". Y de nuevo, confirman a *Terminology* como origen de la idea de que "El hecho biológico es que la gestación comienza en la implantación y no en la fecundación". Pero

que, por comenzar la vida del individuo con la fecundación, todo atentado a esa vida, lo mismo antes que después de la implantación, es éticamente inaceptable: desde esta ética, la vida humana naciente es intangible.

Parece legítimo concluir que la autoridad de *Terminology* no es propia ni exclusivamente científica. Es más bien social: viene del prestigio que cada uno quiera atribuir al Comité que la preparó. Es, por tanto, una autoridad dependiente, privada, no oficial como alguien ha propuesto[287], cuya fuerza está en la calidad de las definiciones que el libro contiene. No sería, pues, legítimo, por no decir que un abuso, invocar *Terminology* como instancia necesariamente válida en la interpretación del lenguaje obstétrico, en especial en asuntos de fuerte carga ética. No es un glosario consensuado: se ignora si la petición de pareceres a los miembros del ACOG por medio del *Bulletin* obtuvo respuestas y si éstas fueron analizadas. Son los propios obstetras quienes desautorizan la definición de que concepción es implantación. En una encuesta relativamente reciente, realizada por Chung y col, predominaron (57%) los especialistas en obstetricia y ginecología que mantenían que la gestación comienza con la concepción-fecundación; el 28% de ellos creían que se iniciaba con la implantación, y el 16% no estaban seguros.

Terminology no trata del proceso biológico implicado. Grimes y Cook ejercitan una especie de disuasión preventiva al iniciar su carta con el lema "La buena ética comienza con los buenos hechos" (Macklin R. Antiprogestin drugs: ethical issues. Law Med Health Care 1992;20:215-219. Se crea así un cinturón de seguridad para evitar la evaluación crítica del problema.

[287] Fleming AS. Statement. En: Proposed Constitutional Amendments, cit en nota 11: 155.

8.2. Alan S. Parkes y el símil del huevo de gallina

Sir Alan S. Parkes (1900-1990) fue uno de las más notables figuras de la Biología de la Reproducción del siglo XX, a la que hizo importantes contribuciones, en especial a su endocrinología, a la criobiología de los gametos y tejidos, al papel de las feromonas, y, finalmente, a la fisiología comparada. Dedicó mucha atención también al control de la fertilidad en la especie humana. Fue nombrado miembro de la Royal Society a los 33 años, ocupó la Cátedra Mary Marshall de Fisiología de la Reproducción de Cambridge, fundó y dirigió importantes revistas de ciencia reproductiva, y formó parte de innumerables comités. Fue un gran promotor de la contracepción y participó activamente en los programas de población de la International Planned Parenthood Federation, en la Royal Commission on Population Control y en el Comité Asesor de la Organización Mundial de la Salud[288].

8.2.1. El símil del huevo de gallina

Parkes, en su propósito de difundir el control de la natalidad, procuró con mucho empeño desacreditar la afirmación de los activistas pro-vida de que algunos contraceptivos podrían actuar a través de un efecto abortifaciente. Para ello, defendió la idea de que concepción e implantación son expresiones equivalentes que designan un mismo fenómeno. Fue uno de los más enérgicos y eficaces propagadores de esta idea.

---

[288] Polge C. Sir Alan Sterling Parke. Biogr Mems Fell T Soc 2006;52:264-283.

Para Parkes, la identidad entre concepción e implantación era un axioma indiscutible, que no necesitaba ser demostrado. Apoyado en esa intuición, rechazó con mucha firmeza la calificación de abortifacientes que diferentes autores habían aplicado a ciertos contraceptivos hormonales y a los dispositivos intrauterinos. No tenía inconveniente en reconocer que esos procedimientos interferían no sólo con la fecundación, sino también, y frecuentemente, con la implantación. Pero para él eso no significaba que pudieran ser llamados abortifacientes; más aún, era imposible que lo fueran ya que, en el ideario de Parkes, compartido ciertamente por muchos, la concepción era un proceso complejo y largo en el tiempo y del que, como fase final, formaba parte la implantación. En la lógica de Parkes, los agentes anti-implantatorios actuaban durante la concepción y habrían de ser reconocidos como anticonceptivos. No podían, por definición, ser considerados como abortivos, pues no actuaban sobre la gestación: ésta solo podía tener su inicio una vez que la anidación-concepción hubiera terminado.

Fue en defensa y clarificación de la tesis de que la concepción incluye la implantación del huevo fecundado donde Parkes adujo su analogía del huevo de gallina, un símil que usó repetidamente en sus artículos y conferencias de los años 1960s.

Lo hizo por primera vez en un artículo sobre la amenaza de la superpoblación, publicado el 8 de junio de 1961en *New Scientist*, con estas palabras: "Sobre el significado de la palabra 'concepción' el *Oxford English Dictionary* es cautelosamente indefinido. Pero no hay lugar a dudas de que en biología la palabra debería aplicarse no a la fecundación del ovocito, sino a la nidación, a la implantación del ovocito fecundado en el útero, que tiene lugar en la especie humana alrededor de una semana después de la fecundación. (No se dice que una gallina conciba cuando su huevo es fecundado, o que aborte cuando lo pone). En esta visión, la contracepción podría ser propiamente aplicada hasta el tiempo de la implantación, y tendría la grandísima ventaja de ser retrospectiva y no anticipativa"[289].

Aunque puesto entre paréntesis, como si fuera una idea que de pronto viene a la mente, la analogía del huevo de gallina es presentada aquí como parte de un argumento que quiere ser convincente, gracias a su tono mesurado, a su base científica, y a su carácter cierto y evidente, pues ni despierta dudas, ni necesita demostración. Lleva al ánimo del lector que la propuesta de extender el límite temporal de la contracepción hasta la implantación es persuasiva, incluso razonable.

Unos días después, el 20 de junio de 1961, en su Oliver Bird Lecture, Parkes reitera con más firmeza el argumento: concede más relieve, fuerza y extensión al símil del huevo de gallina, y destaca el decisivo papel que la idea de implantación-concepción estaba jugando en la investigación de nuevas formas de contracepción que entonces se estaban llevando a cabo: "No hay una definición aceptada por todos del término concepción, pero debe referirse, según mi parecer de biólogo, no a la fecundación sino a la implantación del huevo fecundado en el útero. Por ejemplo, no se dice que una gallina conciba cuando su huevo es fecundado, o que aborte cuando ella lo pone. Este es un

---

[289] Parkes AS. The Menace of Overpopulation. New Scientist 1961;10:566-570, en 570.

punto muy importante porque se está trabajando ahora mucho en el control de la implantación"[290].

La analogía del huevo de gallina aparece de nuevo, no como un ejemplo que aclara, sino como la razón de fondo de la identidad concepción-implantación. En la discusión general de un Seminario sobre fertilidad humana y problemas de población, celebrado en Cambridge, Mass, a finales de 1963, Parkes observa: "Nuestro primer problema es si la prevención de la implantación de un huevo ya fecundado puede llamarse en sentido estricto contracepción, lo cual depende por supuesto de lo que uno entienda por concepción. Ya lo he dicho antes y volveré decirlo de nuevo, que, desde mi punto de vista como biólogo, concepción quiere decir implantación del huevo fecundado y que, por tanto, los métodos contraceptivos pueden ser aplicados correctamente hasta esa fase. Baso mi parecer en el sencillísimo hecho de que nadie dice que la gallina conciba cuando su huevo es fecundado o que aborta cuando lo pone"[291].

En 1964, Parkes publica en *Nature* un resumen de su discurso pronunciado unos meses antes ante la British Association, en el que reafirmó, casi en los mismos términos, lo expuesto el año anterior en Estados Unidos: el símil del huevo de gallina queda constituido en piedra

---

[290] Parkes AS. Biological Control of Conception. The Fifth Oliver Bird Lecture. J Reprod Fertil 1962;3:159-172, en 162. Antes, Parkes había publicado un resumen de su Lecture, en el que no hace mención de su símil (Parkes AS. Biological Control of Conception. Nature 1961;191:1256-1257).

[291] Parkes AS. The Biology of Fertility. Discussion. In: Greep RO, ed. Human Fertility and Population Problems. Proceedings of the Seminar Sponsored by the American Academy of Arts and Sciences with the support of the Ford Foundation. Cambridge, Mass: Schenkman Publ. Co.; 1963; 238.

angular de la legitimación ética de la implantación como límite temporal de la contracepción: "Se plantea así la importante cuestión acerca de lo que constituye la concepción en el hombre –la fecundación del huevo o su implantación en el útero unos días más tarde. A mi propio modo de ver, es la implantación, y no la fecundación, lo que constituye la concepción, y baso este parecer en la analogía biológica de que nadie sostiene que la gallina conciba cuando su huevo es fecundado y que aborta cuando lo pone. Con este modo de ver, podrá ejercerse propiamente la contracepción hasta el tiempo de la implantación"[292].

A partir de 1965, Parkes, por razones que no manifestó, dejó de usar el símil del huevo de gallina. Siguió insistiendo, sin embargo, en la identidad de concepción e implantación, y manteniendo tenazmente que la inhibición de ésta no implica problemas éticos para la práctica de la contracepción: "Estoy dispuesto a debatir este punto con los biólogos, burócratas, obispos y todo el que quiera tomar partido en este asunto"[293]. Para Parkes, los métodos antinidatorios tenían la "ventaja" añadida de amortiguar, mediante la ignorancia de si ha habido o no fecundación, la responsabilidad moral: "no alterarían probablemente la duración del ciclo, de modo que en tal circunstancia "sería

---

[292] Parkes AS. Biological Aspects of the Population Explosion. Nature 1964;204:320-322, en 321. Se trata de un extenso resumen del discurso, pronunciado en septiembre de 1964 ante la Asociación Británica para el Avance de la Ciencia y publicado completo más tarde como: Parkes AS. Biological Aspects of the Population Explosion. En: Parkes AS. Sex, Science and Society. Addresses, Lectures and Articles. Annotated by the author and illustrated by A.G. Wurmser. Newcastle upon Tyne: Oriel Press Ltd; 1966: 170-181, en 177.

[293] Parkes AS. The Future of Fertility Control. In: Meade JE, Parkes AS. Biological Aspects of Social problems. A Symposium held by the Eugenics Society in October 1964. Edinburgh: Oliver & Boyd; 1965: 205-212, en 209.

imposible decir si un ovocito había sido fecundado o no. Sería desde mi punto de vista completamente equivocado aplicar a tal situación los términos "abortifaciente" o "aborto"[294]. Esa misma ignorancia sobre si se ha dado o no fecundación se aplica al uso de los DIUs, y ya que el ciclo menstrual no se perturba, nadie razonable puede pensar en el aborto de un embrión "hipotético"[295].

8.2.2.   ¿Es científicamente sostenible el símil de Parkes?

Como muestran las citas recogidas más arriba, Parkes no ofreció en favor de su afirmación pruebas basadas en la biología. Se limitó a proponerla como un aserto. Trató, sin embargo, de revestirla de cierta autoridad al alegar en su favor el supuesto peso de la ciencia biológica general y el de su condición personal de experto en la materia. La analogía de Parkes no estaba respaldada por una argumentación lógica y razonada en datos de la biología. Ciertamente pudo suponer Parkes que su símil era una ocurrencia brillante, no exenta de humor, y capaz por sí misma de ganar la adhesión no sólo de muchos de sus lectores. Obviamente ganó también su propia adhesión, como lo prueba la reiterada publicación de la analogía a lo largo de un lustro.

Pero un argumento de autoridad no es *per se* válido. Vale en la medida en que es congruente con la ciencia del momento; de lo contrario, correría el riesgo de convertirse en un caso de uso ilegítimo de la autoridad. Es, pues,

---

[294] Parkes AS. Biological Aspects of the Control of Human Fertility. Practitioner 1965;194:455-462. Vuelto a publicar como: Parkes AS. The Control of Human Fertility. En Parkes AS. Sex, Science and Society. Newcastle: Oriel Press; 1966: 182-195, en 194.
[295] Parkes AS. The Future of Fertility Control, nota 8, en 209.

obligado preguntarse: ¿concordaba el símil de Parkes con la ciencia de la reproducción humana de los años 1960s?

La respuesta a esa pregunta es negativa. En primer lugar, el símil es una argucia. No es, como podría parecer, un recurso pedagógico que clarifica el problema estudiado; es un inciso retórico que distrae la atención del que escucha o lee, y deja el problema sin aclarar. En segundo lugar, la comparación de Parkes no parece legítima desde una perspectiva científica. En efecto, ignora la diferencia básica que existe entre la gestación interna de los mamíferos y la oviparidad de las aves. Cuando afirma que *"no se dice de una gallina que concibe cuando su huevo es fecundado, o que lo aborta cuando lo pone"*, Parkes parece no haber prestado la debida atención a ciertos rasgos que diferencian la reproducción aviar y la humana. En términos generales, las expresiones 'concepción', 'gestación' y 'aborto' (parto) se aplican en exclusiva a la reproducción propia de los mamíferos; resultan extrañas e inapropiadas cuando se predican de la reproducción de las aves. Hay en las aves fecundación interna del ovocito, como la hay en los mamíferos; hay formación de envolturas (albumen, membranas del cascarón, cascarón y cutícula) a lo largo de la migración del huevo por los diferentes sectores del oviducto, el útero y la vagina, y, hay finalmente puesta seguida de la incubación externa; pero no hay concepción (en el sentido original de retención en el tracto genital), ni implantación, ni placentación, ni desarrollo intrauterino, que son requisitos necesarios para que se pueda hablar de aborto, de interrupción de la gestación. Los procesos en mamíferos y aves son tan dispares que no es posible establecer equivalencias ni homologías.

Hay, sin embargo, un detalle que conviene señalar y que corrobora lo insostenible de la ecuación concepción=implantación y lo inapropiado del símil de Parkes. En la gallina, la fecundación interna no es seguida de diapausa, sino que inicia de inmediato el desarrollo embrionario (segmentación, blastulación, formación del endodermo), que se realiza durante las horas de tránsito del huevo (embrión) a lo largo del tracto genital (oviducto, útero, vagina y cloaca), un desarrollo que se produce sin que se dé implantación. En el momento de la puesta del huevo fecundado, el embrión ha alcanzado ya una etapa próxima a la gastrulación, de modo que la estría primitiva está plenamente formada a las 16 horas de incubación externa[296].

El símil del huevo de gallina tuvo una vida corta. Como se ha dicho anteriormente, fue abandonado por Parkes sin darnos a conocer sus razones. Probablemente advirtió la extrema debilidad lógica y científica de su analogía, ingeniosa pero infundada.

8.3. Thomas L. Hayes y el "acto reproductivo"

El Biofísico Thomas Hayes fue un importante "personaje en la sombra". Apenas apareció en público en el debate católico sobre la contracepción. Pero, como se muestra a continuación, ejerció una influencia muy importante sobre la Comisión Papal por medio de un artículo en el que introducía un concepto nuevo (el de acto reproductivo, como opuesto al acto sexual singular) con el que el autor pretendía desacreditar la doctrina moral sobre

---

[296] Patten BM. The Early Embryology of the Chick., 4th ed. New York: McGraw-Hill Book Co; 1951: 58-59.

la sexualidad fundada en la ley natural que la Iglesia profesaba.

8.3.1.   El relato de Maurovich

El 25 de julio de 2013, el día del 45 aniversario de la encíclica *Humanae vitae*, Frank Maurovich reveló una historia inédita[297]: un día de 1964, en su oficina de editor de *The Catholic Voice*, el semanario de la diócesis de Oakland (California), recibió la visita de Thomas Hayes, biofísico de la vecina Universidad de California en Berkeley. Hayes le manifestó que tenía la solución para el problema del control de la natalidad en la Iglesia, que pasó a explicar brevemente. Maurovich quedó convencido por la tesis y los argumentos del científico, y pensó que era necesario hacerlos llegar a la Comisión Papal para el Estudio de la Natalidad, la Población y la Familia (CP). Le pidió a Hayes que expusiera sus ideas en un artículo para publicar en una revista de ámbito nacional. Marcovich medió para que el manuscrito de Hayes, titulado *The Biology of the Reproductive Act*, fuera aceptado para su publicación en el número de otoño de 1965 de la revista *Cross Currents*[298], e inmediatamente lo hizo llegar, a través de algunos contactos, al Cardenal Suenens. Éste lo entregó al Comité ejecutivo de la CP[299], que debió encontrarlo tan interesante

---

[297] Maurovich F. Humanae Vitae at 45: A Personal Story. Nat Cath Reporter 2013 Jul. 25, 2013. Accesible en:
https://www.ncronline.org/news/vatican/humanae-vitae-45-personal-story.

[298] Hayes TL. The Biology of the Reproductive Act. Its Application to Various Methods of Birth Control. Cross Currents 1965;15:393-406.

[299] El Comité ejecutivo de la CP estaba formado por el dominico Henri de Riedmatten, Secretario, y dos de sus miembros: el Canónigo Pierre de Locht, teólogo de Bruselas, y el Dr. John Marshall, neurólogo de Londres.

que, según el testimonio de Maurovich, invitó a Hayes a que acudiera a Malinas (Amberes) para conversar sobre el artículo, encuentro que tuvo lugar en marzo de 1966[300].

El artículo de Hayes, hay que reconocerlo, pasó prácticamente inadvertido tanto entre el público general como entre los cultivadores de las ciencias biológicas o de la teología moral. En 1965, la revista *Cross Currents* tenía una difusión reducida. No parece que la republicación del artículo dos años más tarde en la revista *Insight*[301] contribuyera mucho a su divulgación. Una búsqueda minuciosa en Internet así lo confirma[302]. Ejerció, sin embargo, como se muestra más adelante, un notable impacto sobre las conclusiones de la CP. En opinión de Maurovich la influencia del artículo de Hayes pudo haber sido mucho mayor, pues ofrecía a la CP argumentos capaces de cambiar la doctrina tradicional sobre la contracepción; en concreto, podrían "haber hecho virtualmente imposible a Pablo VI no cambiar la actitud de la Iglesia sobre el control de la natalidad, e incluso, si se aplicaran hoy, podrían hacer relativamente fácil al Papa Francisco corregir el segundo 'caso Galileo' de la Iglesia"[303].

---

[300] Maurovich, op. cit.

[301] Hayes TL. The Biology of the Reproductive Act. Insight 1967;6:12-19. Se trataba de un número especial dedicado al control de la natalidad, según se indica en: Springer RH. Current Theology. Notes on Moral Theology: July-December, 1967. Theol Stud 1968;29:275-300, en 292.

[302] El artículo de Hayes no fue recogido en Medline Plus. Google Scholar registra dos citaciones: una de ellas (Léonard, 1976) es sobre un punto marginal; la otra, (Hilgartner CA, Randolph JF. Psycho-logics: An axiomatic system describing human behavior. J Theoret Biol 1969;23:285-338) parece ser una falsa atribución.

[303] Maurovich, op. cit.

8.3.2. La tesis de Hayes

Para justipreciar el encomiástico juicio de Maurovich es importante evaluar las ideas que Hayes incluyó en su artículo. El contenido de éste es complejo, pero, en lo que aquí concierne, parece suficiente limitar estas consideraciones a su concepto de "acto reproductivo" como unidad biológica y moral para enjuiciar los varios métodos de control de la natalidad. El nuevo concepto es propuesto para sustituir al de "acto de relación sexual", al que hasta entonces se había confiado desempeñar ese papel.

Hayes no ofrece una definición formal de acto reproductivo, pero da a entender que comprende el conjunto de actos componentes (masculinos, femeninos, co-sexuales) que se requieren para que pueda tener lugar una fecundación. Dada la periodicidad con que el ovario libera los ovocitos, el acto reproductivo suele necesitar un mes para ser completado. Así entendido, ese acto puede incluir un número más o menos elevado de actos de relación sexual, que quedan todos y cada uno de ellos subordinados al correspondiente acto reproductivo. Este último, según Hayes, es el que propiamente tiende a la procreación como a su fin natural y tiene, por tanto, una probabilidad razonable de alcanzarlo. Por el contrario, la mayoría de los actos de relación sexual, distribuidos aleatoriamente a lo largo del ciclo menstrual de la mujer, carecen de tal probabilidad, no tienden *per se* a la reproducción, pues se dan en su mayoría cuando no hay un ovocito susceptible de ser fecundado[304]; sólo un pequeño

---

[304] Para Hayes, este carácter aleatorio es de suma importancia para establecer la naturaleza en cierto modo artificial de los métodos naturales de regulación de la natalidad, autorizados por la Iglesia: "La aleatoriedad en la realización de la unión física bajo condiciones naturales es una parte real de la

número de esos actos tienden a la reproducción: son los realizados en los pocos días del ciclo en que un ovocito está asequible y puede ser fecundado.

Cuando interviene la voluntad humana para limitar la realización del acto sexual a los periodos infértiles, el método del ritmo deja de ser un método natural y deviene un procedimiento de contracepción artificial. Ya al inicio de su artículo anuncia Hayes que a la luz de sus conceptos de acto reproductivo y de acto sexual el método del ritmo no se distingue de los otros métodos de control de nacimientos (diafragma, *coitus interruptus,* preservativo, píldora anovulatoria). Llega así Hayes a su decisiva conclusión de que el método del ritmo, por carecer de naturalidad biológica, no puede tenerse como método natural de regulación de la natalidad.

8.3.3.   Hayes y la Comisión Papal

Maurovich se lamenta de que el artículo de Hayes hubiera pasado casi inadvertido entre los miembros de la Comisión[305]. Una lectura atenta del Informe de la Minoría revela, sin embargo, que las ideas de Hayes están reflejadas de modo inconfundible en él, lo que prueba que fueron tomadas en consideración por algunos miembros de la CP[306].

---

relación sexual. La alteración de ese programa temporal aleatorio constituye un acto humano que puede alterar el resultado del acto reproductivo". Hayes, op. cit, p. 395.

[305] Escribe Maurovich: "[...] dado que ningún otro miembro de la comisión menciona el ciclo de la mujer o sus consecuencias, es muy posible que el artículo de Hayes nunca saliera de Malinas para circular ampliamente entre los miembros de la comisión. Pudo también ocurrir que ese escrito hubiera sido una víctima más de la sobrecarga de información y terminara sepultado en alguno de los 12 volúmenes de materiales de la comisión entregados al papa Pablo junto con el Informe final". Maurovich, op. cit.

Y aparecen, matizadas, en el Informe de la Mayoría[307]. La documentación de la CP registra que el cardenal Suenens divulgó el artículo del Hayes entre los miembros de la CP, al menos entre los del grupo médico[308].

Por otra parte, parece claro que los conceptos de Hayes fueron acogidos en los dos documentos de máximo nivel producidos por la CP. Se trata de los Informes finales que Henri de Riedmatten redactó como síntesis de cuanto se había expuesto en las comunicaciones presentadas y en los debates mantenidos y que son el *Informe general,* destinado a la Comisión de Cardenales y Obispos[309], y el

---

[306] Se lee en el Informe de la Minoría: "Algunos dicen que la enseñanza de la Iglesia se fundaba en la falsa suposición de que todos los actos conyugales por su propia naturaleza eran procreativos, mientras que *los hechos de la fisiología muestran que solo muy pocos de ellos son de hecho fértiles o productivos de nueva vida*" (cursivas del autor). Sin embargo, los firmantes del Informe no ven en ello una objeción válida a la doctrina tradicional, cuando afirman que "una conclusión legítima de los hechos ahora conocidos sería esta: hay menos actos que *de facto* son capaces de producir nueva vida; por tanto, hay menos actos contra los cuales una persona que practicara contracepción incurriría en la malicia específica de la contracepción. Pero, ahora que tenemos un conocimiento más preciso sobre la fertilidad, esos hechos no son una invitación a intervenir contraceptivamente; más bien nos invitan a tener por ellos un respeto mayor".

[307] "the morality of sexual acts between married people takes its meaning first of all and specifically from the ordering of their actions in a fruitful married life, that is one which is practiced with responsible, generous and prudent parenthood. It does not then depend upon the direct fecundity of each and every particular act". Majority Papal Commission Report. Ibid: 149-173.

[308] "El Cardenal Suenens entonces llamó la atención sobre un artículo de Thomas Hayes que veía el acto reproductivo como una serie de actos a lo largo de un período". Sobre las ideas de Hayes debatieron a continuación Hellegers, que elogió el artículo y, en especial, la noción de que el uso del método del ritmo interfería con la sucesión aleatoria de actos sexuales; Marshall, en cambio, lo criticó, pues, a su parecer, el acto reproductivo debería incluir no sólo el tiempo necesario para la concepción, sino también el requerido para la gestación y la lactancia. Report of the Medical Session, 2nd May 1966.

[309] De Riedmatten H. Relatio generalis, presentada a la Comisión de Cardenales y Obispos el 20 de junio de 1966.

Informe final entregado al Papa Pablo VI[310]. Lógicamente, en ninguno de los dos se hace mención expresa de Hayes y su artículo, pues los documentos de la CP no incluyen referencias directas a obras y autores, excepción hecha de las procedentes de la Escritura, el Magisterio o los Santos Padres. Pero la coincidencia entre las ideas que Hayes vertió en su artículo y las que están presentes en los informes finales del Secretario de la CP es tan notable que prácticamente queda disipada cualquier duda razonable sobre la conexión entre ellas.

El texto más revelador es prácticamente idéntico en ambos Informes finales. No es difícil identificar dentro de esos párrafos, que de Riedmatten carga de retórica persuasiva, las inconfundibles ideas de Hayes (destacadas aquí en cursiva):

"En la contracepción, ¿dónde se encuentra el elemento inviolable, el valor absoluto contra el cual no se podría proceder a ningún precio? La ciencia moderna nos enseña que la naturaleza despilfarra sin cuento espermatozoides y ovocitos. *La infecundidad cíclica de la mujer nos prohíbe hoy afirmar científicamente que la mayor parte de los actos conyugales sean actos naturalmente ordenados a la procreación.* ¿De qué vida se está hablando cuando se menciona la *vita in fieri* para caracterizar el bien que se ha de proteger contra toda intervención contraceptiva? De ninguna, no hay vida. ¿De qué devenir? En la mayor parte de los casos, de ninguno. Si se examinan las cosas a la luz de

---

[310] De Riedmatten H. Rapport Final des Travaux de la Commission Pontificale pour l'étude des problèmes de la famille, de la population et de la natalité, presentado al Papa Pablo VI el 27 de junio de 1966.

la ciencia contemporánea, no se trataría, en todo caso, más que de una preparación muy alejada.

"En otras palabras, allí donde se creía con seguridad estar ante una *intentio naturae*, se descubre una realidad compleja, todavía informe, moralmente indiferente en sí misma. Esa [realidad] es dada al hombre para que, como buen administrador de su cuerpo y de sus funciones orgánicas, la haga servir al bien humano de la persona: de la suya, de la de su cónyuge, la de los hijos nacidos o por nacer. Muchos añaden aquí *que desde el día en que se admitió la licitud de la continencia periódica, se admitió que el hombre dirige, por su intervención y su poder de decisión, la fuerza procreativa de su vida de intimidad conyugal. Para muchos médicos, por otra parte, una intervención cronológica es exactamente el análogo de una intervención mecánica o bioquímica*"[311].

Tampoco es difícil encontrarlas reflejadas, aunque un tanto veladamente, en el Informe de la Mayoría, cuando afirma que "la moralidad de los actos sexuales entre esposos toma su significado antes que nada y específicamente del ordenamiento de sus acciones a una vida matrimonial fecunda, que es practicada con paternidad responsable, generosa y prudente. No depende [esa moralidad] de la fecundidad directa de todos y cada uno de los actos particulares"[312].

En estas palabras, las ideas de Hayes, garantizadas como conocimientos científicos, llegaron a la Comisión de

---

[311] El texto citado a continuación aparece en la p. 9 de la *Relatio* y en la p. 13 del *Rapport Final*.

[312] El texto citado a continuación aparece en la p. 9 de la *Relatio* y en la p. 13 del *Rapport Final*.

Cardenales y Obispos y, finalmente, al Papa. En el Informe final que de Riedmatten entregó al Sumo Pontífice, la tesis de Hayes es usada como punto de partida para dos propuestas de gran trascendencia: la primera, la de privar de significado ético sustantivo a los actos conyugales singulares, que quedan reducidos a la condición de epifenómenos moralmente subsumidos en el inclusivo acto reproductivo; la segunda, declarar que no hay distinción moral entre los métodos naturales de regulación de la natalidad y los métodos artificiales, ya sean mecánicos o químicos.

Ambas propuestas chocaban frontalmente con la doctrina hasta entonces proclamada por el Magisterio de la Iglesia, por lo que ponían a Pablo VI ante una disyuntiva aparentemente sin salida. El Papa tendría que escoger entre desoír la voz de la ciencia y mantener la doctrina vigente sobre la contracepción, o aceptar el parecer de los científicos y abandonar la condena que la Iglesia había mantenido hasta entonces. Ésta había sido ratificada por Pío XI en *Casti connubii*[313], y reafirmada veinte años más tarde por Pío XII[314].

8.3.4. Hayes después de la *Humanae vitae*

Excluida su influencia anónima sobre la CP, el artículo de Hayes hubiera pasado inadvertido si no hubiera sido invocado como argumento en los debates que siguieron a la publicación de la encíclica *Humanae vitae*. Como es bien sabido, Pablo VI reformula en ella y con reforzada energía la

---

[313] Pío XI, Litt Encycl Casti Connubii, 31 dec 1930. Acta Apost Sedis 1930;22:560.

[314] Pío XII. Discurso al Congreso de la Unión Católica Italiana de Comadronas, 29 Oct 1951.

doctrina tradicional de la Iglesia sobre la materia: que cualquier acto matrimonial debe quedar abierto a la transmisión de la vida.

Es interesante observar la creciente fuerza con que los sucesivos textos de Magisterio expresan el rechazo moral a la condena de la contracepción, en concreto a partir de *Casti connubii*. En su carta encíclica, Pío XI declaró que "cualquier uso del matrimonio *(quemlibet matrimonii usum)*, en el que maliciosamente quede el acto destituido de su propia y natural virtud procreativa, va contra la ley de Dios y contra la ley natural, y los que tal cometen, se hacen culpables de un grave delito"[315]. Pío XII interpretó este texto en su famoso discurso de 1951 a las comadronas, concluyendo que la contracepción es intrínsecamente inmoral: "todo atentado de los cónyuges en el cumplimiento del acto conyugal o en el desarrollo de sus consecuencias naturales, atentado que tenga por fin privarlo de la fuerza a él inherente e impedir la procreación de una nueva vida, es inmoral; y ninguna 'indicación' o necesidad puede cambiar una acción intrínsecamente inmoral en un acto moral y lícito"[316]. Finalmente Pablo VI en *Humanae vitae* reafirma la doctrina con nueva fuerza, formulándola en sentido afirmativo, cuando dice que la Iglesia "enseña que es necesario que cualquier uso del matrimonio permanezca abierto a la procreación de la vida humana"[317].

---

[315] Pío XI. Littera Encyclica Casti Connubii. Acta Apost Sed 1930;22:560.

[316] Pío XII. Discorso alle Partecipanti al Congresso della Unione Católica Italiana Ostetriche. En: Discorsi e Radiomessaggi di Sua Santità Pio XII. Vol. 13: 333–353.

[317] Esta es la traducción más literal del texto oficial latino del punto 11 de la encíclica *Humanae vitae*, 1968, que dice: "Ecclesia [...] docet necessarium esse, ut *quilibet matrimonii usus* ad vitam humanam procreandam per se destinatus

Los detractores de la encíclica tienden a ofrecer una versión radicalizada de la reafirmación de Pablo VI y no dudan en calificarla de absurda, poniéndola en contraste con las ideas de Hayes. Asignan al Papa la idea de que todo acto conyugal ha de estar de facto abierto a la fecundación, cosa que, a su modo de ver, sólo se realiza en el acto reproductivo definido por Hayes. Pero en realidad, lo que afirma Pablo VI es que el uso del matrimonio ha de estar abierto a la procreación. Los críticos de la encíclica convierten el requisito moral del Papa en un requisito fisiológico, al cual la encíclica ni siquiera alude, o acusan a la encíclica de estar basada en una interpretación naturalista y biologista de la ley natural[318].

Un texto de Hellegers expresa con suma viveza el carácter extremadamente fisicalista, o más bien fisiologista, de los críticos de Pablo VI. En una entrevista concedida pocos meses después de publicada la *Humanae vitae*, Hellegers arguye: "La biología de la encíclica no ha sido pensada a fondo. Dice que el acto conyugal DEBE estar siempre abierto a la transmisión de la vida, para pedirnos después que perfeccionemos un método —el del ritmo— cerrado a la transmisión de la vida. Eso implica que cuando una mujer es estéril, el acto matrimonial está abierto a la

---

permaneat".

[318] Rhonheimer ha puesto de relieve los errores (interpretativo y teológico moral) de los críticos de la encíclica y aclara que ésta no enseña, como ellos pretenden, que los patrones biológicos inherentes a la facultad generativa humana tengan valor normativo, de modo que nunca pueden ser quebrantados. Rhonheimer M. Ética de la procreación. Madrid: Rialp; 2004: 32-35. Una versión inglesa del autor en: Rhonheimer M. Ethics of Procreation & The Defense of Human Life. Contraception, Artificial Fertilization, and Abortion. Ed. by W. F. Murphy Jr. Washington, DC: Catholic University of America Press; 2010: 40. También: Pardo J.M. Racionalidad de la Apertura a la Vida y Anticoncepción. Scripta Theol 2009;41:113-141.

transmisión de la vida. Eso no es verdad. Cuando no hay un ovocito que pueda ser fecundado, el acto está cerrado a la reproducción. ¿Cómo explicar por qué un acto sexual que no puede engendrar un hijo es un acto sexual abierto a la transmisión de la vida? Un científico diría que está cerrado. Y preguntamos: ¿por qué es fértil un acto estéril, por qué es abierto un acto cerrado?"[319]. Curran incurre en la misma postura en un libro publicado en 1969 en el que, además de acusar a la encíclica de estar basada en una biología obsoleta, recurre a Hayes como árbitro científico: "La concepción no puede darse a no ser que un espermatozoide sea capaz de fecundar un ovocito. Pero el ovocito fecundable solo está presente en la mujer durante un tiempo comparativamente breve del ciclo menstrual. Desde un punto de vista biológico, muchos actos de relación sexual no están verdaderamente abiertos a la procreación, pues no está presente ningún ovocito. Quizás, como sugiere un autor, la ley natural en este asunto exigiría la aleatoriedad de los actos sexuales, un principio que sería específicamente violado por el ritmo"[320].

La *Humanae vitae* ha sido acusada tanto de ignorar la biología de la sexualidad humana, como de basarse en una interpretación naturalista y biologista de la ley natural. Hellegers ha sido particularmente enérgico a este respecto, cuando señala la "ausencia de pruebas científicas a favor de las conclusiones que la encíclica presenta"; la "ausencia de

---

[319] De una entrevista a Hellegers publicada en un reportaje *titulado Catholics and Their Agony over Birth Control Issues*. Look Magazine, Dec.10, 1968. Cit. por: Dvorak J. Natural Family Planning and the Christian Moral Code, accesible en: http://lapidesclamabunt.angelfire.com/nfpwinters.htm.

[320] Curran CE, Hunt RE, and the "Subject Professors" with Hunt JF and Connelly TR. Dissent In and For the Church. Theologians and Humanae Vitae. New York: Sheed & Ward; 1969: 165.

consideraciones biológicas en toda la encíclica [...] como si ningún biólogo hubiera sido incluido en la Comisión Papal"; "que nada de lo que un científico actual o futuro pueda contribuir en forma de datos científicos podrá ser pertinente en esta materia [...] si [esos datos] se separaran de la enseñanza moral sobre el matrimonio que es propuesta con firmeza constante por la autoridad docente de la Iglesia"[321]. Pero, a la vez, la encíclica ha sido acusada de profesar una visión fisicalista (mejor sería decir fisiologista) de las relaciones sexuales en el matrimonio, con su énfasis excesivo en los aspectos biológicos de esas relaciones como éticamente normativos.

8.4.   Raymond T. Holden y la activación de la Resolución de 1937

La Resolución tomada en 1937 por la AMA en Atlantic City, ni fue completada con las respuestas de los Comités a los que se solicitaba el requerido informe, ni fue formalmente ratificada después de que fuera parcialmente retractada en la Sesión de la AMA celebrada en San Francisco en 1938. Eso no impidió que, a pesar de sus carencias e imprecisiones, fuese seguida por muchos miembros de la AMA y orientase sus prácticas contraceptivas, en especial cuando, casi 20 años más tarde, se introdujeron los esteroides progestínicos y los DIUs. La Resolución de 1937, a pesar de haber quedado suspendida y obsoleta, supuso durante casi treinta años una especie de cheque en blanco para la práctica de la contracepción por muchos profesionales de la medicina. De hecho, en EE.UU.,

---

[321] Hellegers A. A Scientist's Análisis. En: Curran CE, ed. Contraception: Authority and Dissent. New York: Herder & Herder; 1969: 217-218.

por casi treinta años, la contracepción fue una actividad médicamente desregulada.

8.4.1. El Comité de Reproducción Humana (CRH)

Para superar esa situación tan anómala, la AMA, consciente de los problemas planteados por el crecimiento acelerado de la población y persuadida del papel que el médico estaba llamado a desempeñar como consejero en la importante esfera de la reproducción humana, creó en 1964 un nuevo Comité con el encargo de preparar, a la vista de las resoluciones tomadas anteriormente por la AMA sobre la materia, una nueva declaración sobre la contracepción y demás aspectos de la reproducción humana, que tendría que ser revisado y aprobado por la Junta directiva[322].

El nuevo comité recibió el nombre de Comité de Reproducción Humana (CRH)[323]. Entre sus miembros

---

[322] Reports of the Board of Trustees, Supplementary Report G. Human Reproduction; 94.

[323] AMA. Proceedings. House of Delegates. Miami Beach, Florida. 18th Clinical Convention, Nov 30-Dec 2, 1964. New Committees of the Board of Trustees: 27. El anterior Comité sobre Prácticas Contraceptivas había sido disuelto por el Consejo de la AMA en 1948. Era típico de los Comités de la AMA reunir entre sus miembros a médicos, que, aunque no sobresalientes en el mundo académico o institucional, eran expertos en la materia que el Comité había de considerar, con otros médicos no expertos, pero que gozaban de prestigio público. En el Comité de Reproducción Humana eran de acreditada actitud pro–contraceptiva, aparte de su Presidente, Raymond Holden, otros cuatro miembros: C. Lee Buxton, que había jugado un papel decisivo en la anulación de la legislación restrictiva sobre contracepción en Connecticut y que abrió la primera clínica de Paternidad Planificada en ese estado; Mary S. Calderone y Janet T. Dingle, que ocuparon cargos elevados en Paternidad Planificada; y H. Close Hesseltine. Los otros miembros eran: George M. Fister, urólogo, que acababa de terminar su mandato como Presidente de la AMA; Henry D. Lederer, psiquiatra, que había sido director asociado del Instituto Nacional de Salud Mental y Decano de la Escuela de Medicina de la Universidad de Georgetown; y Mark H. Lepper, profesor de medicina preventiva y enfermedades infecciosas en el Rush Medical College,

predominaban los que ya habían mostrado su apoyo a la difusión de las prácticas contraceptivas, empezando por su presidente, Raymond T. Holden[324], activo partidario del control de la fertilidad, pues estaba convencido de que la tasa acelerada del crecimiento de la población en el mundo era aterradora.

El CRH se propuso como objetivo principal redactar y distribuir entre los miembros de la AMA una publicación que pusiera al día los métodos de control de la fertilidad entonces en uso. En principio se pretendió darle la forma y extensión de un manual en el que se tratara de "todas las fases, métodos y aspectos del control reproductivo". El resultado final quedó, sin embargo, en lo que a su extensión se refiere, bastante por debajo de lo proyectado, reducido a un artículo de revisión de discretas dimensiones[325], que fue aprobado por la Junta directiva de la AMA y su Cámara de Delegados en la Convención Clínica de Miami Beach (noviembre de 1964). Esa aprobación fue considerada como un hito histórico que marcaba el cambio de la política de la AMA con respecto a la reproducción y la demografía humanas: de una posición neutral y estrictamente limitada a la práctica médica, la Asociación pasaba a declararse un agente activo y preocupado por los problemas económicos y sociales.

Chicago.

[324] Raymond T. Holden (1904-2007) trabajó como obstetra en varios hospitales de Washington, y actuó como docente en la Universidad de Georgetown. Fue muy activo en la AMA, de cuyo Consejo directivo llegó a ser miembro. Algunos datos biográficos pueden verse en: Sullivan P. Raymond T. Holden, 102; Longtime District Obstetrician. Washington Post, March 22, 2007.

[325] Committee on Human Reproduction. The Control of Fertility. JAMA 1965;194:462-470. En adelante: *The Control*.

El referido artículo, titulado *El Control de la Fertilidad*, fue publicado poco después en el JAMA[326]. Iba dirigido en exclusiva a los miembros de la Asociación, pues no entraba entonces en los planes de la AMA promover programas educativos sobre sexualidad o control de la natalidad dirigidos al público general: esa era responsabilidad individual de los médicos, mientras que la Asociación habría de limitarse a informar a sus asociados[327].

En su inicio, *El Control de la Fertilidad* define los principios, ciertamente ambiciosos por no decir utópicos, que la AMA seguirá en la materia, a saber: que el control de la población no ha de tenerse simplemente como un problema de paternidad responsable, sino también como un asunto de práctica médica responsable; que la profesión médica ha de asumir una seria responsabilidad sobre la reproducción humana, lo mismo en lo que afecta a la población entera como a la familia individual; que los médicos han de ofrecer consejo y orientación cuando se lo pidan sus pacientes o han de referirlos a personas adecuadas; que la AMA asuma la responsabilidad de divulgar información entre los médicos y por los medios que sean más apropiados sobre todas las fases de la reproducción humana, incluida la conducta sexual.

El año siguiente, el artículo fue reproducido íntegramente en la documentación de las audiencias tenidas en el Senado de los Estados Unidos sobre la crisis de la población[328.]. A pesar del importante respaldo

---

[326] Medical News. AMA's Population Control Program Keyed to Physician Role as Counselor. JAMA 1965;191:31-33, en 31. En adelante *AMA's Population*.

[327] Bruner R. Neutral Stand Dropped. Doctors to Aid in Population Curbs. The Blade, Ohio, January 22, 1965: 5.

[328] Population Crisis. Hearings Before the Subcommittee on Foreign Aid

institucional recibido, el documento no obtuvo mucha resonancia a juzgar por las citaciones que ha recibido[329].

Un segundo encargo hecho al CRH fue la preparación de un programa docente que sirviera de guía para enseñar a los estudiantes de medicina sobre reproducción humana. El documento fue enviado al Consejo de Educación Médica de la AMA y a los decanos y jefes de departamento de todas las escuelas de medicina de Estados Unidos. Ante el silencio de los destinatarios, no se tomaron ulteriores decisiones sobre este asunto. Esta guía docente no fue publicada en el JAMA, aunque, lo mismo que sucedió con *El Control de la Fertilidad*, Holden se refirió a ella cuando depuso ante la Comisión del Senado sobre Crisis de la Población y el Presidente de la Comisión acordó incluirla en las correspondientes actas[330], gracias a lo cual hoy podemos conocerla La guía ofrece una lista exhaustiva de los tópicos que las diferentes disciplinas del currículo médico podrían incluir en sus lecciones a fin de promover la más completa educación de los estudiantes en reproducción humana. No contiene, sin embargo, ni una sola alusión a los aspectos éticos de la materia.

Expenditures of the Committee on Government Operations. United States Senate, Eighty-Ninth Congress, Second Session on S. 1676. Part 1. Exhibit 22. "The Control of Fertility", a monograph prepared by the AMA Committee on Human Reproduction. Washington: U.S. Government Printing Office; 1966: 135-147.

[329] Sorprendentemente, *The Control* no fue incluido en Medline (ahora Pubmed), Aparece con autoría confusa en Google Scholar, que no refiere que haya sido citado alguna vez en la bibliografía biomédica.

[330] Population Crisis, op. Cit. Exhibit 21. Inclusion of Material Basic to the Physician's Professional Role in Problems of Human Reproduction in the Undergraduate Medical Curriculum. Washington: U.S. Government Printing Office; 1966: 132-135. Es la única publicación que reproduce el artículo del CRH.

Con la publicación de *El Control de la Fertilidad* y de otras recomendaciones de menor relieve, podría darse por terminado el proceso de recepción y difusión por la AMA de las prácticas contraceptivas destinadas a los médicos[331], que, con diversas alternativas, la Asociación había patrocinado desde 1937. Pero, por diversas causas, *El Control de la Fertilidad* no alcanzó los objetivos deseados. Se reprochó al CRH de no ser debidamente multidisciplinario, pues, por ejemplo, no incluía entre sus miembros a ningún endocrinólogo, siendo así que la contracepción hormonal implica directamente al sistema endocrino. También se le inculpó al CRH de falta de objetividad, pues, preocupado quizás en exceso por destacar los beneficios de la contracepción oral, se refirió en sordina a los fenómenos adversos atribuidos a los contraceptivos orales, incluidos los trastornos circulatorios y metabólicos. El propio Holden reconoció que no se había hecho hincapié suficiente sobre los efectos indeseados de los contraceptivos, pues en el CRH consideraron que era suficiente la aprobación de la FDA para garantizar la seguridad de la 'píldora'[332].

8.4.2. Contracepción y conciencia católica

Una vez más, se repite aquí el problema, que afectó a muchos médicos católicos (es el caso de Kosmak, Rock,

---

[331] Al publicar las Resoluciones, la AMA se dirigía exclusivamente a los médicos, pues no entraba en sus planes ofrecer directamente tal información al público, o iniciar programas de educación sexual y contraceptiva destinados a los no-médicos. *AMA's Population*: 31.

[332] Mintz M. Are Birth Control Pills Safe? En: Katz J, ed. Experimentation with Human Beings. The Authority of the Investigator, Subject, Professions and State in the Human Experimentation Process. New York: Russell Sage Foundation 1972: 751-754, en 752-753.

Hellegers y tantos otros), de cómo hacer compatibles su fe católica y su actitud profesional médica favorable a la contracepción. Era bien conocido que Holden, aunque divorciado y vuelto a casar, era católico y se profesaba tal. No podía ignorar, por tanto, la doctrina del Magisterio católico sobre la contracepción. Además, sabía que no podía excluirse un efecto abortifaciente de los contraceptivos orales[333]. Como Presidente del CRH deseaba "encontrar métodos que sean aceptables en un sentido humano, y aceptables también para los diversos grupos religiosos y étnicos"[334].

De estas palabras de Holden se deduce que no le faltaban buenas intenciones, aun cuando podrían parecer un tanto utópicas en lo que respecta a la Iglesia católica. A pesar de que en 1964 existía un extendido disenso entre los moralistas y los fieles comunes sobre la licitud moral del uso de contraceptivos entre personas casadas, seguía siendo válida la doctrina sobre este asunto[335].

Holden, sin embargo, estaba convencido, lo mismo que muchos científicos, gente común y numerosos eclesiásticos, de la gravísima amenaza que para la humanidad constituía

---

[333] Al tratar del mecanismo de acción de los contraceptivos hormonales por vía oral, el artículo afirma un tanto crípticamente: "Pueden también ser factores de antifertilidad la producción asociada de un moco cervical hostil o la aceleración de los cambios endometriales". *The Control*, p. 232.

[334] AMA's Population, 33.

[335] Pius XI. Littera Encyclica Casti Connubii. Acta Apost Sed 1930;22:539-598, en 560; Pius XII. Allocutio iis quae interfuerunt Conventui Unionis Catholicae Italicae inter Obstetrices Romae habito. Romae die 29 Octobri mensis a. 1951. Acta Apost Sed 1951;43:835-860, en 853-854; Paulus VI. Allocutio ad E.mos Patres Purpuratos, fausta et felicia ominatus Beatissimo Patri nominalem diem celebranti, anno exacto ex quo ad Summum Pontificatum est evectus. Die 23 mensis Iunii a. 1964. Act Apost Sedis 1964;56:581-589, en 588-589.

el crecimiento de la población mundial. "Las estadísticas – dijo repetidamente– le dejan a uno aterrorizado. Es espantoso darse cuenta de que, si permitiera que la tendencia actual continuara sin freno, la población mundial se duplicaría en 40 años y en otros 40 volvería a duplicarse". Añadía que era "responsabilidad de los médicos proporcionar orientación a sus pacientes en esta materia"[336]. Holden compartía también la opinión, entonces ampliamente difundida, de que la única arma eficaz con que oponerse al aborto era una amplia difusión de los contraceptivos. La razón ética de tal postura no parece totalmente clara: el rechazo social del aborto era entonces todavía muy fuerte; la censura, por no decir el desprecio, de los médicos abortistas un imperativo de la moral profesional; pero ese rechazo era también un arma táctica para hacer socialmente aceptable y "ética" la contracepción. Aunque se declaraba personalmente opuesto a la interrupción del embarazo, Holden sostenía, sin embargo, que los médicos tenían derecho a decidir por sí mismos en materia de aborto[337].

Es, pues, lógico preguntarse: ¿Cómo hizo compatible Holden su condición de católico con su gestión al frente de un Comité cuyas recomendaciones se colocaban al margen, o frontalmente en contra, de las enseñanzas de la Iglesia? Parece patente que Holden resolvió el conflicto entre sus dos lealtades –la debida al credo católico y a su moral religiosa, de un lado, y del otro, la debida a sus compromisos institucionales y profesionales– estableciendo

---

[336] AMA's Population: 31.

[337] Halfmann D. Doctors and Demonstrators: How Political Institutions Shape Abortion Law in the United States, Britain, and Canada. Chicago: University of Chicago Press; 2011: 81.

una completa separación entre ellas. Sus compromisos religiosos y sus compromisos profesionales pertenecían a dos mundos aparte, independientes el uno del otro. Con ello, el conflicto dejaba de existir. En una entrevista, declaró: "Cuando me pidieron ser presidente de un comité que había de considerar los problemas de la reproducción humana y del control de la población, pensé en mi postura como católico. Pero un Comité de la AMA tendría que estudiar su material de modo amplio y objetivo desde un punto de vista médico. Me pareció que no tenía por qué haber conflictos por razones religiosas en relación con un material que el comité tenía que considerar profesionalmente"[338].

Esta doble lealtad (a la religión y a la profesión) no era un fenómeno reciente. Veatch la ha descrito al tratar de la situación de los médicos católicos que se habían inscrito en la AMA tras la constitución de ésta en 1847. Ellos se encontraron con que la ética médica contenida en el Código de Ética de la Asociación, basada en los usos, costumbres y tradiciones que los médicos habían ido desarrollando para regular sus recíprocas relaciones y las relaciones con sus enfermos, estaba hecha de espaldas a la teología moral, que centraba sus razonamientos en la consideración de los mandamientos, los sacramentos y las virtudes cristianas. En consecuencia, los médicos católicos se veían enfrentados a dos sistemas de ética médica que, aunque imponían normas en gran parte coincidentes, presentaban también notables discrepancias normativas que han ido aumentando en número y entidad a medida que el tiempo ha ido transcurriendo.

---

[338] AMA's Population: 32.

Veatch sugiere que esos conflictos no se plantearon simplemente porque las dos tradiciones no entraron en comunicación, se ignoraron mutuamente. En el siglo XIX, el mundo de la medicina y el mundo de las humanidades estaban tan alejados que no pudieron percibir las contradicciones implicadas en sus sistemas morales. De ahí deduce Veatch que los "médicos católicos" consideraran que "en cuanto profesionales médicos" podían creer en un conjunto de normas éticas que habían de aplicar, mientras que "en cuanto católicos" habían de aplicar otro conjunto de normas de naturaleza distinta. Ya que los médicos creyentes eran legos en materia teológica, no se sentían capaces de entrar en el reino de la teología moral. Y, a su vez, los teólogos se mantenían al margen de la moralidad profesional de los médicos.

Capítulo 9. La investigación científica sobre contracepción: *ethos* de dominio y *ethos* zoológico

Este capítulo se propone revisar algunos aspectos éticos de los ensayos clínicos realizados por los investigadores que desarrollaron la contracepción hormonal. Obviamente, la conducta de esos investigadores no puede ser juzgada a la luz de la normativa ética y legal vigente en el segundo decenio del siglo XXI, sino a la que se tenía por válida a mediados del siglo XX; una normativa que, aunque mucho más rudimentaria que la actual, establecía ya notables exigencias. Éstas derivaban, de una parte, de la tradición no codificada, expresada en el *ethos* de humanidad propio de la ética médica; y, de otra, de las directrices de conducta contenidas en los códigos deontológicos de la profesión médica y, especialmente, de unos pocos códigos éticos sobre experimentación e investigación humanas que por entonces habían comenzado a promulgarse.

Al revisar los estudios clínicos sobre contracepción en la mujer, se constata en muchos de ellos la comisión de irregularidades de método y ética de variada naturaleza e intensidad, cosa que apenas ha sido estudiada: de hecho, no parece haber ningún estudio sobre la materia. En lo que respecta a la ética, esas irregularidades podrían agruparse en dos tipos o patrones generales. Uno agruparía los estudios que manifiestan la mentalidad de dominio de los investigadores sobre los sujetos de investigación; el otro, los que transparentan una mentalidad zoologista, en virtud de la cual el investigador tiende a considerar a la mujer sujeto de experimentación, como si fuera un mero animal de laboratorio.

Parece conveniente, por tanto, presentar en primer lugar la normativa y el *ethos* de la investigación biomédica de mediados del siglo XX, para contar así con un marco de referencia ante el que contrastar los errores y omisiones en que incurrieron los autores de los primeros ensayos. A continuación, se ofrecerán algunas muestras de la mentalidad de dominio que manifestaron los promotores e investigadores pioneros. Finalmente se mostrarán algunos casos que ponen de manifiesto cómo operó la mentalidad reduccionista: considerar la función procreadora de la mujer desde una óptica puramente zoológica.

9.1.   La ética de la investigación biomédica a mediados del siglo XX

La normativa ética de la investigación biomédica de aquellos años era escasa[339]. Antes de 1950, los códigos de

---

[339] La Asociación Médica Americana había publicado unos *Requirements for Experiments on Human Beings* (JAMA 1946;132:1090), con la finalidad inmediata de presentar ante el Tribunal Militar de Nuremberg un documento que testimoniase la existencia de normas éticas en las que apoyar las acusaciones contra los médicos nazis. Se trataba de un documento improvisado para la ocasión, pobre de contenido y dado a conocer de un modo precario. En el Juicio de

deontología y ética de las organizaciones nacionales de médicos omitían cualquier alusión a la investigación biomédica[340]. Tampoco había en ningún país normas legales sobre experimentación sobre seres humanos[341], lo que contrastaba con la existencia, en algunas naciones, de leyes de protección animal y de experimentación sobre animales, herencia del vigoroso movimiento antiviviseccionista del último cuarto del siglo XIX[342]. A su vez, era mínima o nula la atención que los escasos manuales de ética médica

---

Nuremberg fue recusado por los abogados defensores de los médicos nazis acusados. Los *Requirements* fueron ignorados por los médicos norteamericanos.

En 1954, en su Asamblea general, la Asociación Médica Mundial preparó una resolución, llamada por algunos "Declaración de Roma", que, aunque no fue elevada al rango de documento autoritativo, es recordado como remoto precursor de la Declaración de Helsinki. World Medical Association. Principles for Those in Research and Experimentation. World Med J 1955;2:14-15.

[340] El primero en hacerlo fue el Código de Deontología de la Orden de los Médicos de Bélgica, de 1950, el cual, en su art. 22, advertía que el médico "debe evitar toda forma de experimentación temeraria" y que "le está prohibido provocar enfermedades o estados morbosos con la finalidad exclusiva de observación científica, salvo el consentimiento formal del sujeto debidamente advertido de los riesgos a los que se expone". Sólo a partir de 1975, los códigos europeos incluyeron un capítulo sobre experimentación humana, inspirado, por lo general, en las directrices de la Asociación Médica Mundial contenidas en la Declaración de Helsinki.

[341] Suele hacerse la excepción de las normas alemanas (Ministerio de Cultura, Prusia, 1900; Reich alemán, 1931), pero esas normas no eran decretos legislativos de cumplimiento obligado, sino simples guías de conducta recomendable para proteger a los pacientes ingresados en instituciones públicas, consistentes en consejos sobre consentimiento informado, documentación, investigación en menores y explotación de pacientes vulnerables y dependientes. Roelcke V. The use and abuse of medical research ethics. The German Richtlinien/guidelines for human subject research as an instrument for the protection of research subjects – and of medical science, ca. 1931-1961/64. En Weindling P, ed. From Clinic to Concentration Camp. Reassessing Nazi Medical and Racial Research, 1933-1945. London: Routledge; 2017: 46.

[342] Bates AWH. Anti-Vivisection and the Profession of Medicine in Britain. A Social History. The Palgrave Macmillan Animal Ethics Series. London: Palgrave Macmillan; 2017.

dedicaban antes de 1950 a la investigación y experimentación en seres humanos[343].

No faltaban, sin embargo, escritos aislados de algunos médicos, sobre todo en Francia, que ya en el siglo XIX recordaban los principios básicos de una investigación verdaderamente humana y respetuosa de las personas[344]. En los años centrales del siglo XX aparecieron dos documentos de alto significado ético, pero que apenas fueron conocidos, y menos todavía asimilados, por la profesión médica: el ahora famoso Código de Nuremberg (1948)[345] y el Discurso sobre los límites de la experimentación sobre el hombre que Pío XII dirigió a los participantes en el Congreso Internacional de Histopatología del Sistema Nervioso (1952)[346].

David Rothman ha descrito con detalle el ambiente ético de la investigación biomédica en los decenios que siguieron inmediatamente a la II Guerra Mundial, un

---

[343] Una notable excepción es el capítulo sobre Ciencia e Investigación Médica, en Moll A. Aerztliche Ethik. Die Pflichten des Arztes in allen Beziehungen seiner Thätigkeit. Stuttgart: Verlag von Ferdinand Enke; 1902: 474-596.

[344] En pleno siglo XIX, Max Simon y Surbled afirmaron la necesidad del consentimiento informado y libre de los sujetos, y defendieron la supremacía de los intereses del individuo frente a los de la sociedad (Vid. Herranz G. The Ethics of Medical Rsearch: A Christian View. Bull Med Ethics 2004;200:13-19; bibliografía y notas en: http://www.bullmedeth.info/). Es muy notable el editorial del fisiólogo Cannon: Cannon W. The Right and Wrong of Making Experiments on Human Beings. JAMA 1916;67:1372-1373. (Reproducido en JAMA 2016;316:2680).

[345] United States Adjutant General's Department. Trials of War Criminals Before Nuremberg Military Tribunals Under Control Council Law No. 10 (October, 1946 – April, 1949), The Medical Case. Vol. 2. Washington, U.S. Government Printing Office, 1947: 181-183.

[346] Pío XII. Discurso a los Participantes en el I Congreso Internacional de Histopatología del Sistema Nervioso. Los Límites Morales de los Métodos Médicos. 14 sept de 1952. Accesible en: http://w2.vatican.va/content/pius-xii/es/speeches/1952/documents/hf_p-xii_spe_19520914_istopatologia.html.

periodo al que él denominó 'la edad dorada de la investigación'[347]. Fue una época que hereda el triunfalismo investigador logrado de la transformación de la Medicina en ciencia experimental. El público norteamericano estaba convencido de que la guerra había sido ganada en buena parte por las contribuciones de la ciencia al esfuerzo bélico, profesó una confianza casi ilimitada en la investigación científica y en su asombrosa capacidad de resolver problemas. Los investigadores biomédicos participaron de esa mentalidad optimista y, casi sin darse cuenta, desarrollaron en el curso de unos pocos años un *ethos* propio que podría ser calificado de triunfalista.

Entre los elementos de ese *ethos* se cuentan los siguientes: dar por axiomática la autonomía del investigador en el diseño y ejecución de los ensayos clínicos; considerar que el control ético de la investigación debería quedar en manos de los científicos y de sus patrocinadores, de modo que fuera la conciencia del investigador, no las directrices institucionales, el árbitro que marcaría los límites éticos de los proyectos de investigación; priorizar los potenciales beneficios de los ensayos clínicos y de los estudios experimentales, a los que deberían supeditarse los derechos y libertades de los sujetos de investigación; fomentar al máximo las expectativas y la confianza de los pacientes y voluntarios sanos en las promesas de la investigación, lo que permitiría a los médicos emprender ensayos de riesgo elevado. Ese fue justamente el ambiente ético en que se iniciaron los estudios que condujeron a la contracepción hormonal.

---

[347] Rothman DJ. Strangers at the Bedside. A History of how Law and Bioethics Transformed Medical Decision Making. New York: Basic Books; 1991: 51-69.

Era inevitable que, en ese *ethos* cientifista y éticamente desinhibido, se produjeran abusos, de los que fueron víctimas los sujetos de investigación. Ese *ethos* desoía, o simplemente ignoraba, los criterios éticos de trato humano a los sujetos de investigación (respeto a la vida y a la integridad personal, consentimiento voluntario, principio de no dañar) que habían esbozado Claude Bernard, los deontólogos franceses[348], Moll[349], Walter Cannon[350], las normativas del Reich alemán de 1900, o las Directivas del Estado de Prusia de 1931[351]. Estas últimas, muy avanzadas para su tiempo, regulaban cuestiones de consentimiento informado, documentación, investigación en menores y explotación de vulnerables y dependientes, e introdujo la distinción entre investigación terapéutica y no-terapéutica[352].

Ante tantos abusos, no tardaron en llegar las primeras denuncias por parte de los pacientes que se sentían maltratados, lo mismo que por parte de un pequeñísimo número de médicos. El principal de estos, Henry Beecher[353],

---

[348] Ver a este efecto: G. Herranz, nota 6 arriba.

[349] Moll A. Op. cit. En nota 5 arriba.

[350] Cannon W. The Right and Wrong of Making Experiments on Human Beings. JAMA 1916;67:1372-1373.

[351] El texto de estas normativas, junto a algunos comentarios, puede verse en: Grodin ME. Historical Origins of the Nuremberg Code. En: Annas GJ, Grodin MA, ed. The Nazi Doctors and the Nuremberg Code. Human Rights in Human Experimentation. New York: Oxford University Press; 1992: 121-144.

[352] Roelcke V. The use and abuse of medical research ethics. The German Richtlinien/guidelines for human subject research as an instrument for the protection of research subjects – and of medical science, ca. 1931-1961/64. En Weindling P. ed. From Clinic to Concentration Camp. Reassessing Nazi Medical and Racial Research, 1933-1945. London: Routledge; 2017: 46.

[353] En 1966, Beecher publicó un artículo de denuncia de enorme impacto, que en cierto modo fue el detonante que puso en marcha la consideración seria de los aspectos éticos de la experimentación clínica (Beecher HK. Ethics and Clinical Research. New Eng J Med 1966;274:1354-1360). Cuatro años más tarde, apareció

denunció un conjunto de aberraciones en que habían caído numerosos médicos investigadores, algunos de ellos muy prestigiosos, por haberse dejado arrastrar en sus trabajos por el *ethos* triunfalista. Algunos de esos episodios denunciados por Beecher, junto a otros que tuvieron un eco clamoroso en los medios de comunicación, formaron parte durante muchos años de la información sobre "contra-ejemplos" que se facilitaba a los estudiantes de cursos de ética de la investigación biomédica[354].

9.2. La mentalidad de dominio en la investigación contraceptiva

Al releer los trabajos que publicaron Pincus, Rock y sus colaboradores sobre sus primeros ensayos de campo sobre la eficacia y seguridad de la píldora, llama poderosamente la atención el talante dominador con que fueron tratadas las mujeres; en la mayoría de los estudios, estas pertenecían a un bajo nivel socioeconómico y educativo, estaban ansiosas por poner límite al número de hijos y no exigieron información sobre la naturaleza y riesgos del ensayo. Como se mostrará más adelante, los autores apenas aluden a los aspectos éticos de los experimentos en los trabajos que

---

su libro (Beecher HK. Research and the Individual: Human Studies. Boston: Little, Brown; 1970), que analizó el tema en profundidad.

[354] En esa clásica antología de estudios "escandalosos" se cuentan, por ejemplo, la tragedia de la Talidomida (1957-1959), los abusos cometidos en el Jewish Chronic Disease Hospital de Nueva York (1963), las vacunaciones de la hepatitis en Willowbrook (1971), el experimento social de Tuskegee (1932-1972), los estudios de Milgram sobre obediencia a la autoridad, y los experimentos de irradiación relacionados con la energía atómica. Figuraba también en esa antología de errores éticos el ensayo clínico de Goldzieher sobre contraceptivos, conocido como el experimento de San Antonio, Texas, del que se tratará brevemente más adelante.

publicaron en revistas científicas. En consecuencia, es necesario recurrir a fuentes externas para obtener información sobre los aspectos éticos de esos ensayos, que necesariamente son tardíos y con frecuencia sesgados y contradictorios. Además, a una distancia de casi setenta años, se presenta la dificultad añadida de evaluar unas conductas que se guiaban por criterios que hoy nos parecen rudimentarios. Como ya se señaló anteriormente, en los años 1950 la normativa legal sobre los estudios experimentales en seres humanos no existía, aunque, obviamente, no faltaban, como se señala en el epígrafe anterior, conceptos éticos generales sobre el respeto debido a la persona, tanto en la ética profesional (Declaración de Ginebra de 1948, de la Asociación Médica Mundial), como en el campo de los derechos humanos (Declaración Universal de los Derechos Humanos, de las Naciones Unidas, 1948).

Se exponen a continuación dos manifestaciones importantes del *ethos* que informó la conducta de los investigadores que realizaron los primeros estudios experimentales de contracepción hormonal en mujeres.

9.2.1. Un precedente paradigmático de la mentalidad de dominio

Uno de los casos más salientes del dominio del investigador sobre la sexualidad humana ocurre cuando, por conveniencia de la metodología del estudio experimental, el investigador invade el área altamente privada del ejercicio del amor esponsal y lo somete a los requisitos del diseño científico.

En la experimentación sobre contracepción no han faltado las ocasiones en las que el investigador invade, en nombre de la ciencia, la intimidad del acto conyugal y establece una programación precisa del momento en que las parejas han de tener relaciones sexuales.

Merece la pena prestar atención a un importante precedente, bien conocido y comentado. Es el caso de la famosa "caza de embriones" llevada a cabo por Hertig y Rock[355] entre los años 1938 y 1954, que dio por resultado la excepcional colección de embriones humanos de 2 a 17 días, conservada en la Carnegie Institution, y que ha servido por más de tres cuartos de siglo de guía universalmente aceptada del desarrollo temporal y morfológico del embrión humano inicial.

Hertig y Rock eran conscientes de que, para conseguir la colección de embriones de las dos primeras semanas del desarrollo, deberían fijar con la mayor precisión posible el día de la ovulación de la mujer y, a partir de esa fecha, programar el día en que debía practicarse la histerectomía, para obtener especímenes de cada uno de los días del desarrollo postconcepcional. Sus pacientes eran mujeres fértiles, casadas, que convivían con sus maridos, y a las que se había de extirpar el útero por diversas causas (fibromiomas, prolapsos, trastornos de posición, etc.). Mientras permanecían en la lista de espera, se les pedía que facilitaran a los investigadores una doble información: de un lado, sobre la cronología de sus ciclos, a fin de calcular la fecha de la ovulación mediante los datos termométricos; y de otro, las fechas en que habían mantenido relaciones maritales sin usar ningún método contraceptivo. Al parecer, después de haberlo pensado mucho, Hertig y Rock

---

[355] John Rock jugaría, años más tarde, un papel decisivo en la experimentación clínica que llevó al primer contraceptivo hormonal. Es tenido como uno de los "padres de la píldora".

concluyeron que la ética de este estudio era correcta, aunque en ninguno de los artículos sucesivos que fueron publicando sobre la serie de embriones obtenidos hacen referencia al problema ético de su trabajo[356].

Algunos, sin embargo, han visto problemas éticos en el estudio de Hertig y Rock[357]. Se han preguntado si las mujeres pudieron ser presionadas para realizar el acto conyugal en los días prefijados por el investigador o si se las dejó en total libertad al respecto. McLaughlin[358] piensa que hubiera sido aconsejable recomendar a las mujeres que se abstuvieran de relaciones sexuales antes de la operación, para eliminar la posibilidad de que estuvieran gestando a un embrión el día en que serían operadas. Hertig insistió en que "las *pacientes no* habían sido instruidas sobre cuándo tener el coito, pero, en caso de que lo hubieran realizado sin tomar precauciones [contraceptivas], deberían comunicar a los investigadores este hecho mediante una tarjeta postal"[359]. De una larga conversación con Hertig, McLaughlin transcribe que éste "mantuvo con vehemencia que a las mujeres no se les ordenó que mantuvieran o no

---

[356] Nada se señala sobre las implicaciones éticas de esta investigación en los artículos publicados en el Anatomical Record, en el American Journal of Obstetrics and Gynecology, y en las "Contributions to Embryology" de la "Carnegie Institution". Incluso no hay alusión alguna a la ética en la breve referencia que Rock hace a este estudio en su libro "The Time Has Come", p. 184.

[357] Sobre la ética de este estudio han ofrecido interesantes observaciones varios autores, p.ej., McLaughlin L. The Pill, John Rock, and the Church. A biography of a Revolution. Boston: Little. Brown and Co.; 1989: 63-64; Marsh M, Ronner W. The Fertility Doctor. John Rock and the Reproductive Revolution. Baltimore: Johns Hopkins University Press: 2008: 101-194; Morgan LM. Icons of Life. A Cultural History of Human Embryos. Berkeley: University of California Press; 2009: 128-133.

[358] McLaughlin, op. cit. en nota 18 arriba, nota 2: 64.

[359] Hertig AT. A Fifteen-Year Search for First-Stage Human Ova. JAMA 1989;261:434-435.

mantuvieran relaciones, sino sólo que, en caso de que las hubieran tenido, las registraran y comunicaran. Preguntado si esas mujeres eran suficientemente inteligentes e informadas, para saber que era posible que hubieran concebido una criatura, Hertig respondió: 'No pienso que tuvieran la menor duda acerca de eso. Pero nunca discutí ese asunto con ellas'"[360]. También anota McLaughlin que Hertig recordaba el primer embrión que encontraron: "Bien, el nombre de la mujer era Sra. –, empezó a contar la historia, alegrándose al hacerlo. Hablaba con infinito cuidado, precisión científica y lenguaje selecto. El día de 1938, en que le trajeron el tejido en el que descubrió el primer embrión, tenía ya mucha experiencia y las habilidades necesarias para traerlo a la luz"[361].

En contraste con esas enérgicas afirmaciones, recordadas muchos años después de sucedidos los hechos, existe un testimonio objetivo en el que el propio Hertig asevera exactamente lo contrario con respecto a las instrucciones dadas a las mujeres participantes. En la carta de remisión a Geoerge Streeter[362], del citado primer espécimen de embrión implantado de pocos días, Hertig señalaba que a la mujer *se le había ordenado que mantuviera relaciones conyugales diariamente durante su período teóricamente fértil, cosa que hizo. El útero fue*

---

[360] McLaughlin, op. cit., nota 2: 64.

[361] Ibid.

[362] George Streeter era a la sazón (1938) Director de la "Carnegie Institution of Embryology, Baltimore". Esta institución contaba con un equipo técnico de excepcional calidad para encargarse de la preparación histológica, fotografía, dibujo y conservación de los embriones. Por esa razón, una vez fijados y deshidratados, los embriones eran enviados de Boston a Baltimore.

extirpado en el que probablemente era su undécimo día postovulatorio, o sea, el día 24 del ciclo"[363].

La carta de Hertig a Streeter, hasta ahora no citada por ninguno de los autores que han estudiado la ética de la "caza de embriones", obliga a dudar de la libre voluntariedad de la cooperación de las mujeres que participaron en el estudio. Es necesario no olvidar que el Free Hospital era gratuito, lo cual establecía una relación peculiar entre los médicos y las pacientes, una relación cargada, por parte de éstas, de dependencia y sumisión. Tal circunstancia podría facilitar la adopción de una actitud pasiva por parte de las enfermas. La frase incorpora con bastante exactitud el modo entonces habitual de consentir la paciente a la propuesta del médico, un consentimiento que, por parte de ella, tenía poco de libre e informado y mucho de resignado y dócil. La frase refleja también la actitud dominante del investigador sobre sus sujetos. Expresa igualmente la actitud de dominio sobre el embrión; aunque, en cada caso concreto, el investigador ignoraba en el momento de la histerectomía si un embrión estaba presente en el útero. En cierto modo, la "caza de embriones" arranca de una ética ciega al valor del embrión en sí, en cuanto ser humano, una ética que autoriza a sacrificarlos para beneficio de la ciencia[364].

---

[363] Carta de Hertig a Streeter, del 22 de octubre de 1938 (énfasis añadido). Esta carta ha sido incluida en la presentación de una historia gráfica de la píldora, 'Conceiving the Pill', producida por el Centro para la Historia de la Medicina, de la Biblioteca Francis A Countway, de Boston: 2013. Accesible en: https://collections.countway.harvard.edu/onview/exhibits/show/conceiving-the-pill.

[364] Merece la pena en este punto señalar que Edwards y Steptoe, en los experimentos que condujeron a la fecundación *in vitro* humana, recurrieron en varias ocasiones a ordenar a las pacientes a las que Steptoe iba a histerectomizar,

9.2.2. La mentalidad de dominio en los primeros ensayos clínicos de los contraceptivos orales

Aunque la situación en que se realizaron los primeros ensayos clínicos sobre los contraceptivos hormonales implicaba muy diferentes factores e intereses, parece inexcusable admitir que la mentalidad de dominio informó la actuación de muchos de sus protagonistas. En primer lugar, las promotoras del estudio –Katherine McCormick, sobre todo, pero también Margaret Sanger– apremiaron a los investigadores a obtener resultados inmediatos y positivos, de modo que permitieran la introducción de la píldora en la sociedad. Esa urgencia indujo a los científicos a diseñar ensayos pobres en calidad metodológica y todavía más en rigor ético. Aunque John Rock fue capaz de resistir durante un tiempo a las pretensiones de las promotoras y pudo diseñar algunos ensayos técnicamente correctos, Gregory Pincus cedió sin casi resistencia a las exigencias de McCormick, y, para contentarla, realizó lo que algunos han dado en llamar "pequeños ensayos".

A pesar de que nunca fueron publicados en revistas científicas, es interesante prestar atención a tales pequeños ensayos. Sobre ellos han escrito algunos autores, haciéndose eco de las revelaciones que McLaughlin

---

que mantuvieran relaciones sexuales en los días precedentes a la operación. Lo hicieron con el propósito de obtener de las trompas espermatozoides capacitados con los que practicar la fecundación *in vitro* de ovocitos madurados, tal como cuentan ambos autores (Edwards RG, Steptoe PC. A Matter of Life. The Story of a Medical Breakthrough. London: Hutchinson; 1980: 59; o colocar ovocitos madurados en las trompas con el fin de obtener así una fecundación in vitro 'intratubárica', en la expresión de Mandelbaum (Mandelbaum J. Histoire de la fécondation in vitro. In: Poncelet C, Sifer C, eds. Physiologie, pathologie et thérapie de la reproduction chez l'humain. Springer Science; 2011: 65). Más sobre este punto en: Johnson MH. Robert Edwards: the path to IVF. Repr Biomed Online 2011;23:245-262, en 256.

adelantó en 1989 en su biografía de Rock[365]. Se trata de dos ensayos clínicos menores, realizados por iniciativa de Pincus: de un lado, el estudio de los efectos del noretinodrel sobre el ciclo menstrual, llevado a cabo en las estudiantes de medicina de Puerto Rico; y, de otro, el realizado en el Worcester State Hospital sobre el efecto de las nuevas progestinas en pacientes psiquiátricos de uno y otro sexo[366].

Los aspectos éticos de ambos ensayos han sido objeto de comentario y reprobación por muchos autores367. Incluyen un conjunto variado de transgresiones éticas, tales como, por ejemplo, vicios en la obtención del consentimiento de las participantes incapaces; amenazas de represalias académicas a las estudiantes para obligarlas a entrar en el ensayo; exigencia apremiante de seguir un conjunto muy oneroso de prácticas analíticas (temperatura

---

[365] McLaughlin, op. cit: 118-120.

[366] Al parecer, hubo otros intentos de realizar otros "pequeños ensayos" en Puerto Rico (con estudiantes de enfermería del San Juan City Hospital y con mujeres detenidas en el Instituto Correccional de Vega Baja), pero sobre ellos apenas se dispone de datos.

[367] El fracasado ensayo sobre las estudiantes de medicina de Puerto Rico ha sido tratado repetidas veces. La descripción más completa está en Seipp C, Ramirez de Arellano AB. Colonialism, Catholicism, and Contraception: A History of Birth Control in Puerto Rico. Chapel Hill, NC: University of North Carolina Press; 1983: 107-110. Otras descripciones en: McLaughlin (op. cit., pp. 118-119); Marsh y Ronner (op. cit., p. 174); y Oudshoorn N. Beyond the Natural Body: An Archaeology of Sex Hormones. New York: Routledge; 1994: 123. Sobre el ensayo en pacientes psiquiátricos del Worcester State Hospital, que May ha calificado como "uno de los episodios más hirientes del desarrollo de la píldora" (May ET. America and the Pill. A History of Promise, Peril, and Liberation. New York: Basic Books; 2010: 19), han tratado McLaughlin (op. cit., pp. 119-120); Marsh y Ronner (op. cit., p. 159); Mark LV. Sexual Chemistry: A History of the Contraceptive Pill. London: Yale University Press; 200: 100; Eig J. The Birth of the Pill. How Four Crusaders Reinvented Sex and Launched a Revolution. New York; WW Norton; 2014: 177-180; Speroff L. A Good Man: Gregory Goodwin Pincus. The Man, his Story, the Birth Control Pill. Portland, Or: Arnica Publ., Inc; 2009.

basal y frotis vaginal, cada día; biopsia endometrial y determinación de pregnanodiol en orina, una vez al mes); diseño deficiente que no permitía un análisis estadístico bien fundado; o la ausencia inexplicable de los correspondientes grupos control. No podían de ningún modo considerarse ensayos piloto.

Pasando ya al terreno más sólido de los ensayos clínicos publicados, no deja de ser en cierto modo simbólico que el primero de ellos, diseñado por el propio Rock, haya resultado un pequeño muestrario de los errores éticos que la mentalidad de dominio induce en la investigación. Ese estudio, que tenía como objetivo principal observar en qué medida tres nuevas progestinas eran capaces de remediar la esterilidad inexplicada, lleva el título, por decirlo así neutro, de "Efectos de ciertos 19-Nor esteroides sobre el ciclo menstrual humano normal"[368]. Entraron en él cincuenta mujeres que buscaban en el llamado "efecto rebote" de Rock la oportunidad de tener descendencia. Pero el ensayo fue aprovechado para hacer, de paso, una investigación colateral: determinar la eficacia anovulatoria (contraceptiva) de los tres compuestos ensayados, dos de ellos a diferentes niveles de dosis. El plan del ensayo no podía aportar datos estadísticos satisfactorios, dado el bajo número de pacientes para cada compuesto y para cada nivel de dosis. Para mejorar la apariencia estadística (no hay análisis estadístico, solo datos absolutos, porcentajes y algunas desviaciones estándar de la media), los cómputos no se refieren a las mujeres participantes sino a los ciclos menstruales estudiados (50 ciclos control, 112 ciclos con

---

[368] Rock J, Pincus G, García CR. Effects of Certain 19-Nor Steroids on the Normal Human Menstrual Cycle. Science 1956;124:891-893.

medicación)[369]. Los datos obtenidos durante el primer ciclo sin tratamiento sirvieron de referencia control. Los métodos utilizados fueron: la temperatura basal y un frotis vaginal a diario; una biopsia endometrial entre los días 19 a 24 del ciclo; y, finalmente, el nivel urinario de pregnanodiol entre los días 17 a 23 del ciclo medido en muestras de 48 horas.

Las mujeres entraron en el ensayo para remediar su esterilidad, pero no se dice nada acerca de su deseo de participar en un estudio sobre contracepción. Mastroianni, que colaboró en ese trabajo como asistente clínico, recordaba que Rock tenía una habilidad especial para persuadir a sus pacientes a entrar como sujetos de investigación en sus ensayos clínicos, aunque siguiendo unas directrices propias, no las formales vigentes[370].

Por otro lado, el artículo se refiere, como de modo casual, a un grupo extra de siete mujeres (no incluidas entre los cincuenta ciclos), que por alguna razón requerían una laparotomía, que fueron tratadas con uno de los nuevos 19-Nor esteroides por un tiempo de uno a tres meses antes de la intervención[371]. Lo importante para los autores fue no encontrar en los ovarios de esas mujeres cuerpos lúteos recientes, lo cual se interpretó como prueba visible del efecto anovulatorio de las progestinas. Es este un nuevo ejemplo de la ética del dominio: por propia iniciativa los

---

[369] El uso de las referencias al total de ciclos menstruales estudiados o al índice "mujer-años", aunque habitual desde los años 1930, permitía a los autores ciertas licencias en el uso de las evaluaciones estadísticas. Ver, a propósito del estudio de Puerto Rico, el comentario de Briggs L. Reproducing Empire: Race, Sex, Science, and U.S. Imperialism in Puerto Rico. Berkeley, CA. University of California Press, 2002: nota 102, p. 233.

[370] McLaughlin, op. cit: 116-117.

[371] Briggs afirma que las laparotomías se hicieron en mujeres que ya estaban programadas para una histerectomía. Briggs L. Reproducing Empire: 134.

investigadores imponen a las mujeres un retraso notable de la laparotomía y las obligan a un tratamiento farmacológico que no era necesario para ellas. Por razones nunca explicadas, no se le reconoció crédito alguno en el trabajo publicado a la Dra. Angeliki Tsacona, la cual se encargó de seguir, operar y realizar los exámenes histológicos de estas siete mujeres[372].

Tal estudio, el primero en mostrar el efecto anovulatorio de los nuevos 19-Nor esteroides en la mujer, fue publicado en la selectiva revista Science. Curiosamente, su autor principal, John Rock, se había opuesto a la publicación del artículo por considerarlo prematuro, pues pensaba que no podían extraerse conclusiones firmes de un solo estudio de cincuenta pacientes: eran necesarios más ensayos clínicos373. Sin embargo, el trabajo fue publicado, probablemente tanto para asegurar a los autores la prioridad histórica de los hallazgos como para dar satisfacción a Katharine McCormick. A pesar de sus debilidades, fue vuelto a publicar más de una vez374.

9.2.3. La mentalidad de dominio y la aprobación de la píldora por la FDA

Esa mentalidad fue ejercida por los investigadores no sólo ante las mujeres que participaron en ensayos posteriores, sino también en sus relaciones con la FDA para

---

[372] McLaughlin, op. cit.: 117.

[373] Ibid: 118. Se trata de 50 mujeres: 50 ciclos control y 112 ciclos medicación.

[374] Los mismos hallazgos fueron vueltos a publicar, en artículos más extensos, inmediatamente después: Rock J, García CR, Pincus G. Synthetic progestins in the normal human menstrual cycle. Rec Progr Horm Res. 1957;13:323-339. García CR, Pincus G, Rock J. Effects of three 19-nor steroids on human ovulation and menstruation. Am J Obstet Gynecol 1958;75:82-87.

obtener la autorización de la puesta en mercado de los nuevos contraceptivos hormonales. Así lo revelan dos episodios, de cada uno de los cuales existen versiones contradictorias.

El primero de ellos se refiere a la participación de John Rock en la fase final de la aprobación de la píldora (en concreto del Enovid, de G.D. Searle & Co.) por la FDA. La historia de este episodio es bien conocida, pues ha sido relatada con pequeñas variantes por McLaughlin[375], Marsh y Rooner[376], Asbell[377], Speroff[378] y Eig[379]. Su origen parece estar en las entrevistas que McLaughlin hizo, de un lado a Winter, alto directivo de la Searle, y, de otro, a John Rock[380]. Rock quedó sorprendido por la juventud y aparente

---

[375] McLaughlin, op. cit., p. 143.

[376] Marsh, Ronner, op. cit., pp. 218-219.

[377] Asbell B. The Pill. A Biography of the Drug that Changed the World. New York: Random House: 1995: 167.

[378] Speroff, op. cit., pp. 226-228.

[379] Eig, op. cit., pp. 288-289.

[380] Sobre esta entrevista a Rock, afirman Marsh y Rooner, en *Fertility Doctor*, nota 99 en p. 345. "Rock registró la entrevista de McLaughlin en su diario, el 18 de marzo de 1979. Escribió que él pensaba que su nombre era Loretta McDonald. 'Bien, ella, cualquiera que sea su nombre, vino y estuvo cuatro horas enteras preguntándome toda clase de cuestiones, algunas muy personales'. Al parecer, él respondió a todo lo que ella preguntó y escribió que no sabía lo que ella pretendía hacer con la entrevista". Marsh, Rooner, op. cit., nota 99, p. 345. Es curioso que McLaughlin no incluya una referencia específica a su larga entrevista con Rock en su libro. Dice en la sección de Agradecimientos: "Hay muchos otros de quienes soy deudora, en particular de aquellos que, gracias a sus entrevistas, llenaron muchos espacios vacíos. Ellos hicieron posible el libro" (McLaughlin, op. cit., p. no numerada). Pero McLaughlin no los nombra. Ciertamente en el libro abundan los fragmentos entrecomillados que son, obviamente, tomados de entrevistas (con Rock y otros personajes). Existe otra entrevista a Rock en la que relata que intimidó a deFelice para que éste diera de inmediato la aprobación del Enovid por parte de la FDA. Se puede acceder a esa entrevista en audio en la colección de Historia Oral de la Universidad de Kentucky: https://kentuckyoralhistory.org/catalog/xt7d251fmx35.

inexperiencia del Dr. deFelice. Llegó a suponer que el aplazamiento de la decisión se debía a que no había hecho un estudio concienzudo de la documentación presentada por la Searle. El clímax de la entrevista se manifiestó, tal como recuerda el propio Rock, cuando éste, furioso ante las objeciones que a la rápida aprobación del Enovid oponía deFelice, intimidó al hombre de la FDA a que firmara la inmediata autorización. Así lo recuerda: "me levanté, le agarré por las solapas de su chaqueta y le dije: 'No, usted no se llevará este asunto a casa. Lo resolverá ahora mismo'. DeFelice respondió: 'Oh, muy bien'. Pienso que no se dio cuenta de lo que significaba lo que estaba haciendo"[381]. Se trata, obviamente, de una actitud dominante en la que el peso del prestigio de Rock se impone de modo apabullante sobre la bisoñez del colega, al que juzgó incompetente para la tarea que la FDA le había encomendado.

Sin embargo, deFelice ofrece una versión muy divergente de la relatada por Rock. Fue recogida por McLaughlin en una entrevista con el propio deFelice[382], que posteriormente refirieron Marsh y Ronner[383]. En esencia, deFelice consideraba que se trataba de una situación nueva, de atravesar un territorio desconocido, y que era necesario evaluar con precisión la cuantía de los riesgos. El contraceptivo hormonal iba destinado a tratar no una

---

[381] McLaughlin, op. cit., p. 143. En otra entrevista hecha a Rock por Dale Deaton, el 15 de junio de 1979, conservada en el Louie B. Nunn Center for Oral History, de la Biblioteca de la Universidad de Kentucky, Rock representa a deFelice como un joven médico general, que ignoraba el contenido de la solicitud de aprobación por la FDA del Enovid, y al que intimidó a firmar la autorización para la puesta en mercado del contraceptivo. El archivo oral puede escucharse en: https://kentuckyoralhistory.org/catalog/xt7d251fmx35.
[382] McLaughlin, op. cit., pp. 143-144.
[383] Marsh, Ronner, op. cit., p. 217.

enfermedad o unos síntomas patológicos, sino a mujeres sanas; y no por un breve tiempo, sino por muchos meses y aún años. Juzgaba, con razón, que la solicitud de Searle era inadecuada y la documentación presentada incompleta, pues el número de sujetos incluidos en los ensayos era insuficiente para aquilatar posibles riesgos. Exigió, en concreto, que se estudiara el efecto del Enovid sobre los mecanismos de coagulación sanguínea. La actitud de deFelice no era la de un ignorante. La demora de la aprobación del Enovid no era una maniobra obstruccionista, sino una decisión responsable.

9.2.4. La mentalidad de dominio y los casos control del ensayo de Río Piedras

Barbara Seaman, que dedicó buena parte de su trabajo de periodismo de investigación a denunciar los efectos adversos de la píldora, es la autora de una grave acusación de fraude con respecto a los controles usados en el experimento de Rio Piedras.

La denuncia apareció en un artículo publicado en *New York Times* el año 2000, cuando se cumplían cuarenta años de la aprobación por la FDA de la píldora como contraceptivo. Después de consultar el archivo de Pincus, depositado en la Biblioteca del Congreso de los Estados Unidos, Seaman denunció que, "... ya avanzado el estudio, la FDA informó a Pincus de la necesidad de un grupo control. Como la reclutadora de la Asociación de Planificación Familiar de Rio Piedras (Puerto Rico) no podía incorporar nuevas voluntarias, Pincus le ordenó que retirara la etiqueta de los archivos marcados como 'casos perdidos' —que correspondían a las mujeres que habían abandonado el ensayo— y los marcara de nuevo como 'casos control'". Añadía Seaman la acusación de que en mayo de 1959 se cambió la píldora de sólo noretinodrel por la píldora definitiva, adicionada de estrógeno. Concluía Seaman que el llamado «grupo control» por Pincus no sólo era un grupo de mujeres que previamente se habían excluido del ensayo, sino que había recibido un tratamiento que se comparaba con un grupo experimental que había recibido sucesivamente píldoras de diferente composición[384]. Seaman resumió su impresión del archivo de Pincus con estas palabras: "Revela una asombrosa astucia científica y empresarial, y le hacen a uno preguntarse por qué Pincus no quemó esas pruebas"[385]. Lamentablemente, la periodista no señaló la referencia precisa del documento de Pincus en que basa su denuncia.

La acusación de Seaman no quedó sin respuesta. Marsh confiesa que, en una concienzuda revisión de todo el archivo de Pincus en búsqueda de la fuente invocada por Seaman, no fue capaz de encontrar base alguna para su acusación, y sugiere que las sospechas de aquélla se basan en una falsa interpretación de una carta enviada a Pincus por la Dra. Rice-Wray, la persona que dirigía los ensayos en Rio Piedras[386].

¿Sería posible encontrar algo de luz sobre el conflicto Seaman/Marsh en las publicaciones de Rock, Pincus y sus colaboradores? Los artículos que exponen sus primeros ensayos clínicos con la píldora no ayudan, sin embargo, a aclarar el problema; al contrario, contribuyen más bien a mantener las dudas.

---

[384] Seaman B. The Pill and I: 40 Years On, the Relationship Remains Wary. New York Times, June 25, 2000: 15-19.

[385] Ibid.

[386] Marsh, Ronner, op. cit., p. 190, y especialmente nota 15, en p. 340.

Los trabajos publicados sobre los estudios iniciales de Puerto Rico y Haití apenas hacen referencia a los grupos control: se limitan a aludir genéricamente que se constituyeron esos grupos, pero no nos hablan de los criterios que se aplicaron para la selección ni de las intervenciones a que fueron sometidos. Así, por ejemplo, en el estudio de Rio Piedras, se usaron como controles los valores (temperatura basal diaria, frotis vaginal diario, una determinación del pregnanodiol en la orina recogida entre los días 19 y 21, y una biopsia endometrial tomada de ordinario el día 21) obtenidos en el ciclo inmediatamente anterior al inicio de la ingestión del contraceptivo en las mujeres que participaron en el ensayo, de modo que cada mujer actuó como control de sí misma[387], como ya se había hecho con las cincuenta mujeres del ensayo que Rock había realizado en su clínica de Massachusetts[388].

En el ensayo de Humacao, se indica que los controles fueron reclutados como testigos emparejados (por edad de la mujer, número de hijos, número de gestaciones y años de matrimonio) con los casos experimentales. Pero resultó muy difícil poder contar con el grupo control así diseñado, cosa que no es de extrañar, pues se les había dicho que se trataba de un estudio del tamaño de las familias en aquella comunidad local[389].

---

[387] Pincus G, Rock J, Garcia CR. Effects of Certain 19-Nor Steroids upon Reproductive Processes. Ann N Y Acad Sci 1958;71:677-690; García CR, Pincus G, Rock J. Effects of three 19-nor steroids on human ovulation and menstruation. Am J Obstet Gynecol 1958;75:82-97.

[388] Rock J, Pincus G, Garcia CR. Effects of Certain 19-Nor Steroids on the Normal Human Menstrual Cycle. Science 1956;124:891-893.

[389] Rice-Wray E. Field Study with Enovid as a Contraceptive Agent. Proc Symp on 19-Nor Steroids. Chicago: GD Searle & Co; 1957: 78-82, 92-93. Reimpreso en: Katz J. Experimentation with Human Beings. New York: Russell Sage

En publicaciones más tardías, entre ellas algunos trabajos de revisión, no se hace referencia a los grupos control[390].

Esta escasez de datos sobre los grupos control, las variantes de método seguido en los diferentes ensayos y, en particular, el escaso aprecio en que tuvieron las quejas de las participantes sobre los efectos colaterales de la medicación, levantan la sospecha de que los investigadores concedieron muy escasa relevancia al diseño y seguimiento de los controles. En realidad, su interés prevalente, por no decir único, estaba en demostrar la eficacia absoluta de la contracepción hormonal.

9.2.5. La persistencia de la mentalidad de dominio

A lo largo de los años que van de 1955 a 1975, fueron muy numerosos los episodios que mostraban la mentalidad que venimos describiendo. Se dieron prácticamente en todas las situaciones posibles: en el modo en que las mujeres que participaron fueron maltratadas en sus derechos y dignidad, en las relaciones de unos investigadores con otros, e incluso en los procedimientos de autorización para uso humano de los contraceptivos por parte de las agencias del gobierno.

Algunos de esos episodios han alcanzado el dudoso prestigio de ser paradigmas de mala conducta de investigación. Es, por ejemplo, el caso de Joseph Goldzieher[391]

Foundation; 1972: 742-745.

[390] Pincus G, Rock J, Chang MC, Garcia CR. Effects of Certain 19-Nor Steroids on Reproductive Processes and Fertility. Fed Proc 1959;18:1051-1056; Cook HH, Gamble CJ, Satterthwaite AP. Oral Contraception by Norethynodrel. A 3 year Field Study. Am J Obstet Gynecol 1961;82:437-442, 444-445. En Katz, 739-742.

[391] Durante muchos años, Joseph W Goldzieher dirigió el Departamento de

y de su notorio "estudio contraceptivo de San Antonio"[392]. El estudio, llevado a cabo en 1971, en Texas, figuró durante decenios, junto a otros sucesos escandalosos (Willowbrook, Tuskegee, Hospital Judío de Brooklyn), en los cursos de ética de la investigación biomédica, a fin de sensibilizar a los futuros investigadores contra la tentación del abuso de poder.

El estudio contraceptivo de San Antonio es aleccionador, en primer lugar, porque Goldzieher quedó muy por debajo de lo que cabría esperar de quien había publicado hacía poco un extenso artículo sobre los modos correctos de diseñar y evaluar los diferentes tipos de ensayos clínicos[393]. En su caso, el conocimiento de la teoría no le protegió contra el error práctico. El estudio había sido dotado de un diseño muy complejo: se trataba de un ensayo clínico doble ciego, de grupo control con grupo placebo, y doble cruzamiento con cuatro grupos experimentales que recibían diferentes contraceptivos

---

Endocrinología de la Southwest Foundation for Research and Education, de Texas, en San Antonio. Fue muy activo en la investigación de la contracepción y en su difusión, especialmente entre la población chicana. De él se han publicado dos breves semblanzas. Una, escrita por él mismo, aparece en: Bettendorf, ed. Zur Geschichte der Endokrinologie and Reproduktionsmedicine. Berlin: Springer-Verlag; 1995: 177-180. La otra se debe a Benagiano: Benagiano G. Joseph W. Goldzieher and the birth of hormonal contraception. Contraception 2010;82:119-124.

[392] Goldzieher JW, Moses LE, Averkin E, Scheel C, Taber BZ. A Placebo-controlled Double-blind Crossover Investigation of the Side Efects Attributed to Oral Contraceptives. Fertil Steril 1971;22:609-623. Otra comunicación complementaria de los mismos autores sobre las mismas pacientes se publicó pocos meses más tarde: Goldzieher JW, Moses LE, Averkin E, Scheel C, Taber BZ. Nervousness and depression attributed to oral contraceptive: A double-blind, placebo-controlled study. Am J Obstet Gynecol 1971;11:1013-1020.

[393] Hines DC, Goldzieher JW. Clinical Investigation: A Guide to its Evaluation. Am J, Obstet Gynecol 1969:105:450-487.

orales. Se proponía como objetivo principal determinar si los molestos efectos colaterales de los contraceptivos tenían una base fisiológica objetivable o eran consecuencia de factores psicogénicos. A todas las mujeres se les ordenó usar una crema vaginal como protección complementaria, pues las píldoras podrían no ser totalmente efectivas (especialmente las ficticias que recibían las mujeres del grupo placebo). El ensayo, en el que participaron 398 mujeres, en gran parte de ascendencia mexicana, resultó gravemente alterado cuando la FDA prohibió el uso de uno de los contraceptivos que estaban siendo investigados. De resultas, la fuerza estadística del ensayo se vino abajo. A pesar de ello, Goldzieher prefirió terminar el malogrado proyecto, para mostrar una apariencia seria a sus intuiciones y concluir que la sintomatología colateral que sufrían las consumidoras de los contraceptivos orales dependía de la mera subjetividad debida a un efecto placebo.

Lo que otorgó fama, sin embargo, al estudio contraceptivo de san Antonio fue el desprecio con que, en general, fueron tratadas las mujeres que participaron en él. Ese maltrato provocó una intensa reacción en los medios. El estudio era un agravio a mujeres, en su mayoría pobres, de escasa cultura, que se habían inscrito en el ensayo no por su interés en ayudar al progreso de la ciencia, sino para evitar nuevos embarazos. Su consentimiento fue dudosamente válido, pues no se les informó del uso del placebo y del riesgo de quedar embarazadas, evento este último que afectó a 10 de las 76 mujeres de los grupos que en alguna fase del proyecto recibieron placebo. Goldzieher se desentendió por completo de ellas. Y lo mismo hicieron los restantes patrocinadores de la investigación (Planned Parenthood de Texas, Laboratorios Syntex, y la Agencia para el Desarrollo Internacional del Gobierno de los Estados Unidos). Esas mujeres no recibieron compensación alguna.

Las críticas de los científicos no se hicieron esperar, e incluso aparecieron antes de ser publicado el estudio. Las primeras protestas se dieron en marzo de 1971, cuando el trabajo fue presentado a la Reunión Anual de la American Fertility Society, en New Orleans. En junio de 1971, basándose en la información proporcionada por Medical World News[394], Robert Veatch publicó una acerada crítica en el número inaugural del Hastings Center Report[395]. Sobre todo destacaron las protestas populares entre la comunidad chicana de Texas, que llevó a la creación de grupos de activistas que reivindicaban ayudas para las mujeres gestantes y sus niños[396].

Son muchas las críticas que provocó el trabajo de Goldzieher, que fue acusado de cometer fallos graves en la obtención del consentimiento de las participantes, tanto en lo que se refiere al contenido de la información dada, como en la actitud de suponer que era legítimo omitir el consentimiento, pues muchas mujeres fueron consideradas incapaces de comprender el complejo diseño del estudio; a muchas de ellas no se les informó que recibirían un placebo en lugar de la píldora activa. En esencia, se concluyó que el estudio se basaba en el engaño y en la explotación de una población vulnerable e indigente.

---

[394] Anónimo. Placebo Stirs Pill "Side Effects". Med World News, 1971, April 16. El artículo ha sido reproducido en: Katz J. Experimentation with Human Beings. The Authority of the Investigator, Subject, Professions, and State in the Human Experimentation Process. New York: Russell Sage Foundation; 1972: 791-792.

[395] Veatch RM. 'Experimental' Pregnancy. The ethical complexities of experimentation with oral contraceptives. Hastings Cent Rep 1971;1(Jun):2-3.

[396] Ver, p. ej., Hume M. Maybe Baby. Texas Monthly 1973;1(9):43.

Y lo notable es que los investigadores no fueron censurados ni recibieron sanción alguna; siguieron recibiendo el apoyo de las agencias patrocinadoras (Planned Parenthood, USAID, y la propia South Central Texas and Southwest Foundation for Research and Education), y gozando de notable prestigio en el mundo de la ciencia biomédica[397].

9.3. La mentalidad zoológica de algunos investigadores de la contracepción

La investigación contraceptiva moderna fue ideada desde el principio –y lo sigue siendo todavía hoy– como contracepción femenina, es decir, un estudio de procedimientos aplicables a la mujer. Por contraste, la contracepción masculina, aunque en años recientes está recibiendo alguna atención, ha permanecido en un plano secundario[398].

---

[397] Benagiano G. Joseph W. Goldzieher and the birth of hormonal contraception. Contraception 2010;82:119-124.

[398] Son varias las razones, apuntadas por Briggs, por las que la contracepción masculina no ha entrado en la agenda de la experimentación de los decenios de 1950 y 1960. De un lado, Pincus renunció a ella a pesar de que su estudio sobre pacientes psicóticos del Worcester State Hospital había mostrado que los esteroides podían detener la espermiogénesis, aunque habían surgido sospechas de que las hormonas usadas podrían ejercer un efecto feminizante en los hombres. De otro, Pincus estaba influenciado por la decisión de las promotoras de los ensayos, McCormick y Sanger, de que se limitara exclusivamente a buscar métodos que pudieran controlar las mujeres. Además, en aquellos años, las mujeres eran tenidas como el objetivo al que tendrían que dirigirse los esfuerzos para poner coto a la superpoblación. Briggs L. "The Pill" in Puerto Rico and the Mainland United States: Negotiating Discourses of Risk and Decolonization. In: Reed L, Sankko P, eds. Governing the Female Body. Gender, Health, and Networks of Power. Albany: State University of New York Press; 2010: 159-184, en 182. Es muy probable, sin embargo, que otros factores influyeran en esa decisión: como apuntan algunas feministas, la investigación estaba dirigida por hombres, para quienes experimentar sobre mujeres era más cómodo que hacerlo sobre varones.

Como ya se señaló al comienzo de este capítulo, la estrategia de los científicos en su búsqueda de contraceptivos hormonales para uso humano se basó sobre el esquema del puro control fisiológico del sistema reproductor femenino. Para ello, trataron de identificar en la mujer los factores y procesos homólogos a los que se habían ido conociendo en los experimentos en animales domésticos y de laboratorio. Esta estrategia de investigación concordaba, de un lado, con el legítimo reduccionismo metodológico que exige la ciencia experimental, aislando el problema en estudio y formulándolo en sus términos más simples y abstractos, para eliminar al máximo el "ruido de fondo" debido a las interferencias del entorno fisiológico; de otro lado, respondía al propósito de muchos investigadores de hacer respetable científicamente el estudio de la fisiología reproductiva, aislándolo de contaminaciones subjetivas y antropológicas. Fue este enfoque, que no tenía en cuenta lo genuinamente humano de la procreación hominal, la que presidió la investigación de los contraceptivos[399].

Una de las consecuencias de tal enfoque fue el desarrollo, entre los investigadores de la contracepción femenina moderna, de una mentalidad que podría calificarse de 'zoologista', término con el que se quiere dar a entender que la mujer era despojada, en cuanto sujeto

---

Finalmente, hay una razón fisiológica fundamental: la complejidad mucho mayor de la gametogénesis masculina en comparación con la femenina (Asbell B. The Pill, pp. 345-346).

[399] "Los hombres que ambicionaban un estudio científicamente respetable del sexo reconocieron que su base tendría que ser ampliamente biológica e independiente de intereses humanos o experiencias subjetivas... Se trataba de una postura liberal, de una biología liberada como ciencia autónoma". Hall DL. Biology, Sex Hormones and Sexism in the 1920s. Philosophical Forum 1974;5:81-96.

experimental, de la dignidad intrínseca propia de los seres humanos y rebajada a la condición de animal de laboratorio. No se trataba de un fenómeno nuevo, pues la idea de la mujer como animal reproductor era, en buena parte, herencia del siglo XIX[400], que pervivió, como se mostrará a continuación, en el siglo siguiente. Se trata, desde el punto de vista antropológico, de una visión empobrecida, tanto como pueda serlo el espiritualismo maniqueo, que niega el valor positivo del cuerpo[401]. Contribuyó a consolidar este enfoque la ideología de la superpoblación del planeta Tierra, con su característica depreciación de los individuos singulares y sus proyectos reproductivos particulares, y su no menos característica pulsión a sólo tomar en cuenta la masa anónima y su potencial reproductivo colectivo.

La visión zoologista de la reproducción humana se incubó y desarrolló a la sombra del evolucionismo darwiniano y de la visión materialista de la biología. Darwin y muchos de sus seguidores estaban convencidos de la inferioridad física e intelectual de la mujer con respecto al varón[402]. Pincus, por su parte, había sido discípulo de

---

[400] Smith-Rosenberg C, Rosenberg C. The Female Animal: Medical and Biological Views of Woman and Her Role in Nineteenth-Century America. J Am Hist 1973;60:332-356.

[401] Señala Kaiser que, en un momento determinado, los psicólogos y psiquiatras de la CP procuraron dejar claro a los [teólogos] célibes que la sexualidad no era simplemente parte de la 'naturaleza animal' del ser humano, sino que era algo positivo, parte del plan divino sobre el hombre. Kaiser RB. The Encyclical that Never Was. The Story of the Commission on Population, Family and Birth Control, 1964-66. London: Sheed & Ward; 1985: 127-128.

[402] Darwin, C. *The Descent of Man and Selection in Relation to Sex,* 1896 edition, D. Appleton and Company; New York, 1871: 561-3. El tema ha sido expuesto recientemente en: Saini A. Inferior. How Science Got Women Wrong, and the New Research That's Rewriting the Story. Boston: Beacon Press; 2017: 13-

Jacques Loeb, quien profesaba que todo proceso biológico (incluida la reproducción) podía ser reducido a física y química, de modo que después pudiera ser 'reingenierizado' y aplicado al control del hombre[403]. Se llegó así a una síntesis de la naturaleza meramente animal de la sexualidad humana, en la que la procreación humana queda privada de sentido antropológico y moral[404].

Fue muy grande la influencia que tal visión zoologista ejerció en los científicos que diseñaron los ensayos clínicos correspondientes. Además, fue recibida sin apenas oposición por una sociedad extraordinariamente receptiva a la ciencia, pues estaba convencida de que la investigación biomédica era capaz de resolver los problemas que afectaran a la salud y bienestar del ser humano[405]. Como se ha explicado anteriormente, esa investigación, además, se llevó a cabo en un tiempo en que la correspondiente normativa ética y legal apenas había empezado a crearse, y en el que los investigadores acostumbraban a ser ellos mismos quienes autónoma y discrecionalmente ponían límite ético a sus experimentos sobre seres humanos. Creían firmemente que el fin último de la ciencia era adquirir nuevos conocimientos y solucionar problemas, un objetivo al que deberían someterse los intereses de los particulares. En tales circunstancias, no consideraban especialmente grave que la mujer, sobre todo si pertenecía a un estrato socioeconómico y cultural bajo, participase en

---

18.

[403] Clarke A.E. Disciplining Reproduction. Modernity, American Life Sciences, and "the Problems of Sex". Berkeley: University of California Press; 1998: 24.

[404] Benagiano G. Reproductve strategies for human survival. Repr BioMed Online 2001;4,suppl 1:72-76.

[405] Rothman DJ. Strangers ..., pp. 51-59.

programas de investigación claramente lesivos para su dignidad y libertad.

Parece oportuno considerar dos de las manifestaciones principales del sesgo zoologista en la experimentación contraceptiva: una es la equiparación de la mujer, en cuanto sujeto de experimentación, a un mero animal, a un 'cobaya humano'; la otra consiste en la reducción del cuerpo de la mujer a un sistema manipulable de moléculas hormonales.

9.3.1. La equiparación de la mujer, en cuanto sujeto de experimentación, a cobaya humano

La manifestación más simple del fenómeno aparece en el lenguaje biomédico. No se trata, sin embargo, de simples expresiones 'naturalistas' usadas en el habla común de los científicos cuando hacen referencia a asuntos de biología comparada. En la literatura, se encuentran consideraciones como las siguientes: "Se han hecho también algunas observaciones en mujeres y monas después de la ovariectomía"[406]. En otras ocasiones, se afirma que no hay diferencias entre la mujer y el animal hembra en lo que se refiere a los procesos reproductivos[407]. Aunque se puede interpretar 'asépticamente' esta identificación, analogías de

---

[406] Dixon WE. The Action and Uses of Ovarian Extracts. Br Med J 1927;2:1070-1074, en 1071.

[407] "Todo cuanto sabemos sobre el ciclo menstrual de los primates sugiere que su control hormonal es el mismo que en los animales inferiores, y que es extremadamente probable que los factores que gobiernan la implantación del huevo fecundado sean fundamentalmente similares en las mujeres y en los animales inferiores". Parkes AS, Dodds EC, Noble RL. Interruption of Early Pregnancy by Means of Orally Active Oestrogens. Br Med J 1938;2:557-559, en 559.

este tipo, según el contexto, pueden ser degradantes para las mujeres[408].

El fenómeno ha quedado plasmado en la imagen de la mujer-cobaya humano. La expresión cobaya humano había sido usada ya mucho antes de los años 1950, para designar diversos tipos de sujetos de experimentación; desde los voluntarios que habitualmente se prestaban mediante pago a someterse a diferentes tipos de experimentos (cobayas humanos profesionales), hasta los hijos menores de médicos en los que se probaban nuevas vacunas o medicamentos[409].

Sin embargo, fue en la investigación contraceptiva donde la condición de mujer como animal experimental alcanzó su mayor notoriedad. Lo hizo de la mano de Katharine McCormick y su expresión "una jaula de mujeres ovulantes". La frase ha alcanzado gran notoriedad, por lo que es de interés conocer su historia. En una carta a Sanger, escrita en mayo de 1955, McCormick se quejaba de la lentitud con que Pincus estaba llevando a cabo los tediosos ensayos clínicos con contraceptivos orales, lo que contrastaba con la celeridad con que el mismo Pincus había realizado los experimentos sobre animales. Contaba McCormick que, llena de impaciencia, había preguntado a Pincus: "¿Cómo podríamos conseguir una jaula de mujeres ovulantes para experimentar?[410].

---

[408] Mitchinson W. The Nature of Their Bodies. Women and Their Doctors in Victorian Canada. Toronto: University of Toronto Press; 1991: 91.

[409] Lederer S. Subjected to Science. Human Experimentation in America Before the Second World War. Baltimore: The Johns Hopkins University Press; 1955.

[410] Katherine McCormick to Margaret Sanger, May 31, 1955. Margaret Sanger Papers, Sophia Smith Collection, Smith College, Northampton, MA. "Ante

La expresión, ingeniosa pero inapropiada, permaneció inédita en el epistolario de Sanger durante casi un cuarto de siglo, hasta que, en 1978, fue citada por Reed[411]. Sorprende que, a pesar de la conflictividad ética y sociológica y del carácter degradante de la frase, ese autor no hiciera ningún comentario sobre ella. Pasados unos años, otros autores la interpretaron en diferentes sentidos. En 1983, Ramírez de Arellano y Seipp toman el símil de la jaula de mujeres ovulantes como imagen que aplican a Puerto Rico, para subrayar así el carácter de laboratorio social que la isla caribeña había adquirido tras acoger el primer ensayo clínico a gran escala de contracepción hormonal[412]. En 1994, la imagen de la jaula fue de nuevo empleada por Oudshoorn, como metáfora de la estabilidad de la población insular de Puerto Rico y garantía de que las mujeres no se retirarían fácilmente del proyecto[413]. Preciado la usó como símbolo de la conexión entre el encarcelamiento y las exigencias de la precisión científica[414].

---

mi enérgica queja al Dr. Pincus sobre nuestra falta de resultados clínicos ("¿Cómo podremos conseguir una 'jaula' de mujeres ovulantes para experimentar? – ese es nuestro cuello de botella"). La carta puede leerse en: The Pill: Birth of a New Woman. Correspondence between Margaret Sanger and Katharine McCormick: http://93778645.weebly.com/letters-between-sanger-and-mccormick.html.

[411] Reed J. From Private Vice to Public Virtue. The Birth Control Movement and American Society Since 1830. New York: Basic Books; 1978: 358.

[412] Ramírez de Arellano AB, Seipp C. Colonialism, Catholicism, and Contraception: a history of birth control in Puerto Rico. Chapel Hill, NC: University of North Carolina Press; 1983: 175.

[413] Oudshoorn N. Beyond the Natural Body: An Archaeology of Sex Hormones. New York: Routledge; 1994: 124-125. La misma autora reitera la idea años más tarde en Oudshoorn N. Drugs for healthy people: The culture of testing hormonal contraceptives for women and men. In: Gijswijt-Hofstra M, van Heteren GM, Tanse EM, eds. Biographies of Remedies: Drugs, Medicines and Contraceptives in Dutch and Anglo-American Healing Cultures. Amsterdam; Rodopi; 2002: 123-140, en 127.

[414] Preciado B. Testo Junkie: Sex, Drugs, and Biopolitics in the

En su valor más literal de mujeres-cobayas humanos, la figura de la jaula de hembras ovulantes se ha convertido en tiempos recientes en lugar común, y ha sido citada "en casi todas las ocasiones en que alguien ha escrito sobre el desarrollo de la píldora"[415].

Fue necesario esperar a 1998 para ver publicada la primera evaluación ética de la conflictiva frase de McCormick. La debemos a Marks, quien hizo hincapié en que lo más saliente de dicha expresión es "la sugerencia de que las mujeres podían ser reducidas a su fisiología reproductiva y ser vistas como simples 'hembras ovulantes'"[416]. Tal visión reductiva fue, a juicio de Marks, no un elemento casual y aislado, sino el fundamento mismo sobre el que los investigadores diseñaron los primeros ensayos clínicos de la píldora[417]. Al año siguiente, Marks endureció todavía más sus críticas: afirmó que McCormick admitía que las mujeres podían ser tratadas como meros animales, y consideraba aceptable que tanto en el ensayo de la píldora en pacientes psiquiátricas en los EE.UU. como después en los estudios hechos en Puerto Rico, Haití y México, se buscasen preferentemente mujeres fácilmente manipulables y que "no se consideraban a sí mismas como

---

Pharmacopornographic Era. New York: Feminist Press at the City University of New York; 2008: 180.

[415] Marsh M, Ronner W. The Fertility Doctor. John Rock and the Reproductive Revolution. Baltimore: The Johns Hopkins University Press; 2008: 158.

[416] Marks L. 'A Cage of Ovulating Females': The History of Early Oral Contraceptive Pill Clinical Trials, 1950-59. In; de Chadaverian S, Kamminga H, eds. Molecularizing Biology and Medicine: New Practices and Alliances, 1910s-1970s. Amsterdam: Harwood Academic Publishers; 1998: 208.

[417] Ibid.

seres humanos dotados de la capacidad de pensar y sentir"[418].

Clarke, a su vez, ha enfatizado el concepto de que la manipulación científica está en el corazón del proceso de racionalización mecanicista de la reproducción. Aduce como prueba que Austin y Short pusieran el título *Manipulando la Reproducción*[419] a un libro que trata de las técnicas de tal manipulación en seres humanos y en animales domésticos, de lo que concluye que la distinción humano/no-humano se ha ido haciendo cada vez menos relevante para la ciencia y la tecnología de la reproducción[420]. Pero esa manipulación, más que científica, es en el fondo cientifista, pues se apoya en la idea de que la ciencia biológica nos aporta la comprensión total del problema. Pero eso no es así: no es simplemente la función reproductora lo que está en juego en la investigación sobre contracepción, sino la plena condición humana, la naturaleza del ser humano. Como señala Janet Smith, el proceso biológico de la generación humana es algo muy superior al proceso paralelo en los animales, requiere un modo de estudio y de evaluación totalmente diferente: el proceso generativo en el ser humano "tiene que ver directamente con el valor de la persona humana y con la importancia de las acciones que han de respetar la plenitud de su dignidad como persona humana. Tratar al hombre como si fuera otro animal

---

[418] Marks L. Human Guinea Pigs? The History of the Early Oral Contraceptive Clinical Trials. Hist & Technol 1999;15:263-268.

[419] *Austin* CR, *Short* RV. Manipulating Reproduction, 2ª ed. Vol. V de *Austin* CR, *Short* RV, eds. Reproduction in Mammals. Cambridge, Cambridge University Press; 1986.

[420] Clarke, Disciplining..., p. 26.

cualquiera justificaría la contracepción, no la condenaría"[421].

9.3.2. El cuerpo de la mujer, un sistema manipulable de moléculas hormonales

La equiparación a animal de laboratorio no marcó el límite último de la depreciación de la mujer en la que, por motivos metodológicos o prejuicios culturales, incurrieron los investigadores pioneros de la contracepción hormonal. En el curso de sus experimentos sobre la selección, administración y efectos de los contraceptivos hormonales, fijaron su atención preferente, por no decir exclusiva, en las modificaciones biológicas inducidas por los compuestos usados, y, en consecuencia, fueron reduciendo su interés en la humanidad de las mujeres que participaban en los ensayos. Las reconocieron simplemente como interesantes sistemas manipulables de moléculas hormonales, y terminaron por olvidarse de su condición personal. Este eclipse ontológico de la mujer había sido ya incoado en algunas discusiones sobre el "control fisiológico de la reproducción", al idear qué tipos de moléculas o intervenciones podrían diseñarse con fines contraceptivos para cada uno de los puntos vulnerables del proceso reproductor femenino.

La reducción de la mujer a un sistema hormonal manipulable no fue fruto de la iniciativa de un individuo o de un grupo aislado; fue, más bien, el resultado de una mentalidad que se fue difundiendo entre los biólogos del siglo XIX tardío, a la que acertadamente se ha denominado

---

[421] Smith J. Humanae Vitae. A Generation Later. Washington, DC: The Catholic University of America Press; 1991: 177.

"visión molecular de la vida", la forma más radical y extrema del reduccionismo biológico[422]. En los primeros decenios del siglo XX, la Fundación Rockefeller se constituyó en el foco desde el que se expandió esta mentalidad. Clarke ha llamado la atención sobre la preocupación de los directivos de esa Fundación por crear y difundir una perspectiva bioquímico/endocrinológica de la vida y, en especial, de la reproducción, con el fin de "fomentar una biología mecanicista como elemento central de la nueva ciencia del hombre y cuya finalidad sería la ingeniería social"[423].

Un efecto sobresaliente de esta visión molecular fue la promoción de las hormonas, en especial de las hormonas sexuales, a la condición de protagonistas dominantes de la vida y la sexualidad. Como dice Harding, "se proclamó discursivamente que las hormonas sexuales encarnaban la *esencia* del sexo"[424]. Según Pfeffer[425], la idea de considerar el cuerpo reproductivo femenino como una factoría química se introdujo en 1905, cuando Heape propuso que una secreción del ovario gobernaba la actividad de los otros órganos generativos[426]. En consecuencia, el organismo femenino pasó de ser 'cuerpo reproductivo' (Pfeffer) a ser 'cuerpo hormonal' (Harding).

---

[422] Kay LE. The Molecular Vision of Life: Caltech, the Rockefeller Foundation and the New Biology. New York: Oxford University Press; 1993: 45-50.

[423] Clarke A.E. Disciplining Reproduction. Modernity, American Life Sciences, and "the Problems of Sex". Berkeley: University of California Press; 1998: 26.

[424] Harding J. Sex and Control: The Hormonal Body. Body & Society 1996;2:99-111, en 99.

[425] Pfeffer N. The Reproductive Body. In: Cooter R, Pickstone J. Companion to Medicine in the Twentieth Century. Abingdon, UK; Routledge; 2013: 277-290, en 281.

[426] Heape W. Ovulation and Degeneration of Ova in the Rabbit. Proc Roy Soc Lond B 1905;76:260-268, en 265-266.

En la historia de la contracepción hormonal encontramos ejemplos de cómo la visión molecular se impuso a la visión humana. Baste con un par de ejemplos.

Marsh y Ronner nos hablan de la reacción de Pincus al informe que le presentó la Dra. Rice-Wray sobre el ensayo de Rio Piedras. Rice-Wray concluía en su informe que la píldora, cuando era ingerida conforme a las instrucciones establecidas por los investigadores, proporcionaba una protección del 100% frente a la gestación, pero con el serio inconveniente de causar un exceso de reacciones colaterales; lo que aconsejaba, a su parecer, no recomendarla para uso general. Pincus hizo oídos sordos a la conclusión de que los efectos indeseados suponían un grave inconveniente. "El experto en ratas y conejas", señalan Marsh y Ronner, "diagnosticó que las reacciones en las mujeres eran psicosomáticas. Ignoró las malas noticias y reaccionó con alegría exultante ante las buenas: la píldora funcionaba y eso era lo único que le importaba"[427]. Desde su visión molecular de la vida, Pincus consideró que las quejas de las mujeres eran irrelevantes; lo que realmente importaba eran las moléculas, el Enovid 10. Poco tiempo después, Rice-Wray fue obligada a dejar la dirección local del ensayo y abandonó Puerto Rico[428].

Por su parte, Rock, del que se afirma que trataba con suma delicadeza a todas sus pacientes cualquiera que fuera su clase social, se opuso al uso de contraceptivos de dosis reducidas de hormonas. Por el contrario, pugnó tenazmente por mantener el Enovid 10, con su elevado contenido en esteroides y sus secuelas de intensos, y a veces

---

[427] Marsh M, Ronner W. op. cit. p. 196.
[428] Ibid: 192.

insoportables, efectos indeseados. A esa conducta le movía su empeño por asegurar que el mecanismo de acción primario y exclusivo de la píldora fuera el efecto anovulatorio inducido por el elevado contenido hormonal. Consideraba Rock que la píldora de contenido hormonal reducido no siempre ejercía un efecto anovulatorio, sino que introducía mecanismos de acción éticamente cuestionables o negativos (sobre todo, la inhibición de la implantación del embrión). Además, y sobre todo, Rock entendía que el efecto anovulatorio era esencial para mantener el supuesto carácter de método natural imitador de la gestación, una figuración sobre la que él pretendía legitimar la licitud de la píldora a los ojos de la teología moral católica[429]. Para Rock, el soportar los molestos efectos colaterales de la píldora de dosis alta era el precio que las mujeres habían de pagar por poner a salvo la inocencia moral de la medicación.

La reducción de la mujer a un sistema manipulable de moléculas hormonales es, en cierto sentido, la culminación de un proceso que, robando al cuerpo humano su unidad existencial, lo transforma en piezas separables, que, a su vez, son fragmentadas en unidades cada vez más pequeñas, ya no referibles a un sujeto humano. Este proceso de molecularización ha marcado el rumbo de la investigación contraceptiva.

---

[429] Rock J. The Time Has Come. A Catholic Doctor's Proposal to End the Battle over Birth Control. New York: Alfred A. Knopf; 1963: 168-178.

Epílogo

La originalidad de este libro está posiblemente en el detalle con que se describen los episodios extraídos de la mucho más amplia historia de la contracepción. En general las historias publicadas hasta ahora en el ámbito norteamericano han fijado su atención, sobre todo, en los grandes hitos y los personajes. Han hecho una crónica que resalta el ingenio y el impulso de los promotores de la contracepción. No han tratado de algunos puntos de gran interés, especialmente del tiempo anterior a la introducción de la píldora, como son el papel determinante del Instituto Americano de Derecho (ALI), el colaboracionismo de algunos ginecólogos católicos que desoyeron, antes del tiempo del disenso que precedió y siguió a la publicación de la encíclica *Humanae vitae*, las enseñanzas del Magisterio, o el modo autoritario que siguieron los directivos de la Asociación Médica Mundial (AMA) o del Colegio Americano de Obstetras y Ginecólogos (ACOG) para imponer la nueva ortodoxia de la profesión y la nueva terminología.

Para subsanar parcialmente esos olvidos u omisiones, los autores de este libro se han propuesto describir, desde una perspectiva más biomédica e histórica que filosófica o bioética, ciertos episodios, actuaciones y movimientos que, aunque registrados en documentos y memorias, los historiadores de la corriente principal habían dejado en la penumbra.

En el año 2018 se cumplió el cincuentenario de la publicación de la Encíclica *Humanae vitae* de Pablo VI. Uno de los capítulos del libro se propone describir la actividad de la sección médico-biológica de la Comisión Papal, que trasciende notablemente las noticias que sobre ella ofrecen las historias de Kaiser y McClory. La memoria del 50 aniversario de la encíclica ha vuelto a hacernos presente la tremenda situación a la que se vio abocado Pablo VI cuando, ante la expectativa de un mundo que esperaba con ansiedad su resolución, tuvo que pronunciarse con extraordinaria valentía sobre la moralidad de la contracepción artificial. El Papa no solo hubo de enfrentarse entonces a las opiniones divergentes de la Comisión, fraudulentamente divulgadas por los medios de comunicación, y a la presión de grupos de dentro y fuera de la Iglesia; su decisión le enajenaba la estima de los médicos y biólogos de la Comisión, asunto particularmente doloroso para quien, como Pablo VI, tenía en alta estima el parecer de los científicos.

Conviene insistir en que lo que ofrece el capítulo 7 (Lo médico-biológico en la Comisión Papal para el Estudio de los Problemas de la Población, la Familia y la Natalidad) de este libro es solo un inicio que invita a completar una historia que se antoja fascinante. Eso exigirá el estudio de la documentación inédita contenida en los archivos, tanto de los legajos atesorados en el Archivo vaticano como en las colecciones documentales de los miembros de la Comisión Papal dispersadas por bibliotecas o en posesión de herederos de los protagonistas. Es opinión de los autores que el conocimiento e interpretación de esas fuentes primarias no hará otra cosa que realzar el valor y actualidad permanente de la Encíclica, como documento, que nuestro tiempo sigue necesitando, sobre el valor humano de la transmisión de la vida. Una Encíclica que contiene no sólo la enseñanza magisterial sobre la contracepción desde la perspectiva católica, puesto que se dirige primariamente a los fieles del orbe católico, sino también una lección sobre el amor humano fecundo, ya que también tiene como destinatarios a todos los hombres de buena voluntad.

Movió a los autores a escribir este libro un motivo de justicia. Ha habido en el pasado, y no escasean en el presente, ataques infundados a Pablo VI en cuanto autor de la Encíclica. Se le acusa de haber dado la espalda a la ciencia al desoír la opinión de la Comisión papal y, en concreto, por haber omitido cualquier referencia a la contribución de la Sección biomédica. En realidad, quien desautorizó a la Sección biomédica fue la misma Sección por haber dado a sus trabajos una calidad científica pobre y unas conclusiones que eludían las cuestiones más significativas del encargo recibido. Por otra parte, la estructura misma de la Comisión papal fue la causa de que la argumentación biológica perdiera significado al haber concedido en su fase final, y según lo había diseñado su Secretario general, un protagonismo máximo a teólogos y eclesiásticos y haber dejado marginados a los otros grupos (médicos, sociólogos, psicólogos).

Este libro es un primer intento de contar de un modo nuevo la historia de la contracepción. Se ha de insistir, por tanto, en el mucho trabajo que queda por realizar. Es necesario extraer de las fuentes originales mucho material relevante, en especial de los archivos de los protagonistas individuales (Pincus, Chang, Rock), lo mismo que de instituciones (Comisión Pontificia, Asociación Médica Americana), de donde podrá extraerse una versión nueva y enriquecida, que podrá sumarse a las investigaciones que se están llevando a cabo en otros países (por ejemplo, en Alemania, Reino Unido o España) y desde otras ópticas como la cultural-sociológica, la teológica o la histórica (política, de la ciencia, de la economía), que analizan también otro tipo de fuentes. De la suma de los resultados, se podrá obtener una visión más completa y auténtica del origen y del desarrollo de uno de los acontecimientos que más ha influido en la sociedad de nuestros días.

Bibliografía

Abell B. The Pill. A Biography of the Drug that Changed the World. New York: Random House; 1995.

Albright JP, Byrne PB, Crooks NP. Church-State Religious Institutions and Values: A Legal Survey 1960-1962, Notre Dame L Rev 1962; 37: 649-719.

American Medical Association. Proceedings Kansas City Session. JAMA 1936; 106: 1911.

American Medical Association. Minutes of the 76th Annual Session of the AMA, in Atlantic City, May 25-29, 1925. JAMA 1925; 84: 1635-1667.

American Medical Association. Minutes, House of Delegates, Seventy-Seventh Annual Session, Held at Dallas, Texas, April 19-23, 1926: 39.

American Medical Association. Resolution on Contraception. Minutes, House of Delegates. Seventy-Eighth Annual Session of the American Medical Association, Held at Washington, D.C., May 16-20, 1927: 60.

American Medical Association. Resolution on Contraception. Minutes, House of Delegates, Seventy-ninth Annual Session, Held at Minneapolis, Minn., June 11-15, 1928: 27.

American Medical Association. Resolutions on the Appointment of a Committee to Study Birth Control. Minutes, House of Delegates. Eighty-third Annual Session, Held at New Orleans, La., May 3-13, 1932: 45.

American Medical Association. Resolutions on Creation of the Committee for the Study of Birth Control. Minutes, House of Delegates. Eighty-fourth Annual Session, Held at Milwaukee, Wis., June 12-15, 1933: 50-51.

American Medical Association. Resolutions on Contraceptive Methods. Minutes, House of Delegates. Eighty-fifth Annual Session, Held at Cleveland, Ohio, June 11-15, 1934: 42.

American Medical Association. Editorial. Policies Adopted by the House of Delegates. JAMA 1935; 104: 2351.

American Medical Association. Resolutions on Contraception. Minutes, House of Delegates, 86th Annual Session, Atlantic City, June 10-14, 1935: 34.

American Medical Association. Editorial. Organized Medicine Dodges the Issue. Birth Control Rev 1936; 3 (10) (n.s.): 1-3.

American Medical Association. Report of Committee to Study Contraceptive Practices and Related Problems. Minutes, House of Delegates. Eighty-Seventh Annual Session, Held at Kansas City, Mo., May 11-15, 1936: 53-55.

American Medical Association. Report of Reference Committee on Executive Session. JAMA 1936; 106: 1911.

American Medical Association. Editorial. The Atlantic City Session. JAMA 1937; 108: 2124-2125.

American Medical Association. Editorial. Contraceptive Advice, Devices and Preparations still Contraband. JAMA 1937; 108: 1179-1180.

American Medical Association, Proceedings of the House of Delegates. Eighty-Eighth Annual Session, Held at Atlantic City, N.J., June 7-11, 1937.

American Medical Association. Report of the Reference Committee on Executive Session. Proceedings of the House of Delegates, AMA. Eighty-Ninth Annual Session, Held at San Francisco, Calif., June 13-17, 1938: 73.

American Medical Association. Report on the Use of Roentgen Rays for Contraception. JAMA 1938; 111: 1767.

American Medical Association. Councils' Committee on Contraceptives. Proceedings of the House of Delegates. Ninetieth Annual Session, Held at St. Louis, Mo, May 15-19, 1939: 18.

American Medical Association. Book Notices. New and Nonofficial Remedies, 1944. Chicago: American Medical Association; 1944. JAMA 1944; 125: 1000.

American Medical Association. Requirements for Experiments on Human Beings (JAMA 1946; 132: 1090).

American Medical Association Proceedings. House of Delegates Miami Beach, Florida. 18th Clinical Convention, Nov 30-Dec 2, 1964. New Committees of the Board of Trustees: 27.

American Medical Association. Report of Reference Committee on Miscellaneous Business. Supplementary Report G American Medical Association. Proceedings of the House of Delegates, 18th Clinical Convention. Miami Beach, Florida. Nov. 30-Dec 2, 1964: 95.

American Medical Association's Council on Drugs. An Oral Contraceptive: Norethindrone with Mestranol (Ortho-Novum). JAMA 1964; 87: 664.

American Medical Association's Committee on Human Reproduction. The Control of Fertility. JAMA 1965; 194: 462-470.

American College of Obstetricians and Gynecologists (ACOG). Terminology Bulletin no. 1: September 1965.

American Law Institute. Model Penal Code. Tentative Draft No. 9, May 8, 1959. Philadelphia: American Law Institute, Executive Office; 1959.

American Law Institute. Model Penal Code. Tentative Draft No. 9. Submitted by the Council to the Members for Discussion at the Thirty-sixth Annual Meeting, May 20, 21, 22 and 23, 1959. Philadelphia: The Executive Office, The American Law Institute; May 8, 1959: 161-162.

American Law Institute. Model Penal Code Proposed Official Draft (May 4, 1962). Philadelphia, PA: The American Law Institute; 1962.

American Law Institute. Model Penal Code. Official Draft and Explanatory Notes. Philadelphia, PA: The American Law Institute; 1985.

Ames O. Massachusetts Doctors Take the Initiative. Birth Contr Rev 1932; 15 (2): 51-52.

Anonymous. Placebo Stirs Pill "Side Effects". Med World News, 1971, April 16. The article has been reproduced in: Katz J. op. cit: 791-792.

Anonymous. To day's Drugs. Br Med J 1963; 2: 488-491.

Asbell B. The Pill. A Biography of the Drug that Changed the World. New York: Random House; 1995.

Austin CR, Short RV. Manipulating Reproduction, 2nd ed. Vol. V, in Austin CR, Short RV, eds. Reproduction in Mammals. Cambridge, Cambridge University Press; 1986.

Ayd FJ, Jr. The Oral Contraceptives, Their Mode of Action, Rome, Pontifical Gregorian University, July 13, 1964, 29 pp. typewritten

Ayd FJ, Jr. The Oral Contraceptives. Their Mode of Action. Med Newslet Religious 1964; 1: 1-64.

Ballard F.A et al. Contraceptive Advice, Devices and Preparations. JAMA 1937; 108: 1819-1820.

Barnard Jr. TH. An Analysis and Criticism of the Model Penal Code Provisions on the Law of Abortion. Cas W Res L Rev 1967; 18: 540-564.

Bates AWH. Anti-Vivisection and the Profession of Medicine in Britain. A Social History. The Palgrave Macmillan Animal Ethics Series. London: Palgrave Macmillan; 2017.

Beecher HK. Ethics and Clinical Research, New Eng J Med 1966; 274: 1354-1360.

Beecher HK. Research and the Individual: Human Studies. Boston: Little, Brown, 1970.

Benagiano G. Joseph W. Goldzieher and the birth of hormonal contraception. Contraception 2010; 82: 119-124.

Benagiano G. Reproductve strategies for human survival. Repr Bio Med Online 2001; 4, suppl 1: 72-76.

Benjamin H.C. Lobbying for Birth Control. Publ Opin Q 1938; 2: 48-60, at 57.

Bettendorf, ed. Zur Geschichte der Endokrinologie and Reproduktionsmedicine. Berlin: Springer-Verlag; 1995: 177-180.

Beyer HS. Model Penal Code Selected Bibliography. Buff Crim Law Rev 2000; 4: 627-639.

Bishop PMF. Oral Contraceptives. Practitioner 1960; 185: 158-162.

Blasingame F.J.L, ed. AMA Digest of Official Actions, Vol. I: 1846-1958. Chicago: American Medical Association; 1959: 69.

Briggs L. "The Pill" in Puerto Rico and the Mainland United States: Negotiating Discourses of Risk and Decolonization. In: Reed L, Sankko P, eds. Governing the Female Body. Gender, Health, and Networks of Power. Albany: State University of New York Press; 2010: 159-184.

Briggs L. Reproducing Empire: Race, Sex, Science, and U.S. Imperialism in Puerto Rico. Berkeley, CA. University of California Press, 2002.

Brodie JF, Contraception and Abortion in 19th Century America, Ithaca: Cornell University Press, 1994.

Bruner R. Neutral Stand Dropped. Doctors to Aid in Population Curbs. The Blade, Ohio, January 22, 1965: 5.

Burchfield RW, ed. A Supplement to the Oxford English Dictionary, Vol I·A-G. Oxford: At the Clarendon Press; 1972.

Cannon W. The Right and Wrong of Making Experiments on Human Beings. JAMA 1916; 67: 1372-1373. Reproduced in JAMA 2016; 316: 2680.

Cannon W. The Right and Wrong of Making Experiments on Human Beings. JAMA 1916; 67: 1372-1373.

Catholic Physicians Denounce Medical Assn. for Birth Control Recognition. The Guardian, June 19, 1937: 4.

Cavanagh J. The Popes, the Pill, and the People. A Documentary Study. Milwaukee: The Bruce Publishing Co; 1965.

Chesler E. Woman of Valor: Margaret Sanger and the Birth Control Movement in America. New York; Simon & Schuster.

Chung GS, Lawrence RE, Rasinski KA, et al. Obstetrician-gynecologists' beliefs about when pregnancy begins. Am J Obstet Gynecol 2012; 206: 132.e1-7.

Clarke A.E. Disciplining Reproduction. Modernity, American Life Sciences, and "the Problems of Sex". Berkeley: University of California Press; 1998.

Coleman HH. Obstetric-Gynecologic Terminology. J Obst Gynecol Neonat Nurs 1973; 2: 71.

Commission Pontificale pour l'étude des problèmes de la famille, de la population et de la natalité. Report of the Majority of the Papal Commission. Chap. IV. Objective criteria of morality; 1966.

Commission Pontificale pour l'étude des problèmes de la famille, de la population et de la natalité. Report of the Medical Session, 2nd May 1966.

Commission Pontificale pour l'étude des problèmes de la famille, de la population et de la natalité. Report of the 4th session of the Commission. p. 28. Documents disseminated by Grisez on the Internet. Accessible at: http://www.twotlj.org/BCCommission.html.

Committee on Human Reproduction. The Control of Fertility. JAMA 1965; 194: 462-470.

Committee on Terminology, American College of Obstetricians and Gynecologists. Terms Used in Reference to the Fetus. Terminol Bull, No. 1, Insert in Obstet Gynecol, 1965; 26.

Hughes EC, ed. Obstetric-Gynecologic Terminology with Section on Neonatology and Glossary of Congenital Anomalies. Philadelphia: FA. Davis Company 1972.

Cook HH, Gamble CJ, Satterthwaite AP. Oral Contraception by Norethynodrel. A 3-Years Field Study. Am J Obstet Gynecol 1961; 82: 437-442, 444-445. Reprinted in Katz, op. cit. 739-742.

Cook R, Dickens BM, Fathalla MF. Reproductive Health and Human Rights: Integrating Medicine, Ethics, and Law. Oxford University Press; 2003.

Curran CE. Contraception. In: Clarke PB, Linzey A, eds. Dictionary of Ethics, Theology and Society. Abingdon; Routledge; 1996.

Curran CE, Hunt RE, and the "Subject Professors" with Hunt JF and Connelly TR. Dissent In and For the Church. Theologians and Humanae Vitae. New York: Sheed & Ward; 1969.

Darwin, C. The Descent of Man and Selection in Relation to Sex, 1896 edition, D. Appleton and Company; New York, 1871.

de Riedmatten H. Relatio generalis, presented to the Commission of Cardinals and Bishops the 20th June 1966.

de Riedmatten H. Report Final des Travaux de la Commission Pontificale pour l'étude des problèmes de la famille, de la population et de la natalité, presented to the Pope Paul VI the 27th June 1966.

Dekker H. Prevenceptive and Abortion - Are They on the Same Ethical Plane. Med Critic & Guide 1920; 23: 213-214.

Derr MK, MacNair R, Naranjo-Huebl L. Reproductive Wrongs Unto Death: Eugenic Strictures (Late Nineteenth-Early Twentieth Centuries and Beyond). In: Derr MK, MacNair R, Naranjo-Huebl L, eds. ProLife Feminism. Yesterday and Today. 2nd ed. Bloomington, IN: Xlibris; 2005: 107-113.

Dickinson R.L. Conception Control. JAMA 1943; 123: 1043-1047.

Dickinson R.L. Control of Conception, Present and Future. Bull NY Acad Med 1929; 5: 413-434.

Dixon WE. The Action and Uses of Ovarian Extracts. Br Med J 1927; 2: 1070-1074.

Dvorak J. Natural Family Planning and the Christian Moral Code, which can be accessed at: http://lapidesclamabunt.angelfire.com/nfpwinters.htm.

Editorial. The Prevention of Conception. JAMA 1924; 83: 2020-2021.

Editorial. Doctors Approve Birth Control. Violent Catholic Protest. Sunday Times, Perth, WA. Sunday August 1, 1937: 1.

Editorial. American Medicine Accepts Birth Control. Birth Contr Rev 1937; 4 (n.s.) (6): 1-2; Sanger M. Hail and Farewell. Nat Birth Contr News 1937 June: 3-5, available at: http://sangerpapers.org/sanger/app/documents/show.php?sangerDoc=301422.xml.

Editorial. Birth Control Approved by Medical Assn. Altoona Tribune, June 8, 1937, p. 1.

Editorial. Birth Control Policy Change for Reaching. The Telegraph, Nashua, N.H., June 9, 1937, p. 7.

Editorial. American Letter: Contraception Approved, and Combated. South Afr Med J 1937, Aug. 14.

Editorial. The Business of Birth Control. JAMA 1938; 110: 513.

Editorial. Stopping the Pill. BMJ 1974; 2: 517-518.

Edwards RG, Steptoe PC. A Matter of Life, The Story of a Medical Breakthrough, London: Hutchinson, 1980.

Eig J. The Birth of the Pill. How Four Crusaders Reinvented Sex and Launched a Revolution. New York; WW Norton; 2014.

Engelman P. A History of the Birth Control Movement in America. Santa Barbara: Praeger, ABC-CLIO, LLC; 2011.

Engle ET, ed. Pregnancy Wastage, Proceedings of the Conference Sponsored by the Committee on Human Reproduction, National Research Council, on behalf of the National Committee on Maternal Health, Inc. Springfield, IL. CC Thomas; 1953.

Engs RC. The Progressive Era's Health Reform Movement: A Historical Dictionary. Wesport, CT: Greenwood Publ. Group; 2003.

Fishbein M. The History of the American Medical Association, 1847 to 1947. With the Biographies of the Presidents of the Association by Walter L. Bierring, and with Histories of the Publications, Councils, Bureaus and Other Official Bodies. Philadelphia; W.B. Saunders Co; 1947.

Fleming AS. Statement. In: Proposed Constitutional Amendments, cit. above, in note 11: 155.

Fletcher GP. Dogmas of the Model Penal Code. 2 Buff. Crim. L. Rev. 3 1998-1999.

Foote EB. A Summary of My Views on the Prevention of Conception. Med Pharm Crit Guide 1910; 12: 408.

Foote EB. Home Cyclopedia of Popular Medical, Social, and Sexual Science. New York: Murray Hill Publishing Company; 1902.

Foote EB. The Radical Remedy in Social Science or Borning Better Babies Through Regulating Reproduction by Controlling Conception. An Earnest Essay on Pressing Problems. New York: Murray Hill Publishing Company; 1886. To access the virtual version of the book, go to: https://archive.org/details/02531230R.nlm.nih.gov.

Frank JP. The American Law Institute 1923-1998. Hofstra Law Rev 1998; 26: 615-639.

Frank RT. Report on the Use of Roentgen Rays for Contraception. JAMA 1939; 112: 169-170.

Freidson E. Profession of Medicine. A Study of the Sociology of Applied Knowledge. Chicago: The University of Chicago Press; 1970.

Fried J, Ryan KJ, Tsuchitani PJ, eds. Oral Contraceptives and Steroid Chemistry in the People's Republic of China. A Trip Report of the American Steroid Chemistry and Biochemistry Delegation. CSCPRC Report No. 5. Washington, D.C.: National Academy of Sciences; 1977.

García CR, Pincus G, Rock J. Effects of three 19-nor steroids on human ovulation and menstruation. Am J Obstet Gynecol 1958; 75: 82-87.

García CR. Clinical Studies on Human Fertility Control. In: Greep RO, ed. Human Fertility and Population Problems. Cambridge, Mass: Schenkman Publ Co. 1963: 43-63.

Gibbons WJ, Burch TK. Physiologic Control of Fertility: Process and Morality. Am Eccl Rev 1958; 138: 246-277.

Goldman C. Voluntary Checks to Population. Med Critic Guide 1918; 21: 248-256.

Goldzieher JW et al. Study of Norethindrone in Contraception. JAMA 1962; 180: 359-361.

Goldzieher JW, Moses LE, Averkin E, Scheel C, Taber BZ. A Placebo-controlled Double-blind Crossover Investigation of the Side Effects Attributed to Oral Contraceptives. Fertil Steril 1971; 22: 609-623.

Goldzieher JW, Moses LE, Averkin E, Scheel C, Taber BZ. Nervousness and depression attributed to oral contraceptive: A double-blind, placebo-controlled study. Am J Obstet Gynecol 1971; 11: 1013-1020.

Gordon L. The Moral Property of Women, A History of Birth Control Politics in America, Urban, Ill: University of Illinois Press, 2007.

Gordon L. Woman's Body, Woman's Right. Birth Control in America, 2nd ed. Penguin Books: 1990.

Gray M. Margaret Sanger: A Biography of the Champion of Birth Control. New York: R. Marek Publ.; 1979.

Greenblatt RB. Discussion. Fed Proc 1959; 18: 1055-1056.

Griffin PD. Pushing the Frontiers of Science. The WHO/Rockefeller Foundation Initiative on Implantation. Int J Gynecol Obstetr 1999; 67: S111-S116.

Grimes DA, Cook RJ. Mifepristone (RU486). An Abortifacient to Prevent Abortion? N Engl J Med 1992; 327: 1088-1089.

Grimes DA, Cook RJ. Mifepristone (RU486). An Abortifacient to Prevent Abortion? N Engl J Med 1993: 328: 254-355.

Grisez G. Abortion, The Myths, the Realities, and the Arguments. New York: Corpus Books; 1970.

Grodin ME. Historical Origins of the Nuremberg Code. In: Annas GJ, Grodin MA, ed. The Nazi Doctors and the Nuremberg Code. Human Rights in Human Experimentation. New York: Oxford University Press; 1992: 121-144.

Guttmacher AF. Oral Contraception Postgr Med 1962; 32: 552-558.

Hall DL. Biology, Sex Hormones and Sexism in the 1920s. Philosophical Forum 1974; 5: 81-96.

Harding J. Sex and Control: The Hormonal Body. Body & Society 1996; 2: 99-111.

Harman L., A Letter. In: Schroeder T, ed., Edward Bond Foote. Biographical Notes and Appreciatives. New York: Free Speech League: 1913: 62-65.

Harvey JC. André Hellegers and Carroll House: Architect and Blueprint for the Kennedy Institute of Ethics. KIEJ 2004; 14: 199-206.

Hayes TL. The Biology of the Reproductive Act. Insight 1967; 6: 12-19. This article was reprinted in a special issue dedicated to birth control, as indicated by Springer RH. Current Theology. Notes on Moral Theology: July-December, 1967. Theol Stud 1968; 29: 275-300.

Hayes TL. The Biology of the Reproductive Act. Its Application to Various Methods of Birth Control. Cross Currents 1965; 15: 393-406.

Heape W. Ovulation and Degeneration of Ova in the Rabbit. Proc Roy Soc Lond B 1905; 76: 260-268.

Hellegers A. Document CBCC 2/06 M-4. Survey of Contraceptive Methods [12] XI. The Pill.

Hellegers A. Report of the Medical Session. The significance of the stages in the development of life. May 4th 1966.

Hellegers A. Response of Doctors to Conclusions of Theologians, May 7, 1966, p. 12. (From the Marshall's archive).

Hellegers AE. A Scientist's Analisis. In: Curran CE, ed. Contraception: Authority and Dissent. New York: Herder and Herder; 1969.

Herranz G. The Ethics of Medical Research: A Christian View. Bull Med Ethics 2004; 200: 13-19 + bibliography and notes at: http://www.bullmedeth.info/).

Hertig AT. A Fifteen-Year Search for First-Stage Human Ova. JAMA 1989; 261: 434-435.

Hilgartner CA, Randolph JF. Psycho-logics: An axiomatic system describing human behavior, J Theoret Biol 1969; 23: 285-338.

Himes NE. Medical History of Contraception. The first edition of the book (1936), with a preface by RL Dickinson, was published by Williams & Wilkins Co, Baltimore. In 1970, the book, with a New Preface by Christopher Tietze, was reprinted by Schocken Books Inc., New York.

Himes NE. Note on the Origin of the Terms Contraception, Birth Control, Neo-Malthusianism, Etc. Med J & Rec 1932; 135: 495-496.

Hines DC, Goldzieher JW. Clinical Investigation: A Guide to its Evaluation. Am J Obstet Gynecol 1969; 105: 450-487.

Hodge HL. The Principles and Practice of Obstetrics. Philadelphia: Blanchard and Lea; 1864.

Hoolihan C. An Annotated Catalog of the Edward C. Atwater Collection of American Popular Medicine and Health Reform, Volume III. Rochester NY: University of Rochester Press; 2001.

Hughes EC, ed. Obstetric-gynecologic Terminology, with Section on Neonatology and Glossary of Congenital Anomalies. Philadelphia: F.A. Davis; 1972.

Hughes EC. Comparison of Intrauterine and Outer Space Life, New Physician 1963; 12: 57-59.

Hughes EC. Life in Inner Space, Oxygen and nourishment are primary survival factors for the fetus in utero in inner space and the astronaut in a capsule in outer space. Am J Nurs. 1963; 63: 92-94.

Hughes EC. Noblesse Oblige. Obstet Gynecol 1962; 20: 821-825.

Hughes EC. Terminología en Obstetricia y Ginecología. Revisada por J.M. Carrera. Barcelona; Salvat Editores; 1975.

Hughes EC. To Sow is to Reap. Inaugural Address. Obstet Gynecol 1963; 21: 639-645.

Hume M. Maybe Baby. Texas Monthly 1973; 1 (9): 43.

Hyde D.R, Wolff P, Gross A, Hoffman E.L. The American Medical Association: Power, Purpose, and Politics in Organized Medicine. Yale Law J 1954; 63: 937-1022.

Jacobi A. A Final Word to the Fellows and Members of the American Medical Association. JAMA 1913; 61: 633-635.

Jacobi A. The Best Means of Combating Infant Mortality. JAMA 1912; 58: 1735-1744.

Jensen JM. The Evolution of Margaret Sanger's "Family Limitation" Pamphlet, 1914-1921. Signs 1981; 6: 548-567.

Johnson MH. Robert Edwards: the path to IVF. Repr Biomed Online 2011; 23: 245-262.

Jütte R. Contraception: a history. Cambridge; Polity Press; 2008.

Jütte R. Lust ohne Last: Geschichte der Empfängsnisverhütung von der Antike bis zur Gegenwart. München: Verlag C.H. Beck; 2003.

Kaiser RB. The Politics of Sex and Religion: A Case History in the Development of Doctrine, 1962-1984, Kansas City, Mo, Leaven Press, 1985.

Kaiser RB. The Encyclical that Never Was. The Story of the Commission on Population, Family and Birth, 1964-66. Revised edition. London: Sheed & Ward; 1987.

Katz E, Hajo CM, Engelman PC, eds. The Selected Papers of Margaret Sanger. Vol. 1, The Woman Rebel, 1900-1928. Urbana: University of Illinois Press; 2003.

Kay LE. The Molecular Vision of Life: Caltech, the Rockefeller Foundation and the New Biology. New York: Oxford University Press; 1993.

Kennedy D.M. Birth Control in America. The Career of Margaret Sanger. New Haven: Yale University Press; 1970.

Kosmak GW. Contraceptive Practices. Am J Obstet Gynecol 1940; 40: 652-654.

Kosmak GW. The Broader Aspects of the Birth Control Propaganda as it Should Interest the Physician. Am J Obstet Gynecol 1923; 6: 276-285.

Kosmak GW. The Responsibility of the Medical Profession in the movement for 'Birth Control'. JAMA 1939; 113: 1553-1559.

Kutner L. Due Process of Abortion. Minn LR 1968; 53: 1-28.

Lader L. Margaret Sanger: Militant, Pragmatist, Visionary. http://www.ontheissuesmagazine.com/1990spring/Spr90_Lader. php. The full text of the journal, published between February 1917 and January 1940, is available at: https://lifedynamics.com/library/#birth-control-review.

Lader L. Three Men Who Made a Revolution. New York Times Magazine, April 10, 1966: 8-9, 55-56, 63-64.

Latkovic, MS. Is the Teaching of Humanae Vitae Physicalist? A Critique of the View of Joseph A. Selling, Linacre Quart 1995; 62: 39-58.

Lederer S. Subjected to Science. Human Experimentation in America Before the Second World War. Baltimore: The Johns Hopkins University Press; 1955.

Editorial. Legion of Decency Proposed Against Firms and Doctors Dealing In Contraceptives. The Guardian, June 19, 1937, p. 4.

Center for the History of Medicine, of the Francis A. Countway Library, Boston: 2013. Letter from Hertig to Streeter, dated October 22, 1938. Letter included in the presentation of a graphic story of the pill, entitled 'Conceiving the Pill' and produced by the Accessible at: https:

//collections.countway.harvard.edu/onview/exhibits/show/concei ving-the-pill.

Linton PB. Planned Parenthood v. Casey: The Flight from Reason in the Supreme Court. St. Louis U. Pub. L. Rev. 1993; 13: 15-137.

Mandelbaum J. Histoire de la fecundation in vitro. In: Poncelet C, Sifer C, eds. Physiologie, pathologie et thérapie de la reproduction chez l'humain, Springer Science, 2011.

Mark LV. Sexual Chemistry: A History of the Contraceptive Pill. London: Yale University Press; 2010.

Marks L. 'A Cage of Ovulating Females': The History of Early Oral Contraceptive Pill Clinical Trials, 1950-59. In Chadaverian S, Kamminga H, eds. Molecularizing Biology and Medicine: New Practices and Alliances, 1910s-1970s. Amsterdam: Harwood Academic Publishers; 1998.

Marks L. Human Guinea Pigs? The History of the Early Oral Contraceptive Clinical Trials. Hist & Technol 1999; 15: 263-268.

Marsh M, Ronner W. The Fertility Doctor: John Rock and the Reproductive Revolution. Baltimore: Johns Hopkins University Press; 2008.

Marshall R, Donovan C. Blessed are the Barren. The Social Policy of Planned Parenthood. San Francisco: Ignatius Press; 1991.

Maurovich F. Humanae Vitae at 45: A Personal Story. Nat Cath Reporter 2013 Jul. 25, 2013. Accessible at: https://www.ncronline.org/news/vatican/humanae-vitae-45-personal-story.

May ET. America and the Pill, A History of Promise, Peril, and Liberation, New York: Basic Books, 2010.

McCann CM, Birth Control Politics in the United Status, 1916-1945. Ithaca, NY: Cornell University Press; 1999.

McClory R. Turning Point. The Inside Story of the Papal Birth Control Commission. New York: Crossroad; 1995.

McGreevy JT. Catholicism and American Freedom: A History. New York: W.W. Norton; 2003.

McLaughlin L. The Pill, John Rock, and the Church. The Biography of a Revolution. Boston: Little, Brown and Co.; 1982.

Medical News. AMA's Population Control Program Keyed to Physician Role as Counselor. JAMA 1965; 191: 31-33.

Meigs CD. Obstetrics: The Science and the Art. Philadelphia: Lea and Blanchard, 1rst edition 1849.

Meigs CD. Obstetrics: The Science and the Art. Philadelphia: Henry C. Lea; 1867, fifth edition.

Meloy S. Pre-implantation Fertility Control and the Abortion Laws. 41 Chi.-Kent L. Rev. 183-206, 1964.

Mengert WF, Pearse WH. History of the American College of Obstetricians and Gynecologists. The First Quarter Century 1950-1976. Washington; ACOG; 2001.

Merz JF, Jackson CA, Klerman JA. A Review of Abortion Policy: Legality, Medicaid Funding and Parental Involvement, 1967-1994. Women's Rts. L. Rep.1995; 17: 1-61.

Mietus AC, Mietus NJ. Criminal Abortion: "A Failure of Law" or a Challenge to Society? Am Bar Ass J 1965; 51: 924-928.

Mintz M. Are Birth Control Pills Safe? In: Katz J, ed. Experimentation with Human Beings. The Authority of the Investigator, Subject, Professions and State in the Human Experimentation Process. New York: Russell Sage Foundation 1972: 751-754.

Mitchinson W. The Nature of Their Bodies. Women and Their Doctors in Victorian Canada. Toronto: University of Toronto Press; 1991.

Mohr JC. Abortion in America. The Origins and Evolution of National Policy, 1800-1900. New York: Oxford University Press; 1978.

Moll A. Aerztliche Ethik. Die Pflichten des Arztes in allen Beziehungen seiner Thätigkeit. Stuttgart: Verlag von Ferdinand Enke; 1902.

Morgan LM. Icons of Life: A Cultural History of Human Embryos. Berkeley: University of California Press; 2009. A section, entitled Egg Hunting (pp. 125-133).

Morris JM, van Wagenen G. Interception: The use of postovulatory estrogens to prevent implantation. Am J Obstet Gynecol 1973; 115: 101-106.

National Committee on Maternal Health. Program for Future Research on Birth Control. Memorandum on March 23, 1933, conference between Drs. Frank, Hartman, Dickinson, Bryant. Center for the History of Medicine, Countway Library, Harvard University
http://collections.countway.harvard.edu/onview/file_upload/000 2360_dref.jpg.

Nelson WO. Survey of Studies Relating to Vulnerable Points in the Reproductive Processes. Papers on Biological Research Presented at the Fifth International Planned Parenthood Conference Held at Tokyo, Japan, from October 24th to 29th, 1955. Acta Endocrinologica 1956, Suppl. XXVIII: 7-17.

Noonan Jr JT. Contraception A History of Its Treatment by the Catholic Theologians and Canonists. Cambridge, Mass: The Belknap Press; 1965.

Noonan JT. Contraception: A History of Its Treatment by the Catholic Theologians and Canonists. Enlarged Edition. Cambridge, Mass: Belknap Press; 1986.

Oudshoorn N. Beyond the Natural Body: An Archeology of Sex Hormones. New York: Routledge; 1994.

Oudshoorn N. Drugs for healthy people: The culture of hormonal contraceptives testing for women and men. In: Gijswijt-Hofstra M, van Heteren GM, Tanse EM, eds. Biographies of Remedies: Drugs, Medicines and Contraceptives in Dutch and Anglo-American Healing Cultures. Amsterdam; Rodopi; 2002: 123-140.

Pardo JM. Rationality of Openness to Life and Contraception. Scripta Theol 2009; 41: 113-141.

Parkes AS, Dodds EC, Noble RL. Interruption of Early Pregnancy by Means of Orally Active Oestrogens. Br Med J 1938; 2: 557-559, at 559.

Parkes AS. Biological Control of Conception. Nature 1961; 191: 1256-1257.

Parkes AS. Quest for an Ideal Contraceptive. Proc Soc Stud Fertil 1953; 5: 20-26.

Parkes AS. The Menace of Overpopulation. New Scientist 1961; 10: 566-570.

Parkes AS. Biological Control of Conception. The Fifth Oliver Bird Lecture. J Reprod Fertil 1962; 3: 159-172.

Parkes AS. The Biology of Fertility. Discussion. In: Greep RO, ed. Human Fertility and Population Problems. Proceedings of the Seminar Sponsored by the American Academy of Arts and Sciences with the support of the Ford Foundation. Cambridge, Mass: Schenken. Co.; 1963; 238.

Parkes AS. Biological Aspects of the Population Explosion. Nature 1964; 204: 320-322.

Parkes AS. Biological Aspects of the Control of Human Fertility. The Practitioner 1965; 194: 455-462.

Parkes AS. Biological Aspects of the Population Explosion. In: Parkes AS. Sex, Science and Society. Addresses, Lectures and Articles. Annotated by the author and illustrated by A.G. Wurmser. Newcastle upon Tyne: Oriel Press Ltd; 1966.

Parkes AS. The Future of Fertility Control. In: Meade JE, Parkes AS. Biological Aspects of Social problems. A Symposium held by the Eugenics Society in October 1964. Edinburgh: Oliver & Boyd; 1965: 205-212.

Patten BM. Early Embryology of the Chick, Philadelphia: Blakiston Co, 1920.

Patten BM. The Early Embryology of the Chick, 4th ed. New York: McGraw-Hill Book Co; 1951.

Patterson JT. On Gastrulation and the Origin of the Primitive Streak in the Pigeon's Egg: Preliminary Notice, Biol Bull 1907; 13: 251-271.

Paul VI, Encyclical Humanae Vitae, Vatican Press, 1968.

Paulus VI. Allocutio ad E.mos Patres Purpuratos, fausta et felicia ominatus Beatissimo Patri nominalem diem celebranti, anno ex quo ad Summum Pontificatum est evectus. Die 23 mensis Iunii a. 1964. Act Apost Sedis 1964; 56: 581-589.

Paul VI. Allocution à la Commission d'Étude sur les Probèmes de la Population, de la Famille, et la Natalité, Samedi 27 Mars 1965. Available at: http://w2.vatican.va/content/paul-vi/fr/speeches/1965/documents/hf_p-vi_spe_19650327_demographic-commission.html.

Pearson M. Millennial Dreams and Moral Dilemmas. Seventh-day Adventism and Contemporary Ethics. Cambridge: Cambridge University Press; 1990.

Pfeffer N. The Reproductive Body. In: Cooter R, Pickstone J. Companion to Medicine in the Twentieth Century. Abingdon, UK; Routledge; 2013: 277-290.

Pincus G, Chang MC, Hafez ESE, Zarrow MX, Merrill A. Effects of Certain 19-Nor Steroids on Reproductive Processes in Animals. Science 1956; 124: 890-891.

Pincus G. Some Effects of Progesterone and Related Compounds upon Reproduction and Early Development in Mammals. Papers on Biological Research Presented at the Fifth International Planned Parenthood Conference Held at Tokyo, Japan, from October 24th to 29th, 1955. Acta Endocrinologica 1956, Suppl. XXVIII: 18-36.

Pincus G, Rock J, Garcia CR. Effects of Certain 19-Nor Steroids upon Reproductive Processes. Ann N Y Acad Sci 1958; 71: 677-690.

Pincus G, Rock J, Chang MC, Garcia CR. Effects of Certain 19-Nor Steroids on Reproductive Processes and Fertility. Fed Proc 1959; 18: 1051-1055.

Pincus G. Reply to Discussion, Fed Proc 1959; 18: 1056.

Pirie NW. The Biochemistry of Conception Control. Eugen Rev 1952; 44: 129-140.

Pius XI, Litt Encycl Casti Connubii, 31 dec 1930. Acta Apost Sedis 1930; 22: 560.

Pius XII. Allocutio iis quae interfuerunt Conventui Unionis Catholicae Italicae inter Obstetrices Romae habito. Romae die 29 Octobri mensis a. 1951. Acta Apost Sed 1951; 43: 835-860.

Pius XII. Discorso alle Partecipanti al Congresso della Unione Católica Italiana Ostetriche. In: Discorsi e Radiomessaggi di Sua Santità Pio XII. Vol. 13: 333-353.

Pius XII. Speech to the Congress of the Italian Catholic Union of Midwives, 29 Oct 1951.

Pius XII. Speech to the Participants in the First International Congress of Histopathology of the Nervous System. The Moral Limits of Medical Methods. September 14, 1952. Accessible at: http://w2.vatican.va/content/pius-xii/es/speeches/1952/documents/hf_p-xii_spe_19520914_istopatologia.html.

Polge C. Sir Alan Sterling Parkes: 10 September 1900 – 17 July 1990. Biogr Mem Fellows R Soc 2006; 52: 263-283.

Polityka T. From Poe to Roe: A Bickelian View of the Abortion Decision – Its Timing and Principle. Neb. L. Rev. 1974; 53: 31-57.

Population Crisis. Hearings Before the Subcommittee on Foreign Aid Expenditures of the Committee on Government Operations. United States Senate, Eighty-Ninth Congress, Second Session on S. 1676. Washington: U.S. Government Printing Office; 1966: 135-147.

Preciado B. Testo Junkie: Sex, Drugs, and Biopolitics in the Pharmacopornographic Era. New York: Feminist Press at the City University of New York; 2008.

Prelate Flays Medical Assn. in Statement. Blow Dealt at America Home, Prelate Says. The Guardian, 1937; June 19: 4.

Pusey W.A. Medicine's Responsibilities in the Birth Control Movement. Birth Contr Rev 1925; 9: 134-136, 156-158.

Pusey W.A. Some of the Social Problems of Medicine. JAMA 1924; 82: 1905-1908.

Ramírez de Arellano AB, Seipp C. Colonialism, Catholicism, and Contraception: a history of birth control in Puerto Rico. Chapel Hill, NC: University of North Carolina Press; 1983.

Ramsbotham FH. The Principles and Practice of Obstetric Medicine and Surgery, in Reference to the Process of Parturition: A new American Edition, revised by the Author, with Notes and Additions by W.V. Keating. Philadelphia: Blanchard and Lea; 1855.

Ramsey P. Reference Points in Deciding about Abortion. In: Noonan Jr JT, ed. The Morality of Abortion. Legal and Historical Perspectives. Cambridge, Mass. Harvard University Press; 1970: 60-100.

Reed J. Doctors, birth control, and social values, 1830-1970. In: Vogel MJ, Rosenberg CE, eds. The Therapeutic Revolution: Essays in the Social History of American Medicine, University of Pennsylvania Press, 1979: 109-133.

Reed J. From Private Vice to Public Virtue. The Birth Control Movement and American Society Since 1830. New York: Basic Books; 1978.

Reed J. The Birth Control Movement and American Society. From Private Vice to Public Virtue. Princeton: Princeton University Press; 1984.

Reed J. The Birth Control Movement, Princeton, New Jersey: Princeton Legacy Library; 2014.

Rhonheimer M. Ethics of Procreation & The Defense of Human Life. Contraception, Artificial Fertilization, and Abortion. Ed. By WF. Murphy Jr. Washington, DC: Catholic University of America Press; 2010.

Rice-Wray E. Field Study with Enovid as a Contraceptive Agent. Proc Symp on 19-Nor Steroids. Chicago: GD Searle & Co; 1957: 78-82, 92-93. Reprinted in: Katz J. Experimentation with Human Beings. New York: Russell Sage Foundation; 1972: 742-745.

Robinson JW, Eugenics, Marriage and Birth Control [Practical Eugenics]. New York: The Critic and Guide Co., 1917.

Robinson JW, Fewer and Better Babies, or The Limitation of Offspring, 11th and 12th ed. New York: The Critic and Guide Co., 1917.

Robinson JW, Prevenception versus Abortion. [Editorial] Med Critic Guide 1918; 21: 206-207.

Robinson JW (editor). Do we Possess an Absolutely Reliable Prevenceptive? Med Critic Guide 1918; 21: 207.

Robinson JW, Reliability of Prevenceptives Tested on Animals. Med Critic Guide 1918; 21: 207-208.

Robinson V. Pioneers of Birth Control in England and America. New York: Voluntary Parenthood League; 1919: 72.

Robinson WJ. Sexual Problems of To-Day. New York: Critic and Guide 1912: 155.

Robinson WJ. The Ethics of Abortion. New York Medical Journal 1914; 100: 897.

Robinson, WJ. Woman. Her Sex and Love Life. New York: The Critic and Guide Co., 1917.

Robinson WJ. Prevenception versus Abortion. Med Critic Guide1918; 21: 206-207.

Robinson WJ. Editorials. A Doctor on Prevenception and Abortion. Critic & Guide 1918; 21: 410.

Robinson WJ. Practical Prevenception or The Technique of Birth Control. Giving the Latest Methods of Prevention of Conception, Discussing their Effect, Favorable or Robinson WJ. Comment by the Editor. Critic and Guide 1920; 23: 215.

Robinson W.J. Twenty-Five Years of Progress. Birth Contr Rev 1927; 11: 323.

Robinson WJ. Unfavorable, on the Sex Act; Their Indications and Contraindications, Pointing Out the Reasons for Failures and How to Avoid Them. Hoboken, NJ: American Biological Society; 1929.

Robinson WJ. Do Doctors Know About Prevenception? Birth Control Rev 1931; 15: 11.

Robinson WJ. Dr. Robinson and Saint Peter. How Dr. Robinson Entered the Heavenly Gates and Became St. Peter's Assistant. New York: Eugenics Publishing Co.; 1931.

Robinson WJ. The Law Against Abortion. Its Perniciousness Demonstrated and Its Repeal Demanded. New York: The Eugenics Publishing Company, Inc.; 1934.

Rock J, Loth DG. Voluntary Parenthood New York: Random House; 1949.

Rock J. Progress in Obstetrics. N Eng J Med 1932; 206: 77-87.

Rock J, Pincus G, Garcia CR. Effects of Certain 19 Nor Steroids on the Normal Human Menstrual Cycle. Science 1956; 124: 891-893.

Rock J, García CR, Pincus G. Synthetic progestins in the normal human menstrual cycle. Rec Progr Horm Res. 1957; 13: 323-339.

Rock J. The Time Has Come. A Catholic Doctor's Proposals to End the Battle over Birth Control. New York: Alfred A. Knopf, Inc; 1963.

Roelcke V. The use and abuse of medical research ethics. The German Richtlinien / guidelines for human subject research as an instrument for the protection of research subjects - and of medical science, ca. 1931-196. In Weindling P. ed. From Clinic to Concentration Camp. Reassessing Nazi Medical and Racial Research, 1933-1945. London: Routledge; 2017.

Rothman DJ. Strangers at the Bedside. A History of how Law and Bioethics Transformed Medical Decision Making. New York: Basic Books; 1991.

Rouche M. La Preparation de l'encyclique «Humanae Vitae». La Commission sur la Population, the Famille et la Natalité. Actes du Colloque de Rome (2-4 juin 1983). Rome: École Française de Rome; 1984. Accessible at: www.persee.fr/doc/efr_0000-0000_1984_act_72_1_2419.

Royle E. Radicals, Secularists, and Republicans: Popular Free Thought in Britain, 1866-1915. Manchester: Manchester University Press; 1980.

Saini A. Inferior. How Science Got Women Wrong, and the New Research That's Rewriting the Story. Boston: Beacon Press; 2017.

Sanger M. Family Limitation. Revised, Sixth ed.; 1917.

Sanger M. Birth Control or Abortion? Birth Contra Rev 1918; 2: 3-4.

Sanger M. Woman and the New Race (With a Preface by Havelock Ellis). New York: Brentano's; 1920.

Sanger M. The Pivot of Civilization. New York: Brentano's Publishers; 1922.

Sanger M. (Editor). Doctors and Birth Control. Birth Contr Rev 1923; 7: 144-145.

Sanger, M., My Fight for birth control. New York: Farrar & Rinehart Inc. on Murray Hill; 1931.

Sanger M. Comments on the Pope Encyclical, Birth Control Rev 1931; 15: 40-41.

Sanger M. An Autobiography. New York: W.W. Norton & Co; 1938.

Schwitalla AM. The American Medical Association and Contraception. Hosp Progr 1937; 18: 219-224.

Seaman B. The Pill and I: 40 Years On, the Relationship Remains Wary. New York Times, June 25, 2000: 15-19.

Sears HD. The Sex Radicals. Free Love in High Victorian America. Lawrence: The Regent Press of Kansas; 1977: 183-203.

Seipp C, Ramirez de Arellano AB. Colonialism, Catholicism, and Contraception: A History of Birth Control in Puerto Rico. Chapel Hill, NC: University of North Carolina Press; 1983.

Shannon WH. The Lively Debate. Response to Humanae Vitae. New York: Sheed & Ward; 1970.

Smith A.E. Council on Pharmacy and Chemistry. JAMA 1943; 123: 1043.

Smith J. Humanae Vitae. A Generation Later. Washington, DC: The Catholic University of America Press; 1991.

Smith-Rosenberg C, Rosenberg C. The Female Animal: Medical and Biological Views of Woman and Her Role in Nineteenth-Century America. J Am Hist 1973; 60: 332-356.

Speroff L. A Good Man: Gregory Goodwin Pincus. The Man, his Story, the Birth Control Pill. Portland, Or: Arnica Publ.; 2009.

Stein I. Contraceptive Methods. JAMA 1939; 112: 1311-1314.

Stillman JB. Birth Control Movement. In: Ross JA, ed. Encyclopedia of Population, Vol. I. New York: The Free Press; 1982, 58-64.

Stone A. The Control of Fertility. Sci Am 1954; 190 (4): 31-33.

Sullivan P. Raymond T. Holden, 102; Longtime District Obstetrician. Washington Post, March 22, 2007.

Thomas TG. Abortion and Its Treatment, from the Standpoint of Practical Experience: A Special Course of Lectures Delivered at the College of Physicians and Surgeons, New York, Session of 1889-1890. New York: D. Appleton and Co.; 1890.

Tietze C. Voluntary Parenthood. Quart Rev Biol 1950; 25: 12.

Tone A. Contraceptive Consumers: Gender and the Political Economy of Birth Control in the 1930s. J Soc Hist 1996; 29: 485-506.

Tyler ET, Olson HJ. Fertility Promoting and Inhibiting Effects of New Steroid Hormonal Substances. JAMA 1959; 169: 1843-1854.

United States Adjutant General's Department. Trials of War Criminals Before Nuremberg Military Tribunals Under Control Council Law No. 10 (October, 1946 - April, 1949), The Medical Case. Vol. 2. Washington, U.S. Government Printing Office; 1947: 181-183.

Veatch RM. 'Experimental' Pregnancy. The ethical complexities of experimentation with oral contraceptives. Hastings Cent Rep 1971; 1 (Jun): 2-3.

Veatch RM: Disrupted Dialogue. Medical Ethics and the Collapse of Physician-Humanist Communication (1770-1980). New York: Oxford University Press; 2005.

Velpeau AALM. Traité Élémentaire de l'Art des Accouchements, ou Principes de Tokologie et d'Embryologie. Tome Premier. Paris: J.B. Baillière; 1829.

Velpeau AALM. Traité Complet. Tome I, 2ème éd. Paris: J.B. Baillière; 1835.

Velpeau A. An Elementary Treatise on Midwifery: or Principles of Tokology and Embryology. Transl. by Ch. D. Meigs. Philadelphia; John Grigg; 1931.

VV.AA. Working Party of the British Council of Churches. Human Reproduction. A Study of Some Emergent Problems and Questions in the Light of the Christian Faith. London: British Council of Churches; 1962.

Wechsler H. The Challenge of a Model Penal Code, Harvard Law Rev 1952; 65: 1097-1133).

White ME. Oogenesis and Early Embryogenesis. In: Aldridge RD, Sever DM, eds. Reproductive Biology and Phylogeny of Snakes. Boca Raton, FL: A.K. Peters / CRC Press; 2011: 101-102.

Wood JR. The Struggle for Free Speech in the United States; Edward Bliss Foote, Edward Bond Foote, and Anti-Comstock Operations. New York: Routledge; 2008.

Woodward W.C. Contraceptive Advice, Devices and Preparations. JAMA 1937; 108: 1820.

World Health Organization. Report of a WHO Scientific Group. Technical Report Series 753. Geneva: WHO; 1987.

World Medical Association. Declaration of Helsinki. World Medical Association. Principles for Those in Research and Experimentation. World Med J 1955; 2: 14-15.

Acerca de los autores

Gonzalo Herranz. Es un reconocido experto y una referencia en Ética Médica, Deontología Médica, Ética de la Investigación y Bioética. Estudió Medicina y Cirugía en las Universidades de Santiago de Compostela y Barcelona. Presidente y miembro de numerosas organizaciones nacionales e internacionales dedicadas a la ética y deontología médica, el doctor Herranz es actualmente catedrático emérito de la Facultad de Medicina de la Universidad de Navarra. https://bit.ly/2KNOANw

Pilar León-Sanz. Catedrática de Historia de la Ciencia en la Facultad de Medicina de la Universidad de Navarra. https://bit.ly/2Yjt0IZ

José María Pardo. Profesor agregado de Teología Moral en la Facultad de Teología de la Universidad de Navarra. https://bit.ly/2SpYxoE

Jokin de Irala. Catedrático de Medicina Preventiva y Salud pública. Facultad de Medicina. Universidad de Navarra. https://bit.ly/2YmJFv7
amazon.com/author/jokindeirala